本书受国家社科基金青年项目"基于媒介融合的版权许可制度创新研究"（项目号：15CXW009）资助

基于媒介融合的
版权许可制度创新研究

彭桂兵　著

上海三联书店

目　录

第一章

绪　　论

第一节　研究背景

从媒介发展史的角度说,15世纪后期在欧洲历史上是重要的文明发展的时期,掀起了影响后来历史发展的"印刷革命"。在英国,"印刷革命"催生了大量出版小册子、图书的印刷商,印刷商们组成了出版商公会。历经多年,出版商公会变成了一个紧密结合、力量强大的联合体。出版商公会控制着所有印刷商出版作品的权利。所以,在早期,所谓的版权,实质就是出版商公会垄断的权利,因为作者只享有文本的首次出版权,真正控制着作品的复制出版的是出版商公会。随着出版商公会对印刷商出版作品控制权力的减弱,他们转而寻求另一种策略,将作者和读者的利益推上前台。[①] 在这种时代背景下,才产生世界上第一部版权法《安妮法案》。回望历史,从《安妮法案》产生的最初源头可以看出,是印刷技术的发展催生了世界上第一部版权法的诞生,这也呼应了美国著名版权法学者保罗·戈斯汀(Paul Goldstein)所说的"著作权法是技术之子"的观点。

在当下中国,我们更应该看到媒介技术在政治、经济、文化、社会等领域产生的根本性变革。在技术进步中,计算机工业、出版印刷工业和广播电影工业正在趋向融合。在新闻传播领域,媒介融合是数字化时代媒体发展的一

---

① 〔美〕保罗·戈斯汀:《著作权之道:从古登堡到数字点播机》,金海军译,北京大学出版社2008年版,第34—35页。

种新趋势,呈现出媒体形态、媒体格局、传播渠道、传播内容、传播范围以及用户体验的变化。媒介融合这种"沿着传播技术变化"的演进轨迹,近来尤其被传播学者们所充分认识到。[①]

2014年8月,习近平总书记主持召开中央全面深化改革领导小组第四次会议并发表重要讲话。会议审议通过了《关于推动传统媒体和新兴媒介融合发展的指导意见》,其中提出要着力打造一批形态多样、手段先进、具有竞争力的新型主流媒体,建成几家拥有强大实力和传播力、公信力、影响力的新型媒体集团,形成立体多样、融合发展的现代传播体系。自此,媒介融合不仅纳入官方话语体系,而且成为学术话语体系中的"热词"。

一、 媒介融合的学术研究与国家政策

媒介融合作为学术研究议题,十多年前就已经有学者对此作出了较为细致的研究。以"媒介融合"为主题词在中国知网搜索发现,自2006年学者们就开始了相关话题的研究,但是研究的数量并不多,到2014年8月,党中央通过了《关于推动传统媒体和新兴媒介融合发展的指导意见》。

当媒介融合变成了国家发展战略以后,对媒介融合的相关研究呈几何倍数的增长。2006年到2013年,每年关于媒介融合的研究不超过300篇,到2014年陡增5倍多,共1541篇。自此,媒介融合成为学术界的热门话题,2019年的相关研究达到了5100多篇,具体情况如下图:

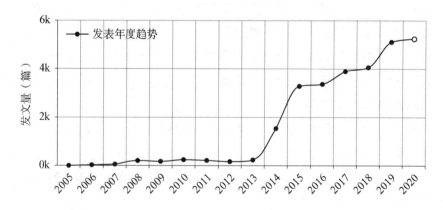

---

① 吕尚彬:《媒介融合的进化:从在线化到智能化》,《人民论坛·学术前沿》,2018年第24期。

与此同时,当媒介融合变成了国家发展战略时,全国很多媒体都在践行这一国家发展战略,轰轰烈烈地开展媒介融合实践活动,不仅《人民日报》、新华社、中央电视台等国家级媒体落实媒介融合战略,上海报业集团、浙江日报报业集团、四川日报报业集团、宁波日报报业集团等省市媒体也都在积极贯彻国家媒介融合战略计划。最近两年,县级融媒体中心建设在全国全面铺开。这样,作为国家发展战略的媒介融合实践在国家、省市和县级等各层面都得到了贯彻。

尽管作为一项学术研究,媒介融合的研究取得了丰硕的学术成果,作为一项国家发展战略,也在各层各单位的媒体实践活动中得到落实,但本书的研究对象并不完全是媒介融合,而是将研究重心放在媒介融合发展战略践行过程中我国版权许可制度的创新。笔者调研了中央广播电视总台澎湃新闻以及宁波日报报业集团等新闻媒体单位,发现践行媒介融合发展战略的关键困难在于,如何解决媒介融合过程中的版权问题[①],尤其是版权许可的问题,换言之,也就是版权运行和管理的问题。

在媒介融合时代,内容对媒体产业的发展至关重要。正如宁波日报报业集团版权事业部主任景致所说,对于地方媒体或者传统媒体来说,其他新领域无法与行业内其他人进行竞争,把当地的内容或者行业内的内容做好了,才能成为自己独特的竞争优势。现在的一些自媒体单位基本也都是传统媒体做出来的,因为传统媒体在制作内容上有优势。[②] 但传统媒体如何管理和运行自身的版权内容,这是媒介融合流程的关键环节。现实媒体版权运营和管理实践中,传统媒体时代的版权授权和交易环节对媒介融合流程的再造产生了一些阻碍作用,而不是有助于媒介融合流程的再造,本书在课题设计之初一些预想和可能的结论在课题开展过程中逐渐被证实。

二、传统媒体与新兴媒体的融合: 新闻聚合实践

媒介融合作为一项宏大的国家发展战略,体现了国家意志,如果单以这一战略决策作为语境和背景,实际上无法框定本书的研究对象。为了使研究

---

① 朱鸿军:《从"漠视"到"重视":媒介融合中媒体保护版权的历史演进》,《国际新闻界》,2020 年第 12 期。
② 2019 年 11 月 25 日,调研访谈了宁波日报报业集团版权处景致主任。

更具有针对性，研究对象更明确，而不仅仅是把媒介融合作为研究的语境和背景来对待，本书主要选取新闻聚合（包括文字新闻聚合、视频新闻聚合）这一具体的新闻分发、流通等环节。这一新闻分发、流通方式是传统媒体和新兴媒介融合发展的重要手段和措施，也对新闻传播方式带来了根本性的变革。在国内，诸如"今日头条"等新闻聚合平台把多种来源渠道的新闻汇聚在同一界面上，这一传播形式在实现了媒体间的融合传播的同时，也带来了传统媒体和新兴媒体之间的版权纷争。

随着新媒体技术的发展，新闻聚合平台推送和分发的新闻日益受到公众的青睐，通过新闻聚合阅读新闻逐渐成为人们的日常习惯。路透新闻研究院发布的《2019 数字新闻报告》对芬兰、智利、韩国和美国四个国家公众获取信息的方式进行了调查，调查显示，55％的公众更喜欢通过搜索引擎、社交媒体和新闻聚合获取新闻。其中，年轻的群体更倾向于选择使用社交媒体和新闻聚合。[1] 在我国，根据《2017 年众媒渠道下移动资讯 APP 媒体价值研究报告》，资讯聚合平台在 2016 年 6 月成为目前移动互联网用户获取新闻资讯的主流渠道，占比 34.5％。[2] 中国人民大学国家发展与战略研究院主办的《5G 时代中国网民新闻阅读习惯的量化研究》指出，受访者每天获取新闻信息，26.61％来源于"今日头条"。[3]

就全球范围而言，新闻聚合提供的新闻在受到年轻网民青睐的同时，新闻聚合本身的新闻来源的版权也越来越充满着争议，提供新闻聚合服务的大科技公司也遭到传统媒体机构和新闻网站的抵制，版权争议如何解决是让美国和欧盟以及我国立法者和司法者头疼的事情。比如，在 2014 年前后，谷歌新闻等新闻聚合平台接连在西班牙、德国、法国等国家遇到了发展瓶颈，这些国家一致认为谷歌未经许可推送和分发传统报刊与新闻网站的新闻报道是版权侵权行为，谷歌新闻也曾经因为遭到抗议而一度想退出西班牙、德国和法国等国家。在国内，同样是在 2014 年前后，新闻聚合平台"今日头条"也接

---

① Reuters Institute："Reuters Institute Digital News Report 2019"，2019 年 6 月，https://reutersinstitute. politics. ox. ac. uk/sites/default/files/inline-files/DNR_2019_FINAL. pdf，2019 年 12 月 24 日。

② 赵如涵、吴心悦：《2017 年中国网络资讯聚合平台发展报告》，载崔保国主编：《2018 中国传媒产业发展报告》，社会科学文献出版社 2018 年版，第 276—287 页。

③ 环球网：《5G 时代中国网民新闻阅读习惯报告：手机阅读近 100％》，2019 年 11 月，http://baijiahao. baidu. com/s? id＝1650353961025016076&wfr＝spider&for＝pc，2019 年 12 月 24 日。

连遭到来自《广州日报》《楚天都市报》、搜狐等传统媒体和新闻网站的控诉。面对现实新闻聚合版权实践中遇到的控诉,各国采取多种措施以应对这种局面。

三、 版权纠纷解决类型以及版权许可制度的切入

作为传统媒体与新兴媒介融合实践的产物,新闻聚合的版权纷争如何解决,以下从四个面向来分别简述这一问题。

(一)版权纠纷解决类型

1. 创新版权许可机制

无论是谷歌新闻还是"今日头条"都涉及大批量的对已出版的新闻报道的使用,传统版权法的"选择—进入"(opt-in)机制已不再适用,学者认为"选择—退出"(opt-out)机制更适合互联网的技术特性。耶鲁大学法学院学者莫妮卡·贾西维茨(Monika Jasiewicz,2012)认为"选择—退出"机制更适合新闻聚合,除非权利人使用"机器人排除协议"来表示他们不希望新闻聚合获取其内容,否则权利人应被视作已向新闻聚合平台授予默认许可。[①] 随着区块链技术的发展,区块链技术被应用于版权授权环节中,大批量的新闻作品授权在新技术的帮助下成为可能。2017 年 10 月,作为我国首个区块链+版权系统的"中国版权链智慧保险箱 4.0"问世。区块链"时间戳"的运用保证了作品流通过程中全程可追溯,确保数据的及时提取,维权举证不再困难。[②] 2018 年 6 月,主流媒体版权信息云上线,该共享平台使用区块链等技术,使新闻作品共享成为可能。内蒙古日报报业集团等 30 余家主流媒体入驻共享云。[③] 这些新技术的使用都为新闻聚合平台的版权交易环节提供了便利。

2. 完善版权立法

2014 年 10 月,西班牙议会通过了新版《知识产权法》。其中,最引人注目

① Jasiewicz M. I. , "Copyright Protection in an Opt-Out World: Implied License Doctrine and News Aggregators", *The Yale Law Journal* , 122(3),2012, pp. 837 – 850.
② 王雪莹:《移动互联网背景下新闻作品版权保护探析》,2018 年 12 月,http://media. people. com. cn/n1/2018/1218/c422847-30473242. html,2019 年 12 月 24 日。
③ 华龙网:《共建新闻作品版权区块链 主流媒体版权信息云上线》,2018 年 6 月,http://k. sina. com. cn/article_1668926483_6379cc1302000fa3z. html,2019 年 12 月 24 日。

的修改之一便是增加了具有"谷歌税"之称的第32.2条。第32.2条规定,互联网内容聚合平台复制内容片段不需经过授权,但出版者或其他权利人享有收取合理补偿的权利,该内容片段是指通过定期出版物流通或通过定期更新的网页来显示,目的在于报道、制造公共舆论或者娱乐内容。权利人通过知识产权管理组织行使获得该合理补偿的权利,且不能放弃。任何情况下,任意第三方将任何公开在期刊或网站定期更新的图像、摄影作品或者单纯的照片向公众公开必须获得授权。由于该规定突出了对图像、摄影作品更为严格的保护,因此,上述第32.2条所规定的内容聚合平台被解读为主要针对新闻聚合网站,即新闻聚合网站提供摘要等新闻片段内容,不必得到版权人或其他权利人的授权,但必须向相关权利人缴纳"合理的"费用。① 同样,为了应对谷歌新闻对传统出版商的挑战,2013年8月,德国《著作权法》修改中增加了"报刊出版者权"条款,报刊出版者在报刊产品出版后一年内对其享有以商业目的进行网络传播的专有权,除非所涉及的是个别词语或者最小的文本片段。这项权利仅针对搜索引擎的商业提供者和内容整合服务的商业提供者(即新闻聚合器运营商)。②

　　3. 诉诸版权行政措施

　　2014年,在"今日头条"连续遭到投诉时,国家版权局明确表态要受理相关投诉,并对"今日头条"进行立案调查。经过长达近半年的调查,国家版权局对今日头条的调查结论是,"今日头条"网站及移动客户端通过信息网络向公众提供他人新闻作品及相关图片内容的集成、聚合、搜索、浏览和评论等服务。经调查确认,权利人投诉的部分新闻作品及相关图片均由该网站存储和传播,而非链接跳转方式,构成侵犯著作权人信息网络传播权。③ 与此同时,国家版权局开展了针对新闻聚合的"剑网行动"。2014年6月,国家版权局把网络转载作为重点治理对象,目的是引导报刊社与大型科技公司开展版权合作,完善网络转载许可付酬措施,形成依法依规许可付费使用的合作双赢机制。2015年,国家版权局仍然把网络转载作为治理对象,制定并发

---

① 人民网:《西班牙通过新版知识产权法,增加"谷歌税"》,2015年2月9日,http://ip.people.com.cn/n/2015/0209/c136655-26531172.html,2019年12月24日。

② 颜晶晶:《报刊出版者权作为邻接权的正当性探析——基于德国〈著作权法〉第八修正案的思考》,《比较法研究》,2015年第1期。

③ 宋心蕊:《"今日头条"被确认侵权》,《青年记者》,2014年第27期。

布了《关于规范网络转载版权秩序的通知》。2018 年，国家版权局又再次将网络转载作为专项治理对象，并启动了约谈制度，约谈了 13 家网络服务商，其中就包括了"今日头条""一点资讯"等新闻聚合平台。

4. 诉诸版权司法治理

尽管关于新闻聚合的版权纠纷多数是通过诉前和解解决，国外的如设得兰时报诉设得兰新闻案（Shetland Times v. Shetland News）[1]、法新社诉谷歌新闻案[2]，国内的如《广州日报》诉"今日头条"案等[3]。但有些案件还是诉诸司法途径解决，如美联社诉融文集团美国公司案（Associated Press v. Meltwater U. S. Holdings，Inc.）[4]、巴克莱资本公司诉窃听者案（Barclays Capital Inc. v. Theflyonthewall. com）[5]、报纸许可代理公司诉融文集团英国分公司案（Newspaper Licensing Agency Limited v. Meltwater News UK Limited）[6]等。通过司法解决新闻聚合版权纠纷的案件中，各国所采取的解决模式不同，有的是采取版权成文法解决，有的是采取版权普通法解决。在采取版权成文法解决的时候，案件中原被告以及法院所使用的判决理由又各不相同，有的使用的是复制权，有的是使用向公众提供权或者向公众展示权，有的是使用信息网络传播权等，进而引发了链接提供行为是否是直接侵权行为的疑问，以及如果不是直接侵权行为，如何判定设链者的注意义务程度。在采取版权普通法方面，主要考虑的是美国的"热点新闻挪用规则"（hot news misappropriation）的运用。在国内，新近引起舆论关注的新闻聚合司法审判的案件是《现代快报》诉"今日头条"案（以下简称《现代快报》案）[7]。在这一案例中，遇到的司法焦点问题和国外的新闻聚合司法审判中的相关问题是类似的。换言之，在诉诸版权司法治理新闻聚合方面，国内外法院遇到了共

---

① Court of Session，Edinburgh："Opinion of Lord Hamilton in the case of The Shetland Times Ltd Against Dr Jonathan Wills and Zetnews Ltd."，1996 年 10 月，http://www. linksandlaw. com/decisions-87. htm，2020 年 1 月 1 日。

② China Economic Net，Google ends suit with AFP，2007 年 4 月，http://en. ce. cn/World/biz/200704/09/t20070409_10978175. shtml，2020 年 1 月 1 日。

③ 方圆：《今日头条与广州日报和解 将向媒体购买版权》，2014 年 9 月，http://news. sina. com. cn/m/2014-06-19/113130389186. shtml，2019 年 12 月 24 日。

④ Associated Press v. Meltwater U. S. Holdings，Inc，931 F. Supp. 2d 537（S. D. N. Y. 2013）.

⑤ Barclays Capital，Inc. v. TheFlyontheWall. com，700 Supp. 2d 310（S. D. N. Y 2010）.

⑥ Newspaper Licensing Agency Ltd v. Meltwater Holdings BV 2010 EWHC 3099（Ch）.

⑦ 江苏省高级人民法院（2018）苏民终字 588 号民事判决书。

性的司法审判问题。

综上,版权许可、版权立法、版权行政和版权司法都是解决新闻聚合版权纠纷的主要方式。近几年,国内学术界也从学理上提出了诸多解决方案。蔡元臻、刘友华、魏远山等呼吁要完善我国著作权法的法定许可制度。[①] 咸晨旭建议在我国引进欧盟新闻出版媒体邻接权规则。同时,为克服该规则的局限性,消除普通授权许可模式可能引发的不利影响,我国应辅以规定默示许可机制,以更好发挥该规则的功能。[②] 王迁针对"今日头条案"提出了在司法上可以采取反不正当竞争法的路径。[③] 欧宏伟认为"今日头条"APP 对他人网站中的版权内容采取的"加框链接",本质上为侵犯他人信息网络传播权的直接侵权行为。"今日头条"APP 采取了"转码"技术进行内容编辑和修改,本质上为侵犯他人复制权的直接侵权行为。"今日头条"APP 一并"抓取"他人网站中不具有可版权性的资讯内容,应受反不正当竞争法的否定性评价。[④] 刘海虹提出,媒介融合背景下,新老传播主体仍在探索和磨合阶段,更适合用反不正当竞争法来确保网络传播者之间的公平竞争,鼓励传播主体与著作权人以及传播主体之间的合作。[⑤] 孙昊亮提出针对新闻作品聚合性高的特性,加大对媒体权利的司法保护力度。[⑥]

(二)版权许可制度创新视角

国内学者多从司法维度提出新闻聚合版权纠纷的解决方案,而且观点不一,但司法解决毕竟是事后解决方式,如果所有的新闻聚合版权纠纷都依靠司法手段解决,将会加重司法机关的负担。随着互联网技术和电子商务等发展,我国已经在原有司法资源的基础上在北京、上海和广州增设了知识产权

---

① 蔡元臻:《新媒体时代著作权法定许可制度的完善——以"今日头条"事件为切入点》,《法律科学(西北政法大学学报)》,2015 年第 4 期;刘友华、魏远山:《聚合分发平台与传统新闻出版者的著作权冲突及解决》,《新闻与传播研究》,2018 年第 5 期。

② 咸晨旭:《新闻聚合模式引发的著作权问题与对策——以欧盟新闻出版媒体邻接权为借鉴》,《科技与法律》,2019 年第 10 期。

③ 王迁:《"今日头条"著作权侵权问题研究》,《中国版权》,2014 年第 4 期。

④ 欧宏伟:《新闻内容聚合服务平台的知识产权法规制(下)——基于"今日头条"APP 争议的实证分析》,2018 年 8 月,http://www.sohu.com/a/249540826_221481,2019 年 12 月 24 日。

⑤ 刘海虹:《媒介融合背景下新闻聚合的著作权法规制——以网络商业模式的创新为视角》,《新闻大学》,2015 年第 2 期。

⑥ 孙昊亮:《媒介融合下新闻作品的著作权保护》,《法学评论》,2018 年第 9 期。

法院,并且在互联网发展的"重镇"杭州增加了杭州互联网法院。杭州互联网法院成功运行一年后,北京、广州也成立了互联网法院。这些都说明,我国互联网发展亟需众多的司法资源。新闻聚合涉及大批量的新闻作品的使用,如果能在版权许可环节就解决版权纠纷,那将会节省大量的司法资源。

而且,新闻聚合等媒介融合发展中会遇到很多新型版权司法问题,比如,版权纠纷司法解决是适用版权法还是适用竞争法,适用版权法时是涉及直接侵权还是间接侵权,判定直接侵权是适用复制权还是信息网络传播权,判断信息网络传播行为采取哪种定性标准,判定间接侵权时如何考虑新闻聚合服务者的注意义务程度等。这些版权司法问题目前在司法实务中一直充满着争议,本书作者在相关文章中具体探讨了这些争议性问题。[①]　即使如此,这些版权司法问题并未有定论。诉诸未有定论的司法手段来解决新闻聚合版权,更增加了解决问题的不确定数。据爱奇艺科技公司法务总监胡荟集介绍,爱奇艺作为互联网平台,所涉案件基本上都是内容方面的侵权或被侵权,著作权批量案件相对来说占到 90% 左右,但完全把官司打到底的并不多,很多是和解以后重新签订版权许可协议或合同。[②]

因此,为了减少司法不应承受的过重负担,也为了避免在司法审判中对版权争议性问题的自由裁量和减少不确定数,影响版权利益各方的平衡,本书认为,有必要在版权司法前置环节就避免版权纠纷的产生。在版权利益各方之间建立良好的版权授权许可机制,创新版权许可环节,不仅有助于减少后来的版权诉讼数量,而且可以克服传统的那种一对一的简单授权许可机制,更有利于媒介融合时代的大批量的版权作品许可、"一揽子许可"等。本书已经在上文提及到了创新版权许可制度可以解决新闻聚合版权纠纷,以下就围绕着该论题来展开。

第二节　文献综述

国内外研究版权许可制度创新的文献不在少数,下文主要从创新版权许

---

① 彭桂兵:《新闻聚合纠纷的司法治理:具体现状、争议问题与完善建议——兼评"〈现代快报〉案"》,载《第三届舆情治理与传播法规研讨会文集》,北京:中国劳动关系学院,2019 年 11 月。
② 2019 年 12 月 4 日,研究团队调研访谈了爱奇艺科技有限公司法务总监胡荟集。

可制度的必要性与媒介融合语境下版权许可制度的创新两个角度来对已有研究进行综述。

一、创新版权许可制度的必要性

（一）媒介融合的特殊性与立法挑战

在互联网事业不断发展的当下，新型传播技术与生产内容处于不断的更新迭代的过程之中，媒介融合也从概念刚被提出时的尝试阶段迈向了全程融合、全员融合和全息融合纵深发展阶段。媒介融合因带来了产业形态的调整、内容生产主体的多元、融合技术的利用与反利用等，从而具有一定的特殊性。媒介融合的时代语境对在此语境下的版权许可制度带来了新挑战。

1. 媒介融合打破了媒体产业的行业界线，新态势呼吁立法创新

华东政法大学传播学院教授林凌（2015）认为，网络快速发展带来的媒介融合打破了媒体内部的传统行业分工和外部的行业界限。面对媒体的跨界以及行业分工的变化，如果继续按照传统的产业分工标准规范和引导媒体的整合与发展，很容易导致有利于媒体发展的商业功能得不到有效保护，而不利于媒体发展的有关机制则蓬勃发展，从而导致所谓的创新服务的失灵。因此，保障媒体的市场竞争力是保证媒介融合发展的重要一环。[①]

2. 版权法专有权利类型众多而边界模糊，与媒介融合时代复杂多样的创作主体之间产生矛盾

伦敦大学戈尔德史密斯学院詹姆斯·柯兰（James Curran）、娜塔莉·芬顿（Natalie Fenton）、德斯·弗里德曼（Des Freedman）认为大众有了更多参与文化传播的机会，"共享经济"也在这一变化中起了关键作用，但这对版权制度的基础，即内容产权化发起了挑战。[②] 清华大学法学院吴伟光（2011）认为，普通群众缺乏基本的法律素养，更不用说是在复杂且极具专业性的版权领域。但现有的创作环境需要版权法成为大众日常可轻易操作的法，然而事与愿违。[③] 而对于复杂多样的创作主体，浙江大学人文学院于文（2016）认为

---

① 林凌：《论媒介融合发展立法模式》，《当代传播》，2015 年第 1 期。

② ［英］詹姆斯·柯兰、［英］娜塔莉·芬顿、［英］德斯·弗里德曼著：《互联网的误读》，何道宽译，中国人民大学出版社 2014 年版，第 87—96 页。

③ 吴伟光：《版权制度与新媒体技术之间的裂痕与弥补》，《现代法学》，2011 年第 3 期。

创作主体的泛化主要体现在创作结构的复杂化。较之媒体公司和职业创作者,消费者身份模糊、不具备官方市场准入资格、创作地点分散不稳定等特征都让传统版权许可模式陷入困境。[①]

3. 版权许可制度事关信息传播,其所承载的内容压力在媒介融合背景下剧增

浙江大学人文学院学者于文(2019)就认为,版权许可制度直接关系信息的流通与利用,是所有传播关系和商业模式的核心,全程、全员和全息融合派生了全新的版权法律关系,使权利人、使用者与公众三者之间的利益平衡被打破。[②]

4. 面对媒介融合语境下的海量作品,传统授权许可方式难以发挥作用,默示许可授权方式未被法律所承认,多种许可方式受学者关注

中国政法大学国际法学院学者李捷(2015)认为面对网上海量作品的授权,传统授权许可模式实际操作效率低下,版权的有效利用得不到保障。只有适当引进默示许可制度,才能较好面对作品海量的情况。[③] 中国社会科学院新闻与传播研究所学者朱鸿军(2016)认为,版权要得以顺畅利用,首先,版权持有人可以与版权使用人取得联系。其次,双方通过沟通能够商定合理对价。在媒介融合的背景下,版权持有人和使用人数量千千万万,让两方直接取得联系几乎不可能。[④] 太原科技大学法学院副教授赵锐(2017)在研究了开放许可制度后认为,开放许可极大地方便了社会公众接触并获取作品,与互联网产业发展方向和利益诉求相贴合。纵然开放许可制度与传统的版权许可制度存在较大差异,但开放许可制度因其特有的灵活性而易于被现有产业所接受。[⑤]

(二) 现有版权许可制度的局限性

面对媒介融合中的新载体、新内容,原本版权法中所规定的许可制度已与现实脱节。许多学者都指出了现有版权许可制度的局限性,并从不同角度

---

① 于文:《论跨媒介叙事的版权问题与对策》,《出版科学》,2016 年第 2 期。
② 于文:《纵深融合趋势下的版权许可制度一体化建设》,《中国出版》,2019 年第 22 期。
③ 李捷:《论网络环境下的著作权默示许可制度》,《知识产权》,2015 年第 5 期。
④ 朱鸿军:《版权问题:制约媒介融合发展的瓶颈》,《出版发行研究》,2016 年第 10 期。
⑤ 赵锐:《开放许可:制度优势与法律构造》,《知识产权》,2017 年第 6 期。

来阐明旧制度为何不匹配新情况。

1. 现有法定许可制度本身制度设计存在缺陷，影响作品价值的实现

华中科技大学法学院熊琦（2011）认为，作品价格受法定交易条件的影响，而其中定价效率低下主要原因是法定许可对排他性的弱化，这对作品价值的实现十分不利。① 大连海事大学法学院马明飞、周华伟（2014）也提到，现有的版权法制度对报刊转载法定许可的规定本意是最大程度地实现社会公益，但实际上造成了著作权人权利的退缩，与此同时还影响了报刊等相关主体的利益。②

2. 法定许可规定太窄，延伸到网络领域较为困难

重庆工商大学法学院华鹰（2019）就认为我国《著作权法》中所载明的法定许可五种情形，皆是针对传统媒体的作品传播，面对网络环境下的新型传播方式与内容却难以覆盖。《信息网络传播权保护条例》对网络环境下的法定许可作出了些许规定，但却将目的限制为发展教育和扶助贫困，对其他网络传播情况并未涉及。③ 上海财经大学法学院蔡元臻（2015）也认为，除非将现行法律规定中的"报刊"重新定义，否则报刊转载法定许可只限于传统报刊与传统报刊之间，转载主体与被转载对象不能扩展为非纸质报刊或非报刊。④ 熊琦（2013）在谈到许可制度在网络环境中的适用时也提到，依据版权产业设计的著作权体系难以适应随着互联网产业与版权产业的分离而产生的产业利用行为。作品在交易对象和服务手段之间实现的身份转变，让"提供内容"与"提供服务"的界限也因此模糊。⑤

3. 海量信息与原作权属不明为授权许可造成较大阻碍

中南财经政法大学吴汉东（2008）认为现有的版权制度不能很好地适用于互联网社会，因为若要根据传统的授权许可来获得作品使用的权利，对互联网社会中的作者而言是极其不便的，这必然会影响互联网中的信息传播效

---

① 熊琦：《著作权法定许可的正当性解构与制度替代》，《知识产权》，2011 年第 6 期。

② 马明飞、周华伟：《报刊转载法定许可的困境与出路——以著作权法第三次修改为视角》，《编辑之友》，2014 年第 2 期。

③ 华鹰：《著作权法定许可制度的反思与重构——以著作权法第三次修改为视角》，《中国版权》，2014 年第 6 期。

④ 蔡元臻：《新媒体时代著作权法定许可制度的完善——以"今日头条"事件为切入点》，《法律科学（西北政法大学学报）》，2015 年第 4 期。

⑤ 熊琦：《互联网产业驱动下的著作权规则变革》，《中国法学》，2013 年第 6 期。

率。[1] 吉林大学法学院王国柱和李建华(2012)也认为传统著作权一对一的"授权—使用"许可模式难以适应海量作品的传播和使用,应当探讨新的授权方式,对著作权的排他性作出调整。[2]

(三) 基于媒介融合的新型版权许可问题研究

针对媒介融合语境下的新型版权许可争议,文献综述主要聚焦于以新闻聚合媒体的著作权纠纷问题为代表的一系列有关问题。新闻聚合行为应适用合理使用还是法定许可? 网络媒体对其他来源的新闻聚合式处理可否构成"转载"? 新型版权许可关系中的各个主体与传统版权法规定的主体如何对应等一系列问题引起了学者们的热烈讨论。

1. 合理使用抗辩在新闻聚合版权纠纷中的作用有限,运用相关许可制度更利于问题的解决

上海财经大学法学院学者蔡元臻(2015)以"今日头条"事件为例,分析到合理使用抗辩在"今日头条"事件中的作用较为有限。但这种充满限制的作用并不完全由行为本身或所转载作品的性质导致,还有很大一部分原因是我国版权传统的不足以及立法技术滞后,这就导致了合理使用制度的运用空间被压缩,在网络空间内更是可见一斑。[3] 耶鲁大学法学院的学者 Monika Jasiewicz 认为,新闻聚合平台免费利用甚至公然窃取新闻机构制作的内容,若利用合理使用来为聚合平台辩护对新闻生产者来说十分不利,在此情况下还应研究如何对版权许可制度作出创新。[4]

2. 网络转载行为能否适用法定许可还有待商榷

浙江大学城市学院法学院邵亚萍(2016)对网络转载行为现状作出分析后发现,转载中是否适用法定许可制度答案模糊,国家版权局已经发布的《关于规范网络转载版权秩序的通知》位阶较低,且目的限制明确,该通知的规定

---

① 吴汉东主编:《中国知识产权制度评价与立法建议》,知识产权出版社 2008 年版,第 42—43 页。

② 王国柱、李建华:《著作权法定许可与默示许可的功能比较与立法选择》,《法学杂志》,2012 年第 10 期。

③ 蔡元臻:《新媒体时代著作权法定许可制度的完善——以"今日头条"事件为切入点》,《法律科学(西北政法大学学报)》,2015 年第 4 期。

④ Jasiewicz Monika, "Copyright Protection in an Opt-Out World: Implied License Doctrine and News Aggregators", *The Yale Law Journal*, 2019, vol. 122.

与网络版权的发展路径存在不适宜之处。① 《新华文摘》杂志社王青林(2015)也认为,在法定许可方面,严格区分转载、摘编作品的载体既不符合权责一致原则,也容易导致人们对版权理解的偏差,甚至影响公正执法。②

3. 鼓励采取默示许可制度来解决网络转载问题

中国政法大学民商经济法学院冯晓青、邓永泽(2014)认为,从创作目的来看,让自己作品得到大范围的传播是作者发表作品的首要目的,作品的传播范围广了、知名度高了,所获得的报酬相应也会得到提升,在此意义上默示许可符合作者创作目的,利于作品传播,该制度应当在法律上得到认可。③ 以色列管理学院法学院教授奥里特·菲什曼阿福里(2009)提出了默示许可的一种新型开放标准规范,并认为默示许可虽在合同法中并不新鲜,但在知识产权领域,尤其是在数字媒体领域,会有很大的制度运用空间。它既能保证信息在互联网空间内的自由流通,又可以保证一定的制度活性,从而保护其他利益,尤其是版权人身权利。④

4. 媒介融合语境下,网络内容传播具有一定的法定许可拟制色彩

中国政法大学民商经济法学院付继存(2017)就谈到,在现有的网络内容传播领域,网络服务商可拟制为我国版权法意义上的报刊,网站空间就相当于新闻载体,即报刊,网站转载行为则相当于报刊转载,展现出了较强的拟制色彩。⑤

二、 基于媒介融合的版权许可制度创新

(一) 基于媒介融合的法定许可制度研究

法定许可,意指著作权法明确规定的一种许可行为,即在法律规定的特定情形中,只需要支付报酬而不必经著作权人同意即可使用作品。针对法定许可制度在媒介融合背景下的尴尬地位,学界不仅讨论了在媒介融合背景下

---

① 邵亚萍:《网络转载中的版权保护问题及其对策》,《中国出版》,2016 年第 12 期。
② 王青林:《论网络转载摘编作品应适用著作权法定许可制度》,《中州学刊》,2015 年第 12 期。
③ 冯晓青、邓永泽:《数字网络环境下著作权默示许可制度研究》,《南都学坛》,2014 年第 5 期。
④ Orit Fischman Afori, "Implied License: An Emerging New Standard inCopyright Law", *Santa Clara Computer and High Technology Law Journal*, 2009, vol,25.
⑤ 付继存:《著作权法定许可的立法论证原则》,《学术交流》,2017 年第 9 期。

法定许可制度的存废问题,还以法定许可制度的作品类型和集体管理组织为研究重点,提出了创新性的完善意见。

1. 法定许可制度在媒介融合语境下的存废之争

针对目前网络转载行为中涉及的版权问题,大连理工大学知识产权学院院长的陶鑫良(2008,2000)曾接连发表了三篇相关的文章,认为网络转载应当适用法定许可。[①] 2001 年,有学者在相关会议上指出,法定许可制度适用在网络传播国内的一般作品,而且,法定许可成为国际互联网传播的主要游戏规则具有一定的必要性。[②] 在当下的媒介融合语境下,学者们对法定许可制度的研究聚焦于是否应当恢复并发展法定许可制度以有利于新闻聚合的发展。上海财经大学法学院蔡元臻(2015)针对解决"今日头条"的版权问题,认为应当继续应用并适当拓展报刊转载的法定许可制度适用范围,法定许可制度的原则是平衡利益,其通过合理限制著作权人的报酬获取渠道以及自身的自主决定权,目的在于在最大程度上促进作品的使用与传播。由此,与其他的许可制度相比较,将网络背景下的作品使用行为继续沿用法定许可制度,体现了对网络流通性、开放性特点的顺应,充分平衡了网络空间的相关利益,不仅使得新闻作品的传播力得到加强,同时基于配套机制的完善,能够使著作权人的获酬权得到充分实现。[③]《新华文摘》杂志社编审王青林(2015)认为应当避免理论上的矛盾,作品无论是在传统媒体上还是网络媒体上,其著作权的保护形式是相同的,如网络转载也适用《著作权法》第三十三条关于报刊转载法定许可的规定。[④]

学界存在的另一相反观点为废除网络转载法定许可。华中科技大学法学院教授熊琦(2018)认为作为市场主体,网络服务提供者建议扩充法定许可的适用范围绝非为了构成版权市场的竞争,而是期望凭借法定许可制度限制性定价这一特殊性和程序安排的过于简化性来实现海量作品的直接获取,由此可见问题的关键之处在于,并不是市场主体接受并选择此非自治性制度,

① 陶鑫良:《网上传播国内一般作品应当适用"法定许可"》,《法学》,2008 年第 8 期;陶鑫良:《网上作品传播的"法定许可"适用探讨》,《知识产权》,2000 年第 4 期;陶鑫良:《网上作品传播的"法定许可"适用探讨(续)》,《知识产权》,2000 年第 5 期。

② 王申:《网络著作权法律保护理论研讨会综述》,《法学》,2001 年第 5 期。

③ 蔡元臻:《新媒体时代著作权法定许可制度的完善——以"今日头条"事件为切入点》,《法律科学(西北政法大学学报)》,2015 年第 4 期。

④ 王青林:《论网络转载摘编作品应适用著作权法定许可制度》,《中州学刊》,2015 第 12 期。

而是市场主体欲钻法定许可制度低效性和简略性的空子。[①]

　　针对播放作品行为中涉及的版权问题,学者们对法定许可制度的研究聚焦于是否需要取消对作品进行广播的非自愿许可。北京大学法学院刘银良(2019)认为,集体管理组织与强制许可,在运行良好的应然层面,均可使得著作权人的合理获酬权得以保障,然而也使得著作权人参与决定广播组织能否使用相关作品及相应的许可费用谈判机遇受到了排除。我国当前的版权集体管理体系的健全度不高,强制许可制度可能会产生差别待遇以及加大纠纷处理成本。相比之下,法定许可更具合理性。[②] 而华中科技大学法学院的熊琦教授(2015)则认为集体管理模式可以代替法定许可的应用,原因在于法定许可弱化了排他性,导致其在定价的效率层面有着难以克服的问题,导致了法定交易条件对作品价格有所限制,由此使得作品的价值难以实现。如果已经具备相应的集体管理组织,广播组织这类已经具备版权市场协商机制的领域应当逐步废除法定许可的适用。[③]

　　2. 法定许可制度应从制度本身的适用范围以及相关联的集体管理组织制度方面进行创新与完善,从法定许可制度的作品类型出发,扩大法定许可制度的适用范围

　　北京大学法学院蒋一可(2019)认为美国的有效经验值得我国合理借鉴以应对著作财产权体系以及交易成本在网络背景下的扩张趋势,对当前法定许可予以保留,同时加入新的数字音乐法定许可类型使其顺应互联网模式。在强化权利限制时,也应当通过制度程序性设计的完善来保障音乐作品著作权人和录音制品邻接权人的获酬权,从而保障权利人的合法收益。例如,增设法定许可条款来将法定许可范畴扩充至交互式数字音频流媒体的播放行为,而将广播和下载行为排除在外。[④]

　　学界认为法定许可制度的完善离不开集体管理组织的完善。华中科技大学法学院熊琦(2011)认为版权集体管理制度既能有效降低交易成本,又能保持著作财产权排他性,以此可以改造现有的法定许可制度。在数字环境下,苹果

---

① 熊琦:《中国著作权立法中的制度创新》,《中国社会科学》,2018 年第 7 期。

② 刘银良:《我国广播权法定许可的国际法基础暨修法路径》,《清华法学》,2019 年第 2 期。

③ 熊琦:《著作权法定许可制度溯源与移植反思》,《法学》,2015 年第 5 期。

④ 蒋一可:《数字音乐著作权许可模式探究——兼议法定许可的必要性及其制度构建》,《东方法学》,2019 年第 1 期。

公司的"iTunes 在线音乐商店"是一种兼具数据库与集体管理组织功能的版权许可模式,可以视为互联网时代典型的"私立著作权集体管理组织"。我国可借鉴此经验,允许私人建立集体管理组织,消除集体管理组织的唯一性。[①] 同时,我国的集体管理组织应当被赋予更多的自治权。美国司法部允许美国作曲家作家和出版商协会拥有的自由度非常大。[②] 哈利福克斯代理处(Harry Fox Agency,HFA)是美国音乐出版协会在 1927 年成立的,其被视为是集体管理组织替代了法定许可。基于音乐作品著作权的分散性,该代理处与大多数音乐出版商达成合意,为作品使用者提供了更为便捷的著作权许可方式。[③]

(二) 基于媒介融合的授权许可制度研究

授权许可是版权人运用自己私权利的行为,授权许可原则是现代版权制度不可动摇的基石。版权的本质即赋予权利人控制他人以特定方式使用作品的专有权利,从而使其能够通过许可来获利。

1. 在大数据时代,传统"先授权后使用"的授权机制已经难以充分保障版权人财产利益的实现,因此必须对授权许可制度进行创新与完善

吉林大学法学院王国柱(2016)认为改善媒介融合背景中的授权许可制度存在必要性,"先授权后使用"的原则以意思自治为基础应当予以坚持,"市场逻辑"具有基础性的作用应当予以重视,有效的授权方式有赖于技术和机制的创新利用。[④] 授权许可以合同的方式明确许可人和被许可人之间的权责关系,由此在法律上能够较为容易地认定侵权行为的存在,充分保障了著作权人的利益。[⑤]

2. 大多数学者支持将"授权"这一权利转移给集体管理组织,进行集中统一授权

吉林大学法学院王国柱(2016)认为作品数字化发展是媒介融合的根本

① 熊琦:《著作权法定许可的正当性解构与制度替代》,《知识产权》,2011 年第 6 期。

② United States of America v. American Society of Composers, Authors and Publishers, Civ. Action No. 41 - 1395, Second Amended Final Judgment (June11,2001).

③ Julie E. Cohen et al, *Copyright in a Global Information Economy* (2nd ed.), Aspen Publishers (2006), pp. 447 - 448.

④ 王国柱:《著作权法律制度发展的"媒介融合"之维》,《出版发行研究》,2016 年第 10 期。

⑤ Efroni, Z. , *Access-Right: The Future of Digital Copyright Law*, Oxford: Oxford University Press, p. 71.

所在,作品基于数字化可"发散性"地传播在各类媒体之中,也可"聚合性"地集中于某一数据库或平台。集中授权因作品的聚合性质成为了可能,作品集中授权平台的建立能使在线授权与给付报酬成为可能,从而实现信息的对称发展。① 浙江大学人文学院于文(2019)认为在坚持授权许可和私人自治的原则下,权利人与法律部门只能对许可模式进行局部的制度补救。要推进媒介融合向纵深发展,就应当建立一体化的版权许可交易平台,实现不同类型许可模式的交易信息集成化。② 重庆工商大学法学院华鹰(2016)认为,建立全国性的网络交易平台实现集中授权的前提在于制定和推广相关的数字化标准以及建立相关的作品信息数据库,此外集中授权的保障运行离不开网络平台服务功能的完善。③

3. 学者对授权许可制度的研究多聚焦于授权模式的探讨

例如,有学者认为法定授权制度对权力机关的立法活动有所涉及,其稳定性较强,应当将个人授权制度和代理授权制度中模式的具体化改进视为关键点,尤其是互联网授权、版权自助许可、区块链管理、云计算管理与授权这四种模式的改进。④ 东华理工大学教授刘俊和重庆大学教授齐爱民(2016)认为CC许可起到的是一种促进知识创新的作用,其可对版权立法进行补充,是版权授权许可制度的一种新模式,有望减少互联网版权问题。⑤ 南京财经大学新闻学院杨惠玲和德国马尔堡大学法学院冯超(2015)认为知识共享许可协议是近年来国际版权法发展中出现的一种新型授权许可方式,可从以下四个方面出发建设我国的知识共享协议许可制度:完善和加速升级协议文本;订立协议发展计划;加强与政府机关的合作;由独立的非营利性法人予以负责。⑥

4. 对版权许可格式合同的完善,学界也有从合同法与版权法两方面进行的相关探讨

美国学者德雷特勒(2003)认为通过授权许可,版权人依照自己的意思对

---

① 王国柱:《著作权法律制度发展的"媒介融合"之维》,《出版发行研究》,2016年第10期。
② 于文:《纵深融合趋势下的版权许可制度一体化建设》,《中国出版》,2019年第22期。
③ 华鹰、谭玲:《数字出版环境下亟待破解著作权海量授权的难题》,《编辑之友》,2015年第12期。
④ 王鑫、宋伟:《数字出版的著作权授权模式研究》,《科技与出版》,2019年第6期。
⑤ 刘俊、齐爱民:《CC许可协议的国际化争议及中国化制度兼容性解析》,《江西财经大学学报》,2016年第1期。
⑥ 杨惠玲、冯超:《论我国知识共享协议许可制度的构建》,《现代经济探讨》,2015年第8期。

他人使用版权的行为实施控制。许可人与被许可人双方产生的法律行为的事实依据是拟定并签订许可协议。[①] 学者杨红军(2013)在其著作《版权许可制度论》中从授权合同的角度讨论授权许可机制、授权许可过程中不当行为的规制、专有授权许可公示制度等。[②] 厦门大学知识产权研究院贾引狮和厦门大学教授林秀芹(2019)认为,对互联网环境下版权授权格式合同的规制要从以下三方面出发:网络版权许可协议应纳入合同法范畴规制;判断具体条款合法性应以版权法为依据;版权法应对版权许可格式合同的兴起予以必要回应。[③]

(三) 基于媒介融合的默示许可制度研究

版权默示许可指的是虽然版权人未作出明确授权,但是他人可从版权人的行为或者沉默中推定版权人未作保留声明,从而获得版权人默认的授权许可的一种版权许可方式。针对媒介融合语境下默示许可制度的研究,对我国是否有法律规定,应不应当引进以及确立该制度具有哪些优势,学界展开了较为广泛的研究。

1. 默示许可制度法律规定不明确,但多数学者认为应引进并确立默示许可制度

中国政法大学李捷博士(2015)认为,目前我国著作权法体系中尚未确认有关默示许可制度的法律地位,但是从相关司法案例中可推断出我国司法实践已认可了默示许可制度的合理性和必要性。[④] 中南大学法学院刘强(2015)提出,关于默示许可制度的法律规定,在我国《著作权法》的一些条文中略有体现。以我国《著作权法》为例,《著作权法》第二十三条、第三十三条以及第四十条,分别是关于教科书、报刊转载以及录音制品的许可规定。这些都可定义为法定许可,但若按照相关法律定义,这三种情况与严格法律定义的法定许可并不完全符合,这是由于版权人均可以通过保留的方式来排除对其作品的法定许可使用,致使他人无法免费获取使用其作品,从本质上来说这符

---

① 〔美〕德雷特勒:《知识产权许可(上)》,王春燕等译,清华大学出版社 2003 年版,第 2—3 页。
② 杨红军:《版权许可制度论》,知识产权出版社 2013 年版,第 34—35 页。
③ 贾引狮、林秀芹:《互联网环境下版权许可格式合同的兴起与应对》,《大连理工大学学报(社会科学版)》,2019 年第 6 期。
④ 李捷:《论网络环境下的著作权默示许可制度》,《知识产权》,2015 年第 5 期。

合默示许可制度。2006年国务院出台的《信息网络传播权保护条例》关于扶贫的许可制度规定,从版权法角度来看,这是对版权默示许可制度给予积极认可的回应。① 这说明默示许可制度在版权保护实践中逐渐得到认可。在学界,对我国是否设立著作权默示许可制度存在着争议,南京师范大学法学院王栋(2010)提出,随着网络新媒体的发展与普及,媒介融合已成为主流趋势,鉴于目前及往后版权保护的现实需求,默示许可将会与法定许可、合理使用等制度一同成为版权许可制度,并且将会为侵犯著作权行为提供新的抗辩理由。因此,从法理上来看,默示许可制度理应与合理使用制度相同,被确立为版权权利的限制。② 华中师范大学法学院文杰(2019)指出,我国《著作权法》应当设立默示许可制度。③ 中国政法大学张今(2012)认为,我国应借鉴美国判例法的做法,确立版权默示许可制度。④ 但也有学者如上海财经大学法学院蔡元臻(2015)认为,目前我国在该领域相应的制度设施不够健全,在实践操作经验积累方面也比较匮乏,因而不宜设立著作权默示许可制度。⑤ 中国政法大学付继存(2018)提出,我国《著作权法》第三次修改关于孤儿作品的讨论与草案变化(2017年12月的"修订草案送审稿修改稿"已经删除了默示许可制度规定)已经充分反映出了关于默示许可制度在立法平衡方面的困难。⑥

　　虽然目前我国法律并未对默示许可制度以明确的法律条文予以确定,但是随着互联网时代的进步发展、媒介融合潮流的推动以及信息快速传播的需求,默示许可制度在版权许可领域越来越受到学术界和实务界的重视。在互联网版权领域已有关于默示许可的立法例和司法例。另外,一方面,默示许可和我国"开放、共享"的网络发展理念相契合;另一方面,在媒体版权遭受侵害时,默示许可能够一定程度上解决媒体维权难、成本高的难题。基于以上三点,我国应当引进默示许可制度。⑦

---

① 马德帅、刘强:《网络著作权默示许可研究》,《中国出版》,2015年第17期。

② 王栋:《基于网络搜索服务的默示许可制度研究》,《常熟理工学院学报》,2010年第1期。

③ 文杰:《数据新闻作品使用数据的著作权法规制——兼谈〈著作权法(修订草案送审稿)〉的相关规定》,《中国出版》,2019年第15期。

④ 张今、陈倩婷:《论著作权默示许可使用的立法实践》,《法学杂志》,2012年第2期。

⑤ 蔡元臻:《新媒体时代著作权法定许可制度的完善——以"今日头条"事件为切入点》,《法律科学》,2015年第4期。

⑥ 付继存:《网络版权授权的模式选择》,《中国出版》,2018年第15期。

⑦ 彭桂兵:《网络转载许可制度研究:版权生态学与法哲学的视角》,《南京社会科学》,2016年第6期。

2. 基于媒介融合的默示许可制度具有提高版权交易效率、降低交易成本等众多优势

互联网的普及发展，进一步推动新旧媒体的融合发展，也同时使得信息的快速传播与版权保护之间产生了一定的冲突。而默示许可制度能够填补《著作权法》存在的一些缺陷，不仅能够协调平衡版权人与使用人之间的诸多利益，而且能够限制版权人对作品版权的过度垄断。[①]

在 Field v. Google 案发生后，关于默示许可制度在搜索引擎领域的使用，在版权人不知如何拒绝搜索引擎复制网页的方法时，或者当他人不正当地将其作品上载至网络上时，不能利用"Robot 排除协议"来排除搜索引擎的复制。但从现实来看，默示许可已悄然成为搜索引擎领域适用的行业规则，同时默示许可制度也被视为目前解决搜索引擎法律问题的最优方案。[②] 美国北卡罗来纳大学约翰·S. 西曼认为，默示许可制度能够在版权法中为广泛有效运行的"选择—退出"系统留出空间，降低交易成本，更符合版权人意愿和版权交易习惯。[③] 就秦涛诉北京搜狐互联网信息服务有限公司合同纠纷案，中南大学法学院马德帅和刘强从案件的反面来说明，如果默示许可制度能够构建，并规定版权人享有报酬请求权，对版权人的利益、加快互联网信息的传播和使用以及降低交易成本都具有很大的裨益。[④]

北京市海淀区人民法院法官刘佳欣（2019）指出，默示许可制度具有一定的优势，不仅具有一定的法律效力，还具有一定的契约精神和一定的技术措施，如果默示许可适用于版权产业领域，能够很大程度上缓解版权人授权效率低下的难题。[⑤] 厦门大学法学院尹卫民（2017）认为默示许可制度能够"解冻"孤儿作品并使其流通和传播，保障版权人、使用人、公共社会等诸多主体利益的实现。[⑥] 在数字图书馆领域，学者孙昕（2016）认为默示许可制度在图书馆数字版权使用方面的缺位，使得图书馆在网络传播权的使用方面受到了

[①] 李捷：《论网络环境下的著作权默示许可制度》，《知识产权》，2015 年第 5 期。

[②] 李捷：《论网络环境下的著作权默示许可制度》，《知识产权》，2015 年第 5 期。

[③] John S. Sieman, "Using the Implied License to Inject Common Sense into Digital Copyright", 85 *N.C.L. Rev.* 885(2007).

[④] 马德帅、刘强：《网络著作权默示许可研究》，《中国出版》，2015 年第 17 期。

[⑤] 刘佳欣：《数字时代版权授权的法律风险》，《中国出版》，2019 年第 1 期。

[⑥] 尹卫民：《著作权默示许可对图书馆等非营利性机构孤儿作品的适用——以〈著作权法〉第 3 次修订为视角》，《图书馆建设》，2017 年第 11 期。

很大程度的限制。法律制度理应具备一定弹性和灵活性,而非僵硬性,因此如果把默示许可制度适用于图书馆领域,将会大幅度提高授权效率、节约成本,且能够促进图书馆向全国贫困地区传播信息节奏的加快,推动数字知识的共享,平衡社会资源的分配。①

吉林大学法学院王国柱(2015)也认可默示许可制度的价值,如"选择—退出"机制相较于目前的法定许可和合理使用制度,默示许可制度对版权的限制要远低于前两者,该制度能够充分展现社会公益、资源分配效率与版权保护的平衡统一原则。② 在网络空间中,默示许可制度更能够符合网络开放性和共享性的特性,推动信息传播和利益平衡,并减少与现有著作权法的冲突。③ 中南财经政法大学副教授梅术文(2009)提出,在当下互联网环境中,默示许可制度并非一定要拘泥于僵硬的法律制度当中,还可以存在一些其他形式的默示许可,如在特定的网络空间中、在某种网络营销策略中以及建立在惩戒权利人基础上的默示许可等形式。④

在司法案例中,Parker 起诉 Yahoo 侵犯其版权,原因在于原告 Parker 在网络中上传发表的文章被 Yahoo 复制到自己的服务器中,并以"快照"的方式呈现给用户,Parker 向法院控诉用户在搜索浏览过程中临时存储文件的行为侵犯了其版权。但是法院认为,如果不能够临时存储相关文件,那很大部分用户的搜索浏览目的将不会实现,因此该行为是出于保障用户搜索浏览相关网页内容所不可缺少的关键步骤。法院认为,Parker 将其作品上传于网络中,且未采取在线注册或其他限制用户浏览相关内容的措施,用户可以自由地获取相关信息,该做法说明 Parker 已经默认允许用户可以通过网络浏览其作品内容。⑤ 南京大学法学院教授吕炳斌(2007)提出,随着网络的发展和媒介的融合,版权保护的中心逐渐将转变为以传播权为核心,而以传播权为核心的默示许可制度,将能够解决网络版权领域的诸多难题。⑥

---

① 孙昕:《图书馆使用数字版权的默示许可制度建构分析》,《图书馆工作与研究》,2016 年第 5 期。
② 王国柱:《著作权"选择退出"默示许可的制度解析与立法构造》,《当代法学》,2015 年第 3 期。
③ 王国柱、李建华:《著作权法定许可与默示许可的功能比较与立法选择》,《法学杂志》,2012 年第 10 期。
④ 梅术文:《信息网络传播权默示许可制度的不足与完善》,《法学》,2009 年第 6 期。
⑤ Gordon Roy Parker v. Yahoo!, Inc., U. S. Dist. LEXIS74512, at 18(E. D. Pa., 2008).
⑥ 吕炳斌:《数字时代版权保护理念的重构—从复制权中心到传播权中心》,《北方法学》,2007 年第 6 期。

（四）基于媒介融合的强制许可制度研究

版权强制许可制度是指在特定条件下,使用者基于某种正当的理由使用他人已发表的作品,经由版权主管机关根据情况予以授权使用,无须征得版权人同意,但应付费的版权制度。目前我国法律尚未建立关于强制许可制度的规定,而学术界对是否需要确立强制许可制度产生了较多重大分歧,并对该制度进行了相关的研究。

1. 强制许可制度是对版权许可制度的补充和完善

版权强制许可制度最早起源于美国。《伯尔尼公约》和《世界版权公约》中赋予发展中国家和地区可以出于教育和科研目的,对翻译权和复制权施行强制许可,但最终由于实施的要求较为苛刻而未能够落实。[①] 学者王斌(2008)指出,《伯尔尼公约》和《世界版权公约》中都有关于强制许可使用的规定,由于中国是两个国际版权公约的成员国,因此这两个公约中关于强制许可的规定应当与我国《著作权法》相辅相成,共同形成对版权的保护与限制规定。即使我国法律没有明文规定,但是我国依然可享有版权公约规定的强制许可待遇。[②] 中央民族大学马生军博士(2019)认为,强制许可是抑制版权造成过度垄断的一个重要制度,能够填补版权立法中出现的一些不足,强制许可与合理使用、法定许可构成一个较为封闭的体系,通过公权力来抑制版权私权权能。[③]

2. 媒介融合语境下的强制许可制度具有平衡社会利益、促进文化发展等作用,但引进强制许可制度仍存在使用条件复杂、打击版权人积极性等些许问题

网络科技的进步使得媒介融合成为主流趋势,随着网络的应用普及,引入版权强制许可制度是对互联网融媒体环境下版权人专有权进行限制的必要措施。我国《著作权法》不仅赋予著作权人享有信息网络传播权,也明确规定了对信息管理等技术措施的保护,版权人的专有权借助现代互联网技术逐渐得到扩张。如若不抑制这种权利的扩张,势必会给公众对文化作品的接触和使用造成阻碍,也会使得合理使用制度和法定许可制度的使用空间被压

---

① 李明德、许超:《著作权法》,法律出版社 2003 年版,第 298 页。
② 王斌:《我国数字图书馆版权强制许可制度研究》,《图书馆学研究》,2008 年第 12 期。
③ 马生军、徐曦哲:《著作权强制许可的法理分析与具体规则构建》,《出版发行研究》,2019 年第 5 期。

缩,不利于我国文化市场的长远发展,因此有必要引入强制许可制度,防止版权人权利滥用,促进社会利益平衡发展。①

中国地质大学法学院胡通碧副教授(2002)从利益分享角度出发,分析版权强制许可制度的价值,版权强制许可制度能够有效限制版权人垄断所造成的资源分配失衡,降低版权交易成本,维护社会公共利益。② 在媒介融合语境下,人们对信息的流通获取提出了更高的要求。武汉大学法学院黄丽萍教授(2010)认为,著作权法本身具有明确的公共利益目标追求,版权强制许可制度的创设更是为了维护公共利益的需要,使得著作权法在充分保障版权人的私权利的同时,能够兼顾社会公众的公权利需要;我国著作权法至今尚未建立版权强制许可制度,仅由合理使用和法定许可制度构成的版权限制制度经过多年的实践,其不足之处已日益显现,增设强制许可制度十分必要③,且设置强制许可制度能够适应媒介融合语境下人们对海量信息的需求,能够降低版权制度的成本,促进版权贸易的发展④。德克萨斯大学达拉斯分校斯坦·J·利博维茨博士(2016)也持相似的观点,认为强制许可制度能够降低版权交易费用,促进版权良性消费。⑤ 湖南师范大学法学院副教授姚鹤徽(2015)认为,针对网络上存在大量的无署名作品和无法确定版权的作品,可以通过强制许可制度赋予版权机关实行规模化的版权授权,能够推动互联网时代的高效率发展。⑥

河南财经政法大学张伟副教授(2010)指出,我国《著作权法》因没有强制许可制度造成国内申请人无法享受发展中国家的优惠政策,不利于提高国家教学科研水平,也不利于加强版权的国际贸易和知识产权作品的广泛传播,因此,有必要将强制许可制度纳入《著作权法》中,促进我国科教文化在媒介融合时代的提高。⑦ 佛罗里达大学法学博士麦克斯韦尔·迈尔斯·支里斯蒂安森(2018)指出,强制许可制度能够降低作品的版权费用,使用者更容易获

① 王斌:《我国数字图书馆版权强制许可制度研究》,《图书馆学研究》,2008 年第 12 期。
② 胡通碧:《论著作权的强制许可》,《科技进步与对策》,2002 年第 4 期。
③ 黄丽萍:《论著作权强制许可的适用范围和条件》,《华南师范大学学报(社会科学版)》,2010 年第 2 期。
④ 黄丽萍:《论我国著作权强制许可制度之构建》,《广东外语外贸大学学报》,2010 年第 4 期。
⑤ Stan J. Liebowitz, *Alternative Copyright Systems: The Problems with a Compulsory License*, 21 march, 2016.
⑥ 姚鹤徽:《著作权强制许可制度的理论分析与制度构建》,《时代法学》,2015 年第 3 期。
⑦ 张伟:《略论知识产权强制许可制度》,《公民与法(综合版)》,2010 年第 6 期。

取作品,减少版权纠纷,且能够鼓励社会公共文化建设。[1]

但是也有学者对强制许可制度持消极否定的态度,美国学者杰森·S.鲁克斯(1995)认为,互联网技术的不断创新与进步,意味着版权人难以联系、版权交易商讨和监督执行代价高等问题将会很大程度上得到解决,因此,通过版权人与使用者之间的私下交易谈判,自愿构建契约关系,如通过授权许可也能够达到版权资源充分分配的效果。[2] 德克萨斯大学达拉斯分校斯坦·J·利博维茨博士(2016)指出,强制许可制度在版权定价、支付运营等方面存在诸多复杂性,同时也会打击版权人创作的积极性。[3] 美国南伊利诺伊大学法学院迈克尔·博廷和爱德华·萨缪尔斯(2005)认为,版权强制许可制度自身也面临一些问题,如运行效率受到一定程度的限制,这是由于制度运行需要经过一系列繁杂的程序,如通知、备案、交存、申请及司法裁决等。[4]

西北大学副教授张曼(2013)提出,中国虽然是《伯尔尼公约》的成员,根据条约规定也适用附件,但是因为实施强制许可的要求较为苛刻,我国并没有实行过版权强制许可制度;其次,我国法律规定的合理使用制度和法定许可制度都是"封闭式"制度体系,是针对特定而非普通的作品,但强制许可制度主要适用于复制权和翻译权两项权利,而纵观世界各国的著作权法,并未清晰明确说明强制许可制度适用的作品范围;另外,合理使用和法定许可制度已经形成了较为封闭的模式,对版权已经形成了较多的限制,如果再引进强制许可制度,将会进一步限制版权权能,并可能引发整个法律体系的调整修改,因此不可盲目设立版权强制许可制度。[5]

---

[1] Maxwell Christiansen, *Fixing The Sample Music Industry: A Proposal For A Sample Compulsory License*, 2018。

[2] Jason S. Rooks, "Constitutionality of Judicially-Imposed Compulsory Licenses in Copyright Infringement Cases", *Journal of Intellectual Property Law*, vol. 3, 1995, p. 267.

[3] Stan J. Liebowitz, *Alternative Copyright Systems: The Problems with a Compulsory License*, 21 march 2016.

[4] Michael Botein and Edward Samuels, "Compulsory Licenses In Peer-To-Peer File Sharing: A Workable Solution?", *Southern Illinois University Law Journal*, vol. 30, 2005, p. 71.

[5] 张曼:《著作权强制许可制度的国际法探究及当代启示》,《西北大学学报(哲学社会科学版)》,2013年第2期。

第三节　研究问题

在陈述本书的研究问题之前,有必要澄清本书的具体研究对象,前文已提及本书主要的研究对象锁定在新闻聚合。本书考虑到媒介融合这一议题过于庞大,新闻聚合是媒介融合环境下典型争议问题,研究媒介融合环境中的版权许可,具体到研究新闻聚合的版权许可问题,这样更容易操作,研究更具有针对性。当然,在谈及具体的版权许可类型时,也会谈及报刊和网络之间转载法定许可问题,以及广播电视播放作品的法定许可问题,并不是完全拘泥于新闻聚合这一具体研究对象。研究对象确定后,本书主要围绕着下述五大问题展开:

第一,基于媒介融合的版权许可引发了什么争议,版权许可可以划分为哪些类型,以及基于媒介融合的版权许可发生了哪些重要变化。

第二,创新基于媒介融合的版权许可的必要性,以及创新版权许可解决版权纠纷比起其他的版权纠纷解决类型,优势何在。本部分主要以"今日头条"事件、《欧盟数字版权指令》在国内的争议,以及社交媒体洗稿——"甘柴劣火"事件为典型案例,探讨这些事件或争议的版权纠纷解决策略,阐述创新版权许可解决这些版权事件或争议为什么那么重要。

第三,在划定版权许可类型的基础上,笔者分别研究了基于媒介融合的版权合理使用制度、版权法定许可制度、版权授权许可制度和版权默示许可制度等四项涉及版权许可的制度安排。研究这些制度在媒介融合语境下面临的挑战,在媒介融合语境下这些制度存废之争以及存在的问题。

第四,在明晰版权许可制度存在问题的基础上,笔者研究了为了适应媒介融合语境,如何创新我国目前的版权许可制度。版权合理使用制度如何由"刚"变"柔"? 版权法定许可制度是存还是废,如果保留,如何改进和创新? 版权授权许可制度引发的话语博弈透露出版权授权许可制度如何创新? 在媒介融合语境下,我国版权许可制度的创新是不是要引进默示许可制度? 在我国著作权法体系中,默示许可制度在媒介融合语境下是不是具有适用的空间?

第五,著作权法具有内在的自成体系的规范性制度,版权许可制度只是著作权法体系性制度的一部分。换言之,版权许可制度的创新离不开其他配套性制度的创新。笔者认为,著作权法体系中的集体管理制度和版权补偿金制度是与版权许可制度紧密关联的两项制度,探讨这两项制度如何更好地与版权许可制度融为一体,将有利于版权许可制度的运行。第六部分探讨在媒介融合语境下,版权集体管理制度如何改进和创新以适应版权许可制度的创新。第七部分探讨的是在媒介融合语境下,我国是否要引进版权补偿金制度以适应版权许可制度的创新。

第四节　研究方法

本书在研究过程中使用了文献研究法、调研访谈法、比较研究法、法教义学方法等。具体研究方法在研究过程中的使用分述如下:

第一,文献研究法。在研究开展前、在研究过程中、在研究报告撰写和修改阶段,笔者阅读了大量的文献资料,主要是涉及版权许可、集体管理组织以及版权补偿金制度的文献资料。另外,一项很重要的文献资料就是相关的版权案例,版权案例是研究报告分析的重要理据。

第二,调研访谈法。笔者调研了中央广播电视总台、浙江日报报业集团、宁波日报报业集团、澎湃新闻、爱奇艺科技有限公司、哔哩哔哩科技有限公司等新闻单位和媒体单位。虽然本书主要聚焦于新闻聚合的版权,但媒介融合语境下视频聚合、主流媒体和其他媒体之间的融合实践都应该有所关注,所以笔者调研的单位不仅有新闻单位,还包括一些典型的互联网科技公司。

第三,比较研究法。本书主要关注的是我国的版权许可制度,我国著作权立法和司法都借鉴国外的法律建设经验,美国著作权法和欧盟著作权法关于新闻聚合及媒介融合语境下的版权许可制度建设,都值得我们去研究和借鉴,为此,本书重点研究了美国和欧盟等的版权许可制度建设与实践经验,从而为研究我国的版权许可制度的创新提供理论依据和跨国实践经验。

第四,法教义学方法。这一方法也被称为法律解释学方法,源于德国法对法学方法论的强调。著作权法教义学方法也是研究著作权法的重要方法。《著作权法》中的很多法条内容需要根据法条设定的目的去解释,比如《著作权法》中的第二十四条合理使用制度,《著作权法》中的第三十五条第二款关于"报刊转载、摘编法定许可制度",《著作权法》中的第四十六条规定的"播放作品法定许可""播放录音制品中作品的法定许可"等,《著作权法》中的第二十六条至第二十九条关于著作权许可使用和转让合同等;还有,《信息网络传播权保护条例》第九条关于通过网络向农村地区提供作品的准法定许可[①](有的学者把该条款称为我国著作权法中的默示许可制度)。以上所列的这些条款都需要用法教义学的方法对其立法目的、法条中关键概念含义进行解释。

第五,话语分析法。话语分析法是新闻传播学的重要研究方法。话语分析方法能够揭示版权争议事件背后的权力关系。本书主要运用的是雷曼的财产管家叙事和文化保护叙事两种话语分析方法,对"今日头条"事件中的版权各争议主体之间的话语进行分析,揭示话语争议和争夺的过程。话语分析方法的好处在于掌握版权各争议主体话语背后的意识形态,只有了解话语背后的意识形态,才可能建立起一种协调机制以协调版权各争议主体的行动,从而更好地促进版权产业的发展。

---

① 王迁:《知识产权法教程》(第六版),中国人民大学出版社 2019 年版,第 238 页。

第二章

基于媒介融合的版权许可：
争议、类型以及关键问题

第一节　许可使用还是自由使用：
基于媒介融合的版权争议

过去几年，面对数字媒体的挑战，传统新闻业明显呈现出难以挽回的衰落趋势。伴随着这一过程的是，年轻人阅读新闻的方式发生了变化。美国皮尤研究中心调查数字显示，通过纸质媒体和传统网站获取新闻的年轻人越来越少，人们更多趋向新闻聚合获取自己所需之信息。[①]《中国新媒体发展报告》也指出，手机 App 的强劲发展，催生了诸多新闻资讯的聚合平台。这些新闻聚合平台成为人们获取各种资讯的重要途径。[②] 聚合媒体对年轻受众的分流，给传统媒体及其网站带来了巨大的生存压力。媒体大亨默多克斥责新闻聚合为"盗贼"就是例证。[③] 在国内，人们以相似的话语斥责"今日头条"等聚合平台，"今日头条"被人们讽刺性地称为"今日'偷'条"。[④]

[①] 据 2016 年皮尤研究中心调查，57%的人从电视获取新闻，38%的人从数字渠道获取新闻，包括新闻聚合和社会化媒体，25%的人从广播获取新闻，20%的人从印刷媒体获取新闻。参见尹琨编译：《美国数字新闻用户数量仅次于电视》，《中国新闻出版广电报》，2016 年 7 月 7 日。

[②] 唐绪军主编：《2016 年中国新媒体发展报告》，社会科学文献出版社 2016 年版，第 179 页。

[③] Sarno, David, Murdoch Accuses Google of News "Theft", 2009 年 12 月 2 日, http://articles.latimes.com/2009/dec/02/business/la-fl-news-g00gle2-2009dec02, 2020 年 2 月 21 日。

[④] 刘佳：《头条还是"偷"条？今日头条或遭版权集体维权》，2014 年 6 月 9 日, https://www.yicai.com/news/2014/06/3905458.html, 2020 年 2 月 21 日。

一、 传统媒体为了版权采取技术或法律两种手段抗争

传统媒体及其网站为了回击新型竞争主体的威胁,不得不采取技术或法律两种手段抗争。根据我们调研的中央广播电视总台、SMG、澎湃新闻、宁波日报报业集团,它们无外乎使用的都是这两种手段。

技术手段版权抗争,通常被学者表述为"数字权利管理"(Digital Rights Management),从技术上防止媒体内容被非法复制和传播,强制使用者必须经过授权方可合法使用。在美国,在报纸经营领域,数字权利管理之一就是诸多大报采用付费墙模式,《纽约时报》等都是先行者。在我国,为了因应媒介融合发展,节省传统媒体与新媒体之间的交易费用,传统媒体机构都在尝试使用"版权印"等。① 我国政府也在积极推进利用技术手段保护新闻版权,计划建立一个总的技术平台,将所有的原创新闻放到技术平台上实现交易变现。②

法律手段版权抗争,通常表现为利用立法和司法程序维护合法版权利益。在美国,自从新媒体消解传统媒体的权威以后,修改联邦版权法以致把传统媒体的版权保护纳入联邦版权法范畴的呼声不断高涨,理查德·波斯纳法官等就是呼吁媒体版权立法的先锋式人物。③ 与此同时,在版权战中受委屈的传统媒体拿起司法武器向新闻聚合平台宣战,有影响的案件如 AP v. All Headline News、AP v. MeltwaterU. S. Holdings, Inc. 等。尽管只有 Meltwater 案进入司法程序,但司法硝烟战打响已然表明传统媒体在版权抗争中的决绝姿态。和美国类似,我国诸多学者建言《著作权法》要充分考虑到新闻作品的版权保护,尤其是要厘清时事新闻的边界,划定新闻作品的合理使用范畴等。④ 为了应对新闻聚合带来的网络版权侵权行为,我国政府强调

---

① 陈五男:《版权印:解各类媒体版权之痛》,2015 年 8 月 18 日,http://mt. sohu. com/20150818/n419119000. shtml,2016 年 7 月 25 日。

② 温飞:《原国家新闻出版总署署长柳斌杰:中国正研究传播立法》,2014 年 11 月 30 日,http://fj. people. com. cn/n/2014/1130/c350394-23062074. html,2020 年 2 月 21 日。

③ Jasiewicz, M. I., "Copyright Protection in an Opt-Out World: Implied License Doctrine and News Aggregators", *Yale Law Journal*, Vol. 122, No. 3, 2012, pp. 837 - ix.

④ 邵国松:《新闻聚合版权问题研究》,《南京社会科学》,2015 年第 5 期;卢海君:《著作权法中不受保护的"时事新闻"》,《政法论坛》,2014 年第 6 期;芮松艳:《与新闻报道有关的著作权问题解析》,《中国版权》,2015 年第 6 期。

此类媒体转载要坚持"先许可、后使用"的原则，并在《关于规范网络转载版权秩序的通知》中得到规范。传统媒体司法手段版权抗争，我国已经出现实质性的司法判决，比较典型的就是《现代快报》诉"今日头条"案一二审判决。在《现代快报》诉"今日头条"案判决之前，"今日头条"已经被《广州日报》《楚天都市报》等媒体起诉，但最终都是以双方和解或不了了之结束。学者们从学理层面对新闻聚合的侵权行为进行分析，但分析也只囿于新闻聚合案例相关或相类似的司法判决。①

二、 版权争议："先许可，后使用"和"无传播则无财产权"

对比中美在媒体转型时代的版权立法与司法实践，我们发现，对新闻聚合的版权治理，主要在于通过法律来惩戒那些未经许可的新闻版权使用。换言之，"先许可，后使用"是中美新闻界应对新闻聚合冲击的一致性版权抗争策略。媒体转型阶段，新闻版权使用遵循许可逻辑还是自由逻辑，不止关涉传统媒体的内容变现，而且影响到数字产消者（prosumer）的表达参与和共享能力。② 具体而言，数字产消者是指数字公民在消费新闻的同时，也在创造性地生产新闻。消费新闻意指数字公民对新闻信息的按需化取用（access），而生产新闻意指数字公民对新闻信息的个性化表达。在美国，数字公民对新闻信息的取用与表达权利正当性来源于宪法第一修正案。保障"内容变现"的版权许可同样可以从宪法中寻求正当性依据。美国宪法第一条第八款规定，为促进科学和实用技艺的进步，对作家和发明家的著作与发明，在一定期限内给予专有权的保障。在我国，数字公民对新闻信息的取用与表达权来源于宪法第三十五条、第四十一条和第四十七条。我国的《宪法》尽管没有像美国宪法第一修正案中对版权在有效期限内的使用需要许可作出规定，但《宪法》第十三条已明确，公民的合法的私有财产不受侵犯。该条可以为版权作为私有财产权提供宪法性解释依据，这也是版权需要许可使用的学理基础。所

---

① 崔国斌：《著作权法下移动网络内容聚合服务的重新定性》，《电子知识产权》，2014 年第 8 期；王迁：《"今日头条"著作权侵权问题研究》，《中国版权》，2014 年第 4 期。

② ［美］劳伦斯·莱斯格：《免费文化：创意产业的未来》，王师译，中信出版社 2009 年版，第 112 页；［美］亨利·詹金斯：《融合文化：新媒体和旧媒体的冲突地带》，杜永明译，商务印书馆 2015 年版，第 206—210 页。

以,版权与数字公民取用与表达权在中美都可以找到对应的宪法依据。在数字时代,原先得到多数人认可的版权与表达权之间的一致关系,逐渐受到争议,版权与表达权之间的冲突关系已显露无遗。也就是说,版权是许可使用还是自由使用,直接影响到公民在消费新闻过程中知情表达权实现的程度。

新闻聚合集搜索引擎、数据挖掘、网络链接、网络转码等技术于一身,将分散在网络空间的文件资源整合起来,使得网络用户能够通过一站式平台访问文件资源的网络服务。[①] 不同的聚合平台,资源整合的方式不同,但大致可以分为系统自动抓取和人工编辑两种。[②] 多种技术与资源整合赋予了用户消费信息的全新景观,用户们无须再被海量的信息甄别和选择困扰。聚合平台在技术的帮助下,可以根据用户的兴趣主动向用户"推"新闻,用户也可以据此点评与分享。可以说,新闻聚合在更大程度上实现数字公民对新闻信息的取用与表达的权利,版权的许可方式将决定着数字公民行使权利的范围与程度。

新闻作品的"先许可,后使用"原则,赋予了新闻机构的财产优先权,激励媒体机构原创更多的新闻信息,这种激励机制具有一定的法律正当性。然而,"无传播则无财产权"[③]忽视网络新闻信息的流动传播,版权财产利益的保障将成无源之水、无本之木。新闻作品的版权保护和新闻作品的流动传播是"互为成本"的。新闻作品的流动传播最终是为人服务的,是人的表达权实现的根本前提。在媒介融合语境下,新闻作品是许可使用还是自由使用,在中美的新闻传播领域这几年越发存在着争议。

第二节　基于媒介融合的版权许可
制度类型划定及面临挑战

要研究版权许可制度创新,首先要弄清楚"许可"这一核心概念。

---

① 崔国斌:《著作权法下移动网络内容聚合服务的重新定性》,《电子知识产权》,2014 年第 8 期。

② 刘海虹:《媒介融合背景下新闻聚合的著作权法规制——以网络商业模式的创新》,《新闻大学》,2015 年第 5 期。

③ 徐瑄:《知识产权的对价理论》,法律出版社 2013 年版,第 157 页。

一、 许可、版权许可的概念理解

许可在不同的法律领域表现出不同的内涵。公法领域的许可通常表现为行政许可。行政许可就是行政机关为公民创设财产权或自由的构成性事实，行政许可的结果是创设法律权利或自由，据此可以将行政许可粗略地分为两大基本类型，即财产权利转让许可和行为自由许可。[①] 换言之，在行政法中表现为行政主管机关对申请人的资格认证、权利赋予等。

私法领域的许可，类同于公法领域的许可，亦创设法律权利或自由，但指向的法律行为大不相同。在私法领域，许可是在不转让财产所有权的情况下让渡财产中的权利。[②]《元照英美法词典》列出了许可的三种含义：①指合适的授权人允许他人为某种行为的许可，如未经许可，该行为将属非法，侵权（tort）或侵犯（trespass）行为；②指许可人允许被许可人在其土地上从事某项行为或一系列行为，但被许可人对该土地不具有任何永久性权益，此项许可是基于个人信任，不能转让；③对原告提出侵犯行为之诉，被告辩称系经土地所有人许可而从事被指控行为。[③]《元照英美法词典》对许可的定义较之上述定义更加宽泛，不仅包含公法领域许可，也包含私法领域许可。许可，在著作权领域，一般理解为作者或其他著作权所有人（许可人）给予作品的使用者（被许可人）以某种方式并按双方在有关合同（许可协议）中约定的条件使用该作品的授权（允许）。与转让不同，许可并不发生所有人身份的转移，而仅构成根据作品的著作权使用作品的权利；著作权仍由许可人保留，只是按授予许可的范围受到限制。许可或是专有的，或是非专有的。在后一种情况下，著作权所有人也可以将类似的许可合法地授予其他被许可人。被许可人往往还取得通过允许他人以同一方式使用作品来利用该许可的权利（分许可）。著作权公约和国内著作权法可以规定特殊情况下的强制许可和法定许可。[④]

[①] 陈端洪：《行政许可与个人自由》，《法学研究》，2004 年第 5 期
[②] ［美］德雷特勒：《知识产权许可（上）》，王春燕等译，清华大学出版社 2003 年版，第 2—3 页。
[③]《元照英美法词典》，北京大学出版社 2003 年版，第 846 页。
[④] 世界知识产权组织编：《著作权和邻接权法律术语汇编》，刘波林译，北京大学出版社 2007 年版，第 142 页。

严格地说,版权许可应该属于私法领域的许可类型,许可人与被许可人通过合同的形式实现双方的"对价允诺",国家权力不干预这一民事行为。在这种情况下,版权许可又称为"授权使用",一般被理解为作者或其他版权所有人(许可人)给予作品的使用者(被许可人)以某种方式并按双方在有关合同(许可协议)中约定的条件使用该作品的授权(允许)。[①] 拉曼·米塔尔对版权许可的定义更直接,就是"许可人不起诉被许可人的允诺"。这意味着,不经过许可,第三方对知识产权的使用都会被认为是非法复制或侵权。如果知识产权所有者想通过法律手段控制的话,使用人就要停止这种不合法的复制。[②]

归纳起来,学者们对版权许可的定义,大致可以分为狭义和广义两种方式。狭义的版权许可,就是许可人通过合同授权(意定授权)[③]的方式授予被许可人使用版权。被授权者使用作品的行为必须在合同授权的范围内,超出合同授权的范围,就意味着被授权者使用作品的行为要承担侵权责任。例如,在谢鑫与深圳市懒人在线科技有限公司等侵害作品信息网络传播权纠纷案中,谢鑫与创策公司而并非与懒人公司直接签订版权授权合同;还不止如此,签订的版权合同只是约定以电子图书或电子出版物形式存在的涉案作品复制件进行数字出版的行为,而并不包括把作品制成录音制品进行信息网络传播的行为。懒人公司并没有直接获得版权授权,使用作品的行为也超出了合同意定授权的范围,法院最终判决懒人公司等四家公司承担侵权责任。[④] 此类许可还可以被细分为两种许可方式,即独占许可与非独占许可。

广义的版权许可,就是许可人允诺他人为某种行为的许可,这种允诺可以是许可人自愿的,也可以是许可人非自愿的。

自愿许可,亦被称为许可使用,建立在权利人的意思自治基础上,依靠权利人和使用人的契约,国家法律或者相关的行政机构不会去干预权利人和当事人之间的意思自治。权利人和当事人之间的意思自治可以是以合同授权的方式明示(明示许可),也可以是被许可人从许可人的行为推导出来的默示

① 陈凤兰:《版权许可基础》,中央编译出版社 2011 年版,第 3 页。
② Mittal, Raman. *Licensing Intellectual Property*: *Law & Management*, New Delhi: Satyam Law International, 2011, P. 78.
③ 吴汉东:《著作权合理使用制度研究》,中国人民大学出版社 2013 年版,第 21 页。
④ 浙江省杭州市中级人民法院(2017)浙 01 民终 5390 号二审民事判决书。

（默示许可）。

　　民法上的意思表示是指要获得某种特定法律效果的意思的外部性表达。一种法律行为总要受到行为人的意志支配，并在行为人的意思支配下要达致某种法律效果。"意思"是行为人的主观意志，属于主观要件；"表示"是主观意志的外在表达，属于客观要件。默示许可是以默示形式为意思表示样态，以许可为法律效果的一种法律行为。在私法上，默示是指行为人以使人推知的方式间接表示其内在意思的表意形式。如德国学者拉伦茨所述，在特定的法律情形下，"沉默"或者其他任何一种不使用某些话语或符号的行为作为不作为的一种形式，也会具有法律行为上意思表示的意义。①

　　有时可以依约定或法律规定从表意人单纯的不作为推理确定其意思的表示，也称沉默的意思表示。假想"今日头条"和某家新媒体公司签订合同，合同中事先约定，"今日头条"在合同到期后提出继续签订版权使用的提议，新媒体公司在一定期限内不予回复的，视为同意继续使用版权。到期后，"今日头条"继续使用新媒体公司作品版权，新媒体公司在一定期限内不予答复的行为则属于依约定的沉默表示。也可以从表意人某种行为和某种语言表述间接推知出行为人要表达的法律行为意思，也称推定的意思表示。例如，在影视版权交易领域，经常出现版权交易合同到期后，使用者继续支付版权交易费用，而作品权利人继续收取版权交易费用的情形，依此可推知影视版权交易双方延续版权交易合同的意思表示。也可以依据法律的规定，将某种特定情况下的"沉默"视为具有某种内容的意思表示，也称规范化的沉默。②

　　非自愿许可，主要由法律强行规定，通过强制的手段让许可人允诺被许可人为某种行为。非自愿许可又可以分为两种类型，即法定许可和强制许可。

　　法定许可存在于著作权领域，专利权和商标权不存在法定许可的情况。法定和意定相对应，法定，言下之意，依照法律的直接规定；意定，完全依照当事人的自由意志决定。法定许可，就是依照法律的直接规定，不经著作权人或其他相关权利人的许可，可以以特定的方式使用已发表的作品，但应向著作权人支付报酬，同时要注明作者姓名、作品名称以及出处的一种使用行为。

①［德］拉伦茨：《德国民法理论》，王晓晔等译，法律出版社 2004 年版，第 485 页。
② 郭威：《版权默示许可制度研究》，中国法制出版社 2014 年版，第 30—31 页。

　　强制许可,既存在于著作权领域,也存在于专利权领域,是指在特定条件下,通过行政申请程序决定允许申请者实施该知识产权并且给予权利人合理报酬的制度。法定许可和强制许可虽然都属于非自愿许可,都具有强制性,都是要向权利人支付合理的报酬,但强制的方式不一样。法定许可由法律规定某些情形下可以不经权利人同意,直接使用公开发表的作品,并向权利人支付报酬。我国《著作权法》中规定了报纸期刊转载摘编法定许可、制作录音制品法定许可等法定许可情形。

　　在版权领域,我国并无强制许可制度,因此,下文并不讨论强制许可,只探讨法定许可。从著作权权利方来说,法定许可是对著作权权利人的限制,从法律上剥夺了著作权人的许可权,只赋予了著作权人的获取报酬权。在我国《著作权法》中,合理使用制度也是对著作权权利的限制和例外,通过法定的方式既剥夺了著作权人的许可权,也剥夺了著作权人的获取报酬权。学说上对合理使用制度有多种理解,比如吴汉东教授就坚持从使用者权利角度理解合理使用制度,认为合理使用是使用者的一项固有特权,是合法的使用行为。[①] 中国台湾地区学者张静从侵权阻却事由的角度理解合理使用制度,认为合理使用本来是未经权利人的许可或授权而属于侵权行为,但法律划定了"合理"的范围,从而不构成侵权。[②] 合理使用制度承认著作权人享有作品的著作权,包括许可权和获取报酬权。只不过,为了平衡权利人和使用人的利益,我国《著作权法》规定了使用"合理"的情形,用法律的方式剥夺了著作权人的许可权。所以,无论怎么理解合理使用制度的性质,就权利许可而言,著作权合理使用制度也是属于非自愿许可制度。比起法定许可这种非自愿许可,合理使用制度不仅剥夺了著作权人的许可权,甚至连著作权人的获取报酬权也被剥夺了。正因为合理使用制度属于非自愿许可制度,在许可性质上和法定许可类似,故把合理使用和法定许可共同放在许可类型中加以讨论。

　　而且,依照上述狭义和广义的版权许可来理解,狭义的版权许可只考虑到权利人与使用人之间的"对价允诺",而忽视了公共利益对权利人和使用人的"对价"。广义的版权许可纳入了公共利益的对价。最终形成这样的结果,即版权许可"制度类型"经过了公共利益的对价,保留了法定许可、合理使用

---

① 吴汉东:《著作权合理使用制度研究》,中国政法大学出版社 1996 年版,第 128 页。
② 张静:《著作权法评析》,水牛图书出版事业有限公司 1983 年版,第 241 页。

等"保障的制度类型"，也划分了权利人自由许可、自愿许可等"保护的制度类型"，使保障公众利益与保护版权人利益之间保持基本的制度空间的衡平性。

为此，本书基于广义的版权许可含义，把版权许可制度划分为四种类别，图示如下：

版权许可制度类型

二、 现有版权许可制度暴露出了不足与缺陷

在媒介融合语境下，版权保护成为衡量媒介融合是否成功的核心元素。要使得版权人的利益得到合法的保护，必须要在版权人的利益与社会公共利益之间作出恰当的平衡。为了实现社会公共利益，法律必须对版权人的利益进行合法的限制，这种限制在著作权法上主要采取的手段就是"合理使用"与"法定许可"。

合理使用的核心要义在于使用者使用版权人的作品既不经其许可，也不向其付酬。我国《著作权法》采用的是列举方式，第二十四条列举了十二种合理使用的情形。这种规定完全不同于美国版权法中的"四要素说"。虽然法律操作上比较容易，但操作的空间大受限制。法定许可的核心要义在于使用者使用版权人的作品可以不经其许可，但必须向版权人付酬。为什么可以不经许可？不是因为其使用是合理的，而是著作权法为了照顾公共利益的需要，法律上规定可以不需要版权人授权。美国版权法中没有法定许可的规定，这是我国版权法的一个特殊之处。除了以合理使用、法定许可这两种法定的理由对版权人的权利进行限制外，其他任何使用版权人作品的行为，都要经过版权人的授权，否则就可以被判定为对版权人权益的侵犯，就要承担直接的侵权责任。

以上描述的我国版权许可模式，在新媒体技术的挑战与冲击下，越来越显露出其不足与缺陷。这种不足与缺陷，主要表现在如下两个方面：第一，在媒介融合语境下,法定许可遇到了前所未有的危机,难以适应媒介融合语境下的利益分配机制;第二,授权许可无法满足互联网空间信息的海量性,批量的版权作品倘若一一授权,既不现实,也不可能。

第三节　关键问题：媒介融合语境下
是否引进版权默示许可

　　我国之所以设置法定许可,重要的目的就是捍卫社会的公共利益,防止过分地保护版权人的利益。《著作权法》中的法定许可包括下列情形：编写教科书、报刊之间的转载、使用音乐作品制作录音制品、广播电台电视台播放他人发表作品、广播电台电视台播放已出版的录音制品等。我们就以其中的一种法定许可的情形为例,来讨论法定许可在互联网时代的尴尬处境。

一、　基于媒介融合的版权法定许可制度难以捍卫公共利益

　　以"报刊之间的转载"为例,《著作权法》当时考虑到已发表在报刊上的作品能够得到尽可能的传播,才设置了此种法定许可事项。在媒介融合语境下,互联网对已发表的作品的传播力更强,按理说,网络媒体的转载也应适用法定许可制度。但是,我们通过回顾网络媒体转载的立法历程,就可以看出法定许可在此项规定上所遭遇到的"夭折"。

　　2000年11月最高人民法院通过的《最高人民法院关于审理涉及计算机网络著作权纠纷案件适用法律若干问题的解释》(以下简称《2000年司法解释》)第三条规定："已在报刊上刊登或者网络上传播的作品,除著作权人声明或者上载该作品的网络服务提供者受著作权人的委托声明不得转载、摘编的以外,网站予以转载、摘编并按有关规定支付报酬、注明出处的,不构成侵权。但网站转载、摘编作品超过有关报刊转载作品范围的,应当认定为侵权。"从此处可以看出,网络媒体的转载是适用法定许可的。2003年对该司法解释修改的时候,此处的第三条并没有变动。到2006年11月,最高法对该司法解释第二次修改的时候,删去了上述的第三条内容。此条款被删除,暗含着官方从法理上不支持网络媒体的转载适用法定许可,但也并没有明确表达。

2015 年 4 月，国家版权局发布了《关于规范网络转载版权秩序的通知》（以下简称《通知》）。《通知》第一条规定："互联网媒体转载他人作品，必须经过著作权人许可并支付报酬，并应当指明作者姓名、作品名称及作品来源。"第二条规定："报刊单位之间相互转载已经刊登的作品，适用《著作权法》第三十三条第二款的规定，即作品刊登后，除著作权人声明不得转载、摘编的外，其他报刊可以转载或者作为文摘、资料刊登，但应当按照规定向著作权人支付报酬。报刊单位与互联网媒体、互联网媒体之间相互转载已经发表的作品，不适用前款规定，应当经过著作权人许可并支付报酬。"《通知》前两条规定很明确，无论是网络转载他人、报刊单位还是其他网络媒体的作品，都要经过授权许可，明确说明了不再适用法定许可。但是，仍然保留并强调报刊之间的转载适用法定许可。如果从公共利益的角度出发，网络传播作品的范围更广，特别是在移动互联网时代，纸媒的发展江河日下的时候，网络传播的效力应该远远超越于传统的报刊传播。我国在著作权法领域适用法定许可，倘若重要的目标就是捍卫公共利益，那么网络媒体的转载应该还是适用法定许可，但恰恰相反，国家版权局对此作出明确规定。质言之，从网络媒体的转载禁止适用法定许可看，法定许可是很难捍卫公共利益的。

其实，以笔者之见，只要是涉及公共利益的，不管是网络转载还是报刊转载，都可以纳入到合理使用中控制；不涉及公共利益的，就可以通过授权许可来控制。也就是，只要不是涉及公共利益的，无论是网络转载还是报刊转载，必须要经过版权人的许可，这也是中国社会科学院法学所李明德教授等在《〈著作权法〉专家建议稿》中主张的，废除法定许可，涉及公共利益的，用合理使用来限制版权人的利益，其他都要经过授权许可来调节。[①]

二、媒介融合语境下我国《著作权法》有必要引进版权默示许可制度

按照《通知》的精神，网络转载适用授权许可。但问题是，网络空间中的每一个作品，如果都要经过版权人的授权，那网站经营者的经营成本就要大幅度提高，这样必然要制约网络产业的发展。授权许可的形式多种多样，最

---

① 李明德、管育鹰、唐广良：《〈著作权法〉专家建议稿说明》，法律出版社 2012 年版，第 180 页。

常见的主要有：版权人自行签约、出版商代理授权、版权公司代理授权、集体管理组织授权、默示许可、采用补偿金制度授权、开放式许可、技术平台服务商授权等。① 在这些授权方式中，默示许可具有应对网络海量授权的最大优势。

默示许可，也被称为推定许可（下文将对该制度作详细研究），是指在版权人本能作出"不得转载、摘编"的声明以阻止他人对其作品的有偿使用时而有意识地不作为，或者在版权人明知其不作"不得转载、摘编"声明，其他人就可能对其版权作品进行有偿使用时，有意识地不作声明，默示他人对其作品的有偿使用。在美国，默示许可已经在判例中得到了成熟的应用。2004 年 4 月，内华达州律师兼作家斐尔德（Blake Field）向位于内华达州的联邦区域法院提起诉讼，指控谷歌公司未经许可将其享有版权并刊登于其个人网站的 51 部作品存储于该公司经营的在线数据库中并允许网络用户读取的行为侵犯了其版权，要求法庭追究谷歌公司的侵权责任，并支付数额为 255 万美元的法定赔偿金。② 法庭最终判决斐尔德败诉，理由是谷歌使用斐尔德的作品得到了他的默示许可。在随后发生的谷歌数字图书馆案中，默示许可制度再一次得到诠释。

默示许可已经在我国的立法与司法实践中得到了体现。目前，得到学界公认的是《信息网络传播权保护条例》（以下简称《条例》）第九条使用的是默示许可制度。该条规定："为扶助贫困，通过信息网络向农村地区的公众免费提供中国公民、法人或者其他组织已经发表的种植养殖、防病治病、防灾减灾等与扶助贫困有关的作品和适应基本文化需求的作品，网络服务提供者应当在提供前公告拟提供的作品及其作者、拟支付报酬的标准。自公告之日起 30 日内，著作权人不同意提供的，网络服务提供者不得提供其作品；自公告之日起满 30 日，著作权人没有异议的，网络服务提供者可以提供其作品，并按照公告的标准向著作权人支付报酬。网络服务提供者提供著作权人的作品后，著作权人不同意提供的，网络服务提供者应当立即删除著作权人的作品，并按照公告的标准向著作权人支付提供作品期间的报酬。依照前款规定提供作品的，不得直接或者间接获得经济利益。"此条款就是适用默示许可的典

---

① 张平、张韬略：《数字环境下版权授权方式研究》，《网络法律评论》，2005 年第 1 期。
② 吕炳斌：《网络时代版权制度的变革与创新》，中国民主法制出版社 2012 年版，第 120 页。

型,公告期满结束,版权人没有异议的,就表示版权人默示许可其作品可以通过信息网络传播。

《条例》第九条在司法实践中已经得到了应用。在黑龙江金农信息技术有限公司与北京三面向版权代理有限公司与哈尔滨朗新科技发展有限公司侵犯著作权纠纷案中[①],被告之所以败诉的关键是,未按《条例》第九条规定,举示证据证明其在提供涉案作品前作出了公告及向权利人支付了报酬和其没有直接或者间接获得经济利益。初审法院和二审法院都认定黑龙江金农信息技术有限公司败诉。此案中如果被告作出公告,并且达到了 30 日,版权人没有异议的,就表示版权人默示授权被告可以转载涉案作品。法院判决的理由,就是被告没有作出公告,因此要对此承担侵权责任。有学者就指出:"我国《条例》第九条规定的基于扶助贫困之许可既是一种制度创新,也是我国著作权法律对默示许可的首次确认。"[②]

在媒介融合语境下,类似于搜索引擎性质的网络聚合应用,更急切地呼唤默示许可制度在网络传播中的普及。网络聚合要涉及对各类媒体的文章的转载,如果都要经过被转载者的授权许可,那互联网的传播效力就会大打折扣。特别是对那些具有时效性的新闻报道,授权许可程序走完以后,新闻报道的时效性也就不复存在了。因此,在新技术飞速发展的时代,我国的版权许可制度也要相应有所创新,为了应对网络时代的海量授权,有必要全面反思版权默示许可制度问题。

默示许可在我国媒介融合语境下要发挥其应有的功能,还需要借助我国目前的版权集体管理制度。版权集体管理组织可以充当许可人与被许可人之间的"中介"。在网络传播中,许可人与被许可人之间即使通过默示许可制度达成了授权协议,付酬机制如何实现? 许可人面对海量作品的授权,不可能一一去收取费用,这个时候就需要专业的中介组织来完成此项任务。默示许可不同于合理使用,也不同于法定许可,"默示"的本身就要依靠成熟的技术措施与其他配套措施的完善,否则,引进默示许可制度可能徒劳无益。

---

① 黑龙江高级人民法院(2008)黑知终字第 4 号民事判决书。

② 梅术文:《信息网络传播权默示许可制度的不足与完善》,《法学》,2009 年第 6 期。

第三章

基于媒介融合的版权许可制度创新的必要性

第一节 新闻版权:"今日头条"事件 引发的版权许可话语论争

随着新媒体的发展,报纸等传统媒体"消亡论""关门论"等一直甚嚣尘上,《东方早报》纸质版停刊和《京华日报》休刊更印证了传统媒体的没落。那些不甘示弱的传统媒体管理者,纷纷借用版权的力量来极力挽救生存的颓势。在这种现实背景下,媒体版权抗争开始摆脱了旧有的通过联合宣言、司法诉讼的方式,而是先利用自身的媒体平台或自媒体阵地发起舆论攻势,借助大众舆论的力量来为自己的媒体版权抗争"正名",继而可以为版权的正当性和合法性辩护。相应地,新闻版权许可争议问题近年来也受到了业界和学界的关注。针对新闻版权许可论争,首先主要聚焦于新闻版权有无以及如何确证其正当性与合法性。具体而言,新闻版权许可论争可以概括为如下三种观点:

一、 关于新闻版权的三种观点

一是"新闻无版权论"。这种观念源于我国报刊业从计划经济向市场经济转型时期许多新闻从业者和媒体管理者对《著作权法》第五条的法律误读。[①] 在

---

① 刘海贵、庹继光:《生存危机中的纸媒著作权维护路径探析》,《复旦学报(社会科学版)》,2015年第2期。

媒介融合时代,这种传统观念仍然根深蒂固。

二是"新闻版权资产论"。坚持此种观点的论者认为,新闻版权是媒体的核心资产。[1] 版权的财产属性被相对拔高,这是传统媒体财产利益受到冲击后现在比较流行的观点,也昭示媒体机构捍卫版权的决心。媒介融合时代,新闻作品最重要的财产权就是信息网络传播权,在技术创新条件下该项权利也极易遭受侵犯。

三是"新闻版权限制论"。持有此种观点的论者是在认可新闻版权资产论的基础上,提出了一种保守主义的版权保护路径。新闻版权不仅涉及媒体机构的财产利益,也要考虑到公众对新闻的知情权以及进行新闻文化活动的权利,从而实现两者的合理平衡。[2]

以上三种争议实质上就是新闻版权正当性和合法性论争的具体体现。就版权正当性而言,涉及版权的两种哲学观,一种是认为新闻版权是个体的私有资产,记者采集新闻付出了劳动和汗水,他人未经许可不容许侵犯这种私有权利,这是版权的自然权利属性赋予其正当性;另一种是认为新闻版权是激励新闻生产者积极参与新闻创造的工具,从而推动整个社会新闻文化的进步,这是版权的工具主义属性赋予其正当性。就版权合法性而言,在媒介融合语境下主要涉及信息网络传播行为认定以及信息网络传播权法律保护。"话语是媒体版权抗争的重要武器"[3],如果从版权话语的角度切入,近来的媒体版权许可抗争演变成了围绕上述版权的正当性和合法性而开展的版权许可话语论争过程,抗争者和抵抗者通过解释版权的正当性与合法性而寻求有利于己方的话语策略。下文我们将以具体的案例分析这种版权许可话语论争的过程以及论争中话语策略的使用,以管窥参与论战的利益主体对版权正当性和合法性阐释的意涵。

二、"今日头条"事件：话语分析方法在版权许可领域的使用

本书之所以要把"今日头条"事件作为论证新闻版权许可创新必要性的

---

① 姜旭:《拿什么保护你,新闻作品版权?》,2015 年 12 月 15 日,http://bj. sdzl. com/index. php/article/001101. html,2020 年 2 月 21 日。

② 魏永征、王晋:《从今日头条事件看新闻媒体维权》,《新闻记者》,2014 年第 7 期。

③ L. Edwards et al. , "Discourse, justification and critique: towards a legitimate digital copyright regime?" *International Journal of Cultural Policy*, Vol. 21, No. 1,2015, pp. 60 - 77.

案例,一是该事件的论争聚焦于新闻版权许可,也就是"今日头条"事件是围绕新闻版权许可的论战,排除了曾受全国广泛关注的百度文库事件;二是必须是引起全国关注的新闻版权许可抗争事件,换言之,只有全国性关注的新闻版权许可抗争事件,才可以搜寻到供本书使用的文本资料。"今日头条"事件中的行动者调用媒体平台或自媒体资源进行版权许可抗争以及其他媒体对事件进行广泛报道,这些都是对"今日头条"事件进行版权许可话语研究的实证性资料。"一点资讯"侵权事件也涉及新闻版权许可,但没有演变为一起公共事件,可供研究的资料较少。

为了满足以上两个标准,本书选取了我们熟知的"今日头条"事件作为研究个案。鉴于我们把研究内容锁定为媒体版权许可抗争中的话语论争过程以及行动主体所采取的话语策略,在研究方法上将采取——不同于其他研究者对"今日头条"事件研究所使用的法律分析方法——话语分析的进路。

国内外引用话语分析研究版权许可问题的学者越来越多,但本书主要吸纳的是杰茜卡·雷曼(Jessica Reyman)对数字版权许可话语的研究成果,以为余下的写作提供方法论上的指导。雷曼认为,话语构成我们的世界,话语不是反映固有的理念,也不是呈现关于版权法的不变的、客观的真理,而是形成文化生产的特定历史时期特定情形中的意义与价值。[①]雷曼在米歇尔·福柯提出的"分散的主观体系"概念基础上,认为数字版权许可争议主体尽管是分散的,每个实践主体都掌握一定的话语权力,但真正的话语研究应该是针对"分散的主观体系"。雷曼从两种叙事视角讨论数字版权许可争议中"分散的主观体系":

一种是财产管家叙事(property stewardship narrative),这种叙事类似前述的"新闻版权资产论",把版权看作权利人的私有财产,未经权利人的许可,不得擅自使用享有版权的作品。在修辞上借助"劳动""资产"等概念对版权正当性和合法性的前提进行理性论证。财产管家叙事往往把知识产权隐喻为有形财物,把未经许可使用版权的行为人隐喻为"盗贼""窃贼"等。

另一种是文化保护叙事(cultural conservancy narrative),这种叙事类似前述的"新闻版权限制论",强调版权人、使用者和用户等利益群之间的互动、

---

① Jessica Reyman: *The Rhetoric of Intellectual Property*: *Copyright Law and the Regulation of Digital Culture*, London: Routledge, 2010, P. 26.

合作,以及各方对公共善的责任,坚持的核心原则就是,技术创新导致的数字资源的开放式取用有利于改善社会民主和社会福利。[①] 文化保护叙事往往把开放式的数字版权资源隐喻为"知识公域",把改善数字资源利用的技术创新隐喻为病毒式扩散。

"今日头条"事件是发生在媒介融合语境下典型的版权许可话语论争事件,版权许可话语论争的行动主体主要是传统媒体(包括报刊和门户网站等)和"今日头条",记者、学者、律师和行政机构等其他的行动者也会参与到传统媒体和"今日头条"的版权许可双方话语论争中。双方的论争对新闻版权许可的正当性和合法性进行怎样的话语诠释? 各自采取的话语策略是什么? 透过"今日头条"事件的版权许可话语论争,媒介融合语境下的新闻版权保护制度究竟向何处去? 我们将利用雷曼的版权叙事理论对这些问题展开讨论。

三、"今日头条"事件中新闻版权许可抗争话语与抵抗话语生成的逻辑

(一)《广州日报》等版权许可抗争话语: 财产管家叙事与隐喻机制

《广州日报》通过自己的纸质和网络平台发表报道《搬别人新闻　肥自己腰包》[②],掀开了传统媒体对"今日头条"的首次声讨。这篇报道核心是依据财产管家叙事来获取话语"霸权",换言之,《广州日报》对"今日头条"的未经许可的使用行为进行舆论谴责,从而想得到其他媒体的话语认同。"《广州日报》是新闻内容的源头,无论对方以什么方式来使用,都应获得授权及支付费用。"[③]"无法否认的是,'今日头条'既没有获得被抓取内容版权方的授权,也没有为这些内容付出一分钱。"[④]《楚天都市报》在抗争"今日头条"侵权时也使用类似的话语,即"互联网媒体转载、使用本报作品,必须获得本报授权""在未经原告许可,未支付任何报酬的情况下,擅自通过非法转载等方式,使用原

---

① Jessica Reyman: *The Rhetoric of Intellectual Property: Copyright Law and the Regulation of Digital Culture*, London: Routledge, 2010, p. 5
② 李钢、胡亚平:《搬别人新闻　肥自己腰包》,《广州日报》,2014 年 6 月 7 日。
③ 李钢、胡亚平:《搬别人新闻　肥自己腰包》,《广州日报》,2014 年 6 月 7 日。
④ 李钢、胡亚平:《搬别人新闻　肥自己腰包》,《广州日报》,2014 年 6 月 7 日。

告的大量文字、图片等原创作品""传统媒体的原创作品未经许可即被一些网络媒体大量非法转载和使用,给传统媒体带来多方面的严重损失"。① 由此可见,"授权""付费"等版权概念构成《广州日报》《楚天都市报》等媒体的财产管家叙事的核心内容。但是,"授权""付费"这些话语是建立在版权正当性基础上的;反之,只有版权正当,版权的使用才有可能需要"授权"和"付费"。

1. 版权许可正当性话语:劳动—财产理论

《广州日报》《楚天都市报》等媒体如何陈述自己的版权正当性的呢?"我们的目的是希望《广州日报》采编人员的劳动成果,能够得到尊重和珍惜"②"任何机构和个人都不能以'新技术''新平台'为借口无视原创者的劳动与付出""传统媒体投入巨大人力、物力和采编成本而形成原创作品"。③ 言下之意,《广州日报》等是把新闻产品等同于采编人员的劳动结晶,既然采编人员付出了劳动,那么新闻产品的版权就理应得到尊重和珍惜。《广州日报》等对版权正当性的话语陈述完全就是套用版权自然权利论者的学术话语。版权自然权利论者在论证版权正当性时,借用了哲学家洛克的劳动—财产理论,简言之,一个人之所以对占有某种财产具有正当性,是因为这个人在财产中付出了劳动。④ 从陈述的话语可见,《广州日报》等坚持的是"新闻版权资产论",并丝毫没有吸纳"新闻无版权论"和"新闻版权限制论"的观点。接下来,我们要进一步说明的是《广州日报》为确证这种版权正当性话语所采取的策略性话语。

2. 版权许可策略性话语:"窃贼的胜利"与话语结构化

《广州日报》在报道中通过摘登其他媒体(搜狐 IT 频道、21 世纪网、《新京报》)的评论,意在表明不是《广州日报》"一个人在战斗",而是以马汀·哈杰(Maarten Hajer)所说的"话语联盟"(discourse coalitions)⑤的方式宣称版权是媒体的私有财产,未经许可的搬运行为就是非法,从而不自觉地形成了财产管家叙事的话语联盟。《广州日报》的话语联盟是通过隐喻机制的"话语

---

① 聂丽娟:《楚天都市报起诉"今日头条"侵权》,《楚天都市报》,2015 年 08 月 12 日。

② 李钢、胡亚平:《搬别人新闻　肥自己腰包》,《广州日报》,2014 年 6 月 7 日。

③ 聂丽娟:《楚天都市报起诉"今日头条"侵权》,《楚天都市报》,2015 年 08 月 12 日。

④ [英]约翰·洛克:《政府论两篇》,赵伯英译,陕西人民出版社 2004 年版,第 144—158 页。

⑤ Hajer, Maarten: *Discourse Coalitions and the Institutionalization of Practice: The Case of Acid Rain in Great Britain*, In *The Argumentative Turn in Policy Analysis and Planning*, By Frank Fischer and John Forester, Durham and London: Duke University Press, 1993, p. 44.

结构化"(当某一话语被许多人共同接受时,就实现了"话语的结构化")①,从而达成意义上的共识。隐喻机制表现为把"今日头条"的搬运行为隐喻为具有负面意义的概念,如"大盗""强盗""抢劫""偷条"等。"'今日头条'为何成了'头条大盗'?""'今日头条'变'偷'条——新媒体大盗暗黑史""一个叫'今日头条'的 APP 用强盗的手段,轻易地用别人生产的内容给自己变现,迅速完成了它的庸俗成功学。""话语结构化"表现为多数媒体对《广州日报》隐喻机制的意义表达表示认同,没有被《广州日报》摘录的其他媒体的类似评论还有"'今日头条'无偿使用传统媒体原创内容的行为'不经授权、不打招呼、不标来源,与抢劫无异',奉行'拿来主义'的'今日头条'的成功是'窃贼的胜利'"。甚至有网友也发表类似的评论,如"以后小偷被抓了都有借口:我们只是在'搬运'"。②

3. 版权许可合法性话语:信息网络传播权保护

《新京报》也和《广州日报》等媒体一样,利用自己的媒体平台向"今日头条"抱以抗争的姿态。但与《广州日报》等媒体不同,《新京报》并不是借助劳动—财产理论来为版权正当性正名,而是围绕信息网络传播权保护开展版权合法性话语之争。如果说《广州日报》等媒体借用隐喻机制形成劳动—财产理论的"话语结构化",借助话语的力量在传统媒体保护上达成集体行动,那《新京报》等媒体就是围绕数字版权关键概念,希望达成信息网络传播权保护的"话语制度化"(当某一话语转化为公共政策或固化于制度或者组织实践中时,就实现了"话语的制度化")。③《新京报》以社论的方式抛出了两个关键话语,即新闻转码(二次加工)和深度链接,这也是"今日头条"涉嫌侵权的关键。《新京报》撰写社论目的,一方面是从版权合法性上抗争"今日头条"的侵权行为,另一方面是呼吁版权话语的制度化,"这就需要知识产权的保护及时应对新挑战,而我们的法律完善、司法公正和政府管制,以及资本的追随、社会的认知,也应当立足于保护创新的源泉"④。在《新京报》社论话语发表以后,律

① 张海柱:《话语联盟、意义竞争和政策制定——以互联网"专车"论争与监管政策为例》,《公共行政评论》,2016 年第 5 期。
② 孟根方:《"今日头条",谁的头条?》,《安徽日报》,2014 年 6 月 10 日。
③ 张海柱:《话语联盟、意义竞争和政策制定——以互联网"专车"论争与监管政策为例》,《公共行政评论》,2016 年第 5 期。
④ 《新京报》社论:《"今日头条",是谁的"头条"》,《新京报》,2014 年 6 月 5 日。

师、知识分子群体、国家行政机构等话语行动者相继参与了关于信息网络传播权保护的版权合法性论争。

需要提及的是,《新京报》抛出的版权许可合法性论争,仍然属于财产管家叙事,因为信息网络传播权保护也是版权人财产权的一种。只不过,《新京报》的财产管家叙事并不如《广州日报》《楚天都市报》等媒体那么"强势","版权法要求尊重作者的权益,并非单纯为了作者的经济利益,而是在于鼓励创新,鼓励更好的作品出现"。可见,《新京报》也兼顾到"新闻版权限制论"或"文化保护叙事"话语。

(二)"今日头条"等版权许可抵抗话语:文化保护叙事与隐喻机制

面对《广州日报》《新京报》和《楚天都市报》等媒体的版权许可"话语联盟"抗争,"今日头条"通过自己的媒体平台发布声明,创始人张一鸣也接受采访和演讲来回应版权争议。"今日头条"作为一家新型的科技公司,是技术创新的产物,所以它在表达版权许可抵抗话语时,始终是以技术的工具性话语和人文性话语为中心,以此形成版权许可话语竞争。"'今日头条'是一家为移动互联网而生的技术驱动型公司,是依靠数据挖掘与机器学习来为用户自动推荐信息的工具,是在移动互联网时代连接人与信息的新服务""'今日头条'是移动端目前最开放的阅读应用,和PC端的导航网站、搜索引擎类似,我们不修改合作网站页面内容,不展现自己的广告。""我们始终认为在移动互联网上,用户需要一种全新的、与众不同的连接人与信息的产品与服务,能够让用户在信息爆炸的时代更具效率地获取有用的信息,在手机上减少寻找、筛选信息的时间成本,随时随地都能够得到自己最想知道的信息,用户需要信息推荐的入口。"[1]版权许可工具性话语表现在"自动推荐信息""导航网站""搜索引擎";版权许可人文性话语表现在"连接人与信息的新服务""让用户更具效率地获取有用的信息"。但笔者要说,无论是技术的工具性话语还是人文性话语,都需要得到版权正当性和合法性话语支撑。

1. 版权许可正当性话语:合作—公共善理论

如果说劳动—财产理论赋予版权为何需要经过授权付费的话语效力,以

---

① 庄胜春:《今日头条获巨额融资遭版权质疑 回应:没侵权》,2014年6月6日,http://legal. china. com. cn/2014-06/06/content_32591874. htm,2020年2月21日。

此为版权正当性正名,那么合作—公共善(common good)理论就从另一个角度切入为版权正当性使用正名。"今日头条"声称版权之所以是正当性使用,是因为它和诸多媒体都达成了合作协议。更重要的是,在"今日头条"的版权许可话语宣称中,提及最多的概念是"用户",而且是从"信息人"的角度来理解用户。在媒介融合语境下,用户是有着极大信息渴求的群体,"今日头条"的技术创新为用户的信息需求提供更优质的服务,达到了社会的普遍的公共善的价值。"'今日头条'希望成为在移动互联网时代帮助全球用户更快发现有价值信息的工具,这将产生巨大的用户价值、社会价值,因为我们改变了信息分发的效率。""公司会与媒体保持沟通,让行业更多地了解'今日头条'的智能学习推荐系统;另外会探索更多更新商业模式,让全行业受益,做建设者,而不是颠覆与破坏。"①"单纯的内容买卖不是有利于媒体生态的做法。"②这些版权许可话语均表明了"今日头条"虽然把技术作为一种工具来创新,但最终还是坚持技术为人服务的宗旨。"今日头条"对其他媒体资源的使用正当性正是建立在和其他媒体合作的基础上,达到了社会上的用户高效共享信息的目标,而这正是"文化保护叙事"的话语逻辑。

2. 版权许可策略性话语:"病毒式传播"与话语结构化

病毒式传播,源自于营销学上的病毒式营销概念。营销者借助用户的兴趣和社会网络,使信息在公众的复制下像病毒一样迅速传播与扩散。病毒式传播是技术创新带来的信息传播效应。在媒介融合语境下,如果没有像"今日头条"这样的技术创新公司,信息的病毒式传播也就不大可能。基于这种道理,雷曼才把改善数字信息利用的技术创新隐喻为病毒式传播。张一鸣本人在接受媒体采访和演讲时也经常用到这一隐喻机制。"2008 年开心网已经火遍中国,成为成长最快的 SNS 类社区。没抓住用户的短期需求,少了像开心网一样的病毒式营销,是海内网没做起来的最主要原因。"张一鸣论及海内网 2008 年没做起来的原因是源于缺乏开心网的病毒式传播。类推,"今日头条"今天能做成功的原因是吸取了开心网的病毒式传播经验。技术创新的隐喻话语,让我们真切感受到用户的力量、让用户为用户服务,技术只不过提供了工具和平台。技术创新的隐喻机制道出了新媒体技术的真正意涵。正

---

① 《专访张一鸣:今日头条的窘境与陷阱》,《21 世纪经济报道》,2014 年 6 月 9 日。

② 张鹏、张一鸣:《面对版权纠纷　看今日头条张一鸣怎么说》,2014 年 6 月 13 日,http://www.cyzone.cn/a/20140613/259054.html,2020 年 2 月 13 日。

如一位记者对"今日头条"事件评论道："传统媒体不是去保护自己的版权，而该先去认识什么是真正的新媒体，考虑如何应用新技术让自己跟上时代的节拍，甚至不惜背上骂名去引狼入室。"①技术的工具性和人文性得到了诸多 IT 技术专家、记者、学者、网络用户甚至是行政机构等行动者的话语认同，从而形成了"文化保护叙事"的话语联盟。由此，技术创新的"话语结构化"形成了和财产管家叙事的"话语结构化"相抗衡的竞争态势。

3. 版权许可合法性话语：两套话语体系的合流

针对《新京报》围绕信息网络传播权保护抛出的版权许可合法性话语，"今日头条"调动两套话语体系来展开回应。第一套是由"零商业化""流量变现"等商业概念构造的话语，第二套是由"深度链接""新闻转码"等法律概念构造的话语。

"零商业化"是指"今日头条"宣称并未从新闻版权的使用中获取任何商业性利益。"'今日头条'从未在详情页上生成广告，没有将上述内容商业化，没有产生任何收益。"②"流量变现"是指"今日头条"使用推荐技术为传统媒体导流，传统媒体通过流量实现变现。"'今日头条'的运作模式是通过推荐为媒体导流，媒体有了流量后自然可以找到变现方式。"③按照"今日头条"的话语宣称，其使用媒体版权之所以合法，主要是采用与大部分媒体合作的商业模式。在这种合作过程中，"今日头条"没有从版权内容中获取利益，反倒是让合作媒体增加了大量的流量，最终受益的是合作媒体。

相较于在商业话语上所表现的强势，在法律话语上，"今日头条"并没有表现出强势的一面。《新京报》的社论话语本身就表达出技术创新与版权制度之间的张力。美国著名版权法学者保罗·戈斯汀也概括了技术与版权之间的关系，即"著作权从一开始就是技术之子"。④"今日头条"在回应《新京报》的社论话语时所采取的话语具有"两面性"。"我们承认确实有未经告知抓取纸媒网站内容的情况，但用户在我们客户端上总点击量的七成都是直接

① 莫云来：《〈楚天都市报〉争赢版权又如何呢?》，2015 年 8 月 13 日，http://toutiao. com/i5354800937/，2020 年 2 月 13 日。

② 《专访张一鸣：今日头条的窘境与陷阱》，《21 世纪经济报道》，2014 年 6 月 9 日。

③ 田淑娟：《张一鸣回应版权纠纷要 和媒体做朋友》，2014 年 6 月 11 日，http://companies. caixin. com/2014-06-11/100689194. html，2020 年 2 月 13 日。

④ [美]保罗·戈斯汀：《著作权之道：从古登堡到数字点播机》，金海军译，北京大学出版社 2008 年版，第 22 页。

跳转到原始网站。这块我没有看到法律风险。另外一些点击量跳转到的是我们优化和转码之后的页面，但我们保留了原始网站的品牌。这块是有争议的。"[①]后来，国家版权局对"今日头条"的行政话语表达也具有"两面性"，也就不足为怪了。

上文我们用大量的篇幅讨论了"今日头条"事件中的版权许可"抗争话语"和"抵抗话语"。《广州日报》等媒体从财产管家叙事视角表达了"抗争话语"，"今日头条"从文化保护叙事视角表达了"抵抗话语"。我们从版权正当性话语、版权策略性话语和版权合法性话语三种话语类型分别阐释两种叙事视角。我们论题主要涉及的是版权正当性话语和版权合法性话语，但无论是《广州日报》等传统媒体还是"今日头条"，在对版权正当性话语确证的时候都采用了隐喻机制的版权策略，以此获得支持己方的话语联盟，所以我们在讨论的时候具体划分为三种话语类型。研究简要总结如下表所示：

叙事视角　　　话语分类	财产管家叙事（《广州日报》等媒体）	文化保护叙事（"今日头条"）
版权许可正当性话语	劳动—财产理论	合作—公共善理论
版权许可策略性话语（隐喻机制）	"大盗""强盗""抢劫""偷条"	病毒式传播、病毒式扩散
版权许可合法性话语	法律话语：信息网络传播权保护	商业和法律两套话语的合流

从以上论述可以看出，同一个"今日头条"事件中融入了两种话语叙事，即财产管家叙事和文化保护叙事。两种叙事视角实质上是关于新闻版权许可的正当性和合法性的论争。就所表现的观点而言，在"今日头条"事件中，并不存在新闻有无版权的争议，主要是"新闻版权资产论"和"新闻版权限制论"两种观点的对冲及互融。从行动者的话语实践看，财产管家叙事和文化保护叙事没有谁战胜谁的局面。最好的情形是，在媒介融合语境下，两种叙事视角共融共存。消除那些使两种叙事视角对立的"话语霸权"状态，这也是我国著作权法体系要实现的根本目标，毕竟，我国《著作权法》第一条规定："为保护文学、艺术和科学作品作者的著作权，以及与著作权有关的权益，鼓

---

① 谢鹏、刘炎迅：《"不做新闻生产者，只做新闻搬运工"　今日头条"偷"来的五亿美元?》，《南方周末》，2014 年 6 月 12 日。

励有益于社会主义精神文明、物质文明建设的作品的创作和传播,促进社会主义文化和科学事业的发展与繁荣,根据宪法制定本法。""今日头条"事件中的版权许可话语争夺和意义竞争,说明我国《著作权法》在协调财产管家叙事和文化保护叙事方面还处于"十字路口"阶段。版权许可制度改革究竟向何处去? 以下笔者想就新闻版权保护,对我国新闻版权许可制度改革提三点建议:

一是在新闻版权保护上要注意新闻文化的特殊性。我国《著作权法》已经注意到了新闻作品的特殊性,并在第五条和第二十四条对不具有作品性质的新闻以及新闻作品的合理使用进行了规定。但仅仅这些还不够,像"今日头条"这样的资讯客户端,未来向泛资讯的传播服务转型,就涉及新闻文字作品、新闻图片作品和新闻视频作品的分类,而这些细分的新闻作品的独创性程度不同,保护程度也不相同[1],并且《著作权法》对新闻作品的合理使用制度也没有考虑到这些细分。最为关键的是,新闻文化所具有的公共和民主特质。[2] 我国《著作权法》并未充分考虑到媒介融合语境下新闻文化的公共和民主元素。媒介融合语境下,像"今日头条"中既有 PGC 的新闻内容,也有 UGC 的新闻内容。针对 UGC 的新闻内容,用户往往并不主张新闻版权。新闻媒体如果一味宣称财产管家叙事,而忽视新闻文化的公共与民主特征,那就会与文化保护叙事的话语逻辑渐行渐远。当然,"今日头条"事件中所表征的文化保护叙事与雷曼所论述的文化保护叙事还是有点距离的。雷曼所述的文化保护叙事更重视新闻文化的民主价值,而"今日头条"事件中所表征的文化保护叙事更强调新闻文化的公共价值,更重视技术创新的人文维度,即技术创新更有利于普通大众获取信息,从而使新闻文化普惠于社会大众。

二是《反不正当竞争法》可以为新闻版权保护提供另外一种法律路径。在"今日头条"事件中,搜狐等媒体除了采用《著作权法》对"今日头条"的侵权行为提出版权许可话语抗争外,也使用了《反不正当竞争法》。学术界已有学者呼吁,我国要重视用《反不正当竞争法》来解决媒介融合语境下的新闻版权保护问题。"目前更适合用反不正当竞争法来确保网络传播者之间的公平的

---

① 芮松艳:《与新闻报道有关的著作权问题》,《中国版权》,2015 年第 6 期。
② [美]迈克尔·舒德森:《新闻的力量》,刘艺娉译,华夏出版社 2011 年版,第 28 页。

竞争,让市场自由竞争带来更大的利益。"①世界上许多国家要么是通过立法,要么是通过判例,使用反不正当竞争法对新闻版权提供法律保护。在美国,联邦最高法院只承认新闻具有"准财产"(quasi property)的性质。在美联社诉国际新闻社一案中,联邦最高法院确认国际新闻社对美联社的新闻版权不当使用适用于商业上的"不公平竞争"原则。在意大利,《著作权法》第 101 条中确认了在新闻报道中禁止不正当竞争行为。② 在媒介融合时代,传播技术必然带来了传播主体多样化,市场竞争也会随之越来越激烈。由于著作权法面对技术的挑战经常出现法律滞后的现象,传播主体就会通过话语联盟的方式赋予著作权法不同的意义与价值。在著作权法难以解决新的版权问题时,利用反不正当竞争法不失为一种补充的救济方式。

三是在新闻版权的保护上可以贯彻"技术问题要由技术解决"原则。新老传播主体之间的版权许可争议总是因技术产生。换言之,技术创新是新老传播主体版权利益格局调整的重要动力。从上述对"今日头条"事件的版权许可话语分析可以看出,技术创新是今日头条所采取的重要的话语策略,是"话语结构化"唯一的隐喻修辞来源。"今日头条"对技术创新的隐喻修辞意在表明,技术始终是为人的信息需求服务的。所以,网络用户很愿意拥抱技术创新。"今日头条"在表达版权许可抵抗话语时,始终在宣称一个理念,即"今日头条"全网抓取其他网站的内容,如果某个网站不想被"今日头条"抓取,那么该网站可以在内容中设立代码禁止对网站进行链接抓取。"今日头条"宣称的理念中就暗含着"技术问题要由技术解决"的原则。在"今日头条"事件中,传统媒体可以利用技术手段实现版权保护,继续遵循财产管家叙事的话语逻辑,像"今日头条"等新闻聚合可以自主地抓取其他网站的新闻,而不担心侵犯版权的问题,继续守护着文化保护叙事的话语逻辑。对于用户而言,又可以享受到技术创新带来的新闻信息公共传播的价值,何乐而不为呢?

以上是借用话语分析方法来分析"今日头条"事件中版权许可话语的争夺。之所以会引发"今日头条"事件,就在于《广州日报》等传统媒体很多被称

① 刘海虹:《媒介融合背景下新闻聚合的著作权法规制——以网络商业模式的创新为视角》,《新闻大学》,2015 年第 2 期。

② 吴汉东:《著作权合理使用制度研究》,中国人民大学出版社 2013 年版,第 87 页。

为新闻作品的版权未经许可而被"今日头条"使用。把官司打到最后的《现代快报》同样也是因为四篇新闻作品未经许可而起诉"今日头条"。可见,为了能避免相关的传统媒体起诉聚合媒体,创新版权许可制度非常必要而且关键。如果能在版权许可这一环节解决问题,那将会避免后续的版权诉讼,节省相关的司法诉讼资源。从"今日头条"事件看,尽管版权许可这一环节存在不同的话语论争,但仍然可以通过利用技术手段、创新版权许可制度等消解不同的话语论争,来达到对版权保护的一致认知。

第二节　欧盟《数字化单一市场版权指令》的启示: 适用竞争法无法替代版权许可

前文已经几次述及,新闻聚合(news aggregation)自诞生之初便争议不断,其以技术手段获取、整合并集中向受众提供由新闻媒体采编的新闻及相关素材的做法,破除了"跨媒体""跨平台"的障碍,在很大程度上便利了公众对新闻报道的获取,但也被新闻媒体指责为"分流受众""侵犯新闻版权"。在新媒体不断占据受众市场的今天,传统媒体的衰退已是不争的事实,而新闻聚合技术的出现,更是直接影响了传统媒体作为新闻出版者的利益。作为国内影响力最大的新闻聚合平台,"今日头条"长期受到来自新闻出版业的指责,并多次被《南方日报》《新京报》《广州日报》等提起侵权诉讼。其中,具有代表性的判例为 2018 年 10 月由江苏省高级人民法院审判的《现代快报》案。法院认为,"今日头条"对涉案新闻作品未尽到充分的审查义务,其提供链接的新闻聚合行为侵犯了《现代快报》的著作权。[①] 该判决引发业内热议,媒体报道称,《现代快报》案是新闻聚合平台使用传统媒体新闻作品判赔金额最高的案例,国家版权局也认可了其对"规范网络转载"行为的借鉴意义。[②]

由新闻聚合而引发的利益纷争,是国内外均普遍存在的现象。面对在市场竞争中逐渐呈现弱势的传统媒体,近年来,德国、西班牙等欧洲国家曾采取不同措施来保障其权益。2016 年 9 月,欧盟颁布了《数字化单一市场版权指

---

① 详见江苏省高级人民法院(2018)苏民终 588 号民事判决书。
② 耿学清:《第七届中国国际版权博览会今闭幕　国家版权局现场回应"现代快报诉赢今日头条"——"对规范网络转载是个好判例"》,《法制日报》,2018 年 10 月 21 日。

令》(Directive on Copyright in the Digital Single Market，以下简称《数字版权指令》)的首部草案，其中第 11 条规定(以下简称"链接税"条款)赋予了新闻出版者一项新型邻接权，即当其新闻出版物被数字化使用时，使用者(主要是网络平台)需要经过其许可，并向其支付一定的报酬；而第 13 条规定(以下简称"过滤器"条款)则要求网络服务提供者保障权利人的作品在其平台上不被商业性使用或被随意获取。① 2019 年 3 月 26 日，《数字版权指令》最新版草案获得通过，上述两个条款在此期间经过多次修订，并引发了欧洲各界对新闻聚合行为的广泛争议。

　　早在《数字版权指令》草案问世之初，国内便已有相关探讨。面对新闻聚合技术给传统媒体带来的冲击，有学者认为该法案对数字环境下中国版权立法的完善具有借鉴意义②，也有学者提出了与前述争议条款理念较为相似的新闻聚合纠纷规制措施。腾讯研究院版权研究中心秘书长田小军博士认为，新闻出版者邻接权的出现，有助于传统媒体增强版权议价能力，而随着网络服务商甄别处理信息能力的不断提升，需要适度提高其注意义务标准。③ 南京理工大学梅术文副教授在评议欧洲各国针对新闻聚合行为而征收"谷歌税"时也提出，"谷歌税"根据时代发展调整固有规则，确保传统媒体有资格从聚合媒体中获得相应报酬，这种敢于创新的思路值得借鉴，并且他建议我国可以探索实施有限度的"谷歌税"规则。④ 此外，清华大学崔国斌副教授也认为，"通知—删除"规则在当前的网络环境中已稍显滞后，网络服务提供者应当与版权人建立起"版权内容过滤机制"，自动识别和阻止用户的版权侵权行为。⑤

　　以上学者建议我国借鉴《数字版权指令》的相关内容以及争议条款的理念，是否具有一定的正当性和合理性？有无切实考虑欧盟环境和我国现实情况的差异？为了对这种倡导借鉴的声音作出批判性回应，本书将围绕欧盟

① European Commission: *Proposal for a DIRECTIVE OF THE EUROPEAN PARLIAMENT AND OF THE COUNCIL on copyright in the Digital Single Market*，2016 年 9 月 14 日，http://www.europarl.europa.eu/RegData/docs_autres_institutions/commission_europeenne/com/2016/0593/COM_COM(2016)0593_EN.pdf，2018 年 11 月 28 日。
② 阮开欣：《〈数字化单一市场版权指令〉将完善欧盟版权制度》，《中国知识产权报》，2016 年 9 月 30 日。
③ 田小军：《欧盟版权法数字化改革带来哪些启示》，《中国新闻出版广电报》，2018 年 7 月 26 日。
④ 梅术文：《"谷歌税"的著作权意蕴及其展望》，《编辑之友》，2017 年第 8 期。
⑤ 崔国斌：《论网络服务商版权内容过滤义务》，《中国法学》，2017 年第 2 期。

《数字版权指令》及其争议条款的出台背景、修订历程、相关实践、争议焦点等展开,分析媒介融合语境下传统媒体、网络服务提供者及社会公众的利益和诉求纷争,并结合我国立法、司法的现状,探析《数字版权指令》对我国新闻聚合纠纷规制的启示,以期更好地实现各方利益平衡。

一、《数字版权指令》及其争议条款出台动因与修订历程

(一) 两大动因:建立单一市场,保护本土传媒

建立单一市场是欧盟实现一体化的重要一步,为此,欧盟有必要协调各成员国的法律,保障信息、商品、服务等在其范围内实现自由流通。欧盟关于在数字领域内统一各国版权立法的尝试源于 2001 年 6 月颁布的《关于在信息社会中统一版权和相关权若干方面的指令》(Directive on the harmonisation of certain aspects of copyright and related rights in the information society,以下简称《信息社会版权指令》),其在考虑作品传播时加入了"以有线或无线方式传播"的表述,是欧盟最早进行互联网版权规制的基本法律指南之一。①

2015 年 5 月,欧盟发布《欧洲数字化单一市场战略》(A Digital Single Market Strategy for Europe),力图打破由电信监管、版权及数据立法、无线电波管理以及竞争法约束而导致的"国家孤岛壁垒",建立商品、人员、服务、资本自由流通和商业线上访问无障碍的数字化单一市场。其提出的发展支柱之一是"为欧洲消费者和企业提供更好的线上访问",其中便包括建立一个更加现代化、欧洲化的版权体系。数据显示,56％的欧洲人在互联网上进行文化消费,预计未来五年的数字娱乐和媒体支出将实现约 12％的增长率;45％的公司考虑向个人提供跨国在线数字服务,但版权限制却阻碍了其实现,而欧盟所有的视频点播内容中,可以实现跨境访问的不到 4％。② 考虑到《信息社会版权指令》过于陈旧,已不再适合当前互联网的新形势,为了破除

---

① EUR-Lex：*Directive 2001/29/EC of the European Parliament and of the Council of 22 May 2001 on the harmonisation of certain aspects of copyright and related rights in the information society*，2001 年 6 月，https://eur-lex. europa. eu/LexUriServ/LexUriServ. do? uri = CELEX：32001L0029：EN：HTML,2018 年 11 月 28 日。

② EUR-Lex：*A Digital Single Market Strategy for Europe*，2015 年 5 月 6 日，https://eurvlex. europa. eu/legal-content/EN/TXT/? uri＝COM％3A2015％3A192％3AFIN,2018 年 11 月 28 日。

各国间的版权壁垒,以版权的"例外和限制"(exception and limitation)为特色的《数字版权指令》应运而生。

随着近年来数字媒体的蓬勃发展,欧洲新闻业的线下销售量逐年减少,不少媒体都走向了数字化道路。然而,"脸书"(Facebook)等社交媒体与谷歌新闻(Google News)等聚合平台的兴起,导致数字新闻网站的用户访问被大量分流,传统媒体的转型之路举步维艰。此外,"油管"(YouTube)等 UGC(User Generated Content,即用户原创内容)平台中,存在着大量未经许可上传的包括新闻作品在内的版权保护作品,损害了欧洲境内权利人的利益。[①] 对此,法国法新社、英国报联社、德国德新社等近 20 家欧洲知名通讯社的首席执行官曾发表联合声明,指责谷歌和"脸书"等互联网巨头"掠夺"新闻而不付费,并称"互联网巨头对新闻媒体的内容及广告收入的掠夺对消费者和民主构成了威胁"[②]。这些来自美国的大型互联网公司在欧洲地位强势,而欧洲各国未能发展出强大的本土企业与之抗衡。在此背景下,保护欧洲本土新闻产业也成为了《数字版权指令》的重要使命之一。

(二) 三个阶段: 从强烈反对到各方妥协

欧盟颁布的《数字版权指令》修正案是其问世后经欧洲议会(European Parliament)审核的第三个版本。自法案的草案首次公布以来,社会各界对其评价褒贬不一,而其中最具争议性的"链接税"条款和"过滤器"条款,也曾经历了多次修改。法案的修订历程大致可分为三个阶段:

1. 第一阶段: 首次问世,遭到各界强烈反对

2014 年 11 月,欧洲议员兼德国盗版党(the Pirate Party)主要成员朱莉娅・瑞达(Julia Reda)向欧盟提交了一份关于"执行信息社会指令"的报告初稿,并指出《信息社会版权指令》诞生于"脸书""油管"盛行之前,这部陈旧的法案已经阻碍了知识和文化的跨境交流。[③] 2015 年 7 月,瑞达的报告获得了欧洲议会的支持,成为日后《数字版权指令》的重要立法依据之一,奠定了欧

---

① 张钦坤、张正:《欧盟 2016 年版权法数字化改革综述》,《中国版权》,2017 年第 2 期。

② 王子辰:《欧洲通讯社指责互联网巨头"掠夺"新闻》,2018 年 9 月 5 日,http://m. xinhuanet. com/2018-09/05/c_1123383283. htm,2018 年 11 月 28 日。

③ Andy: *Pirate MEP Proposes Major Reform of EU Copyright*,2015 年 1 月 19 日 https://torrentfreak. com/pirate-mep-proposes-major-reform-of-eu-copyright-150119,2018 年 11 月 23 日。

盟版权法改革的基础,而其中关于"保障创作者薪酬""平衡网络服务提供者与出版者利益"等内容,也引起了欧盟立法部门的注意。①

2016年9月,作为《欧洲数字化单一市场战略》成果之一的《数字版权指令》草案由欧盟委员会(European Commission)正式公布,其第11条规定要求"成员国应当为新闻出版者(publishers of press publications)的新闻出版物被数字化使用时,提供《信息社会版权指令》(Directive 2001/29/EC)第2条及第3条第(2)款(对作品的复制及向公众传播)的权利",并为其赋予了长达20年的保护时效;而第13条规定则要求提供内容储存和访问技术的网络服务提供者与权利人开展合作,以"有效的内容识别技术"(effective content recognition technologies)等充分的措施来保障权利人的作品不被随意获取。② 简单来说,两条规定都单方面加大了网络服务提供者的法律义务,不仅要求其在使用和传播新闻作品的时候需要征得新闻出版者的同意并给予报酬,还令其以技术手段审查用户上传内容以避免版权纠纷。

对此,欧洲学界40名学者发表公开信,担忧上述两个条款会侵害到信息与言论自由。剑桥大学知识产权与信息法中心(CIPIL)的克里斯蒂娜·安吉娜普鲁斯(Christina Angelopoulos)博士也发表文章称,该法案的措辞与现有的欧盟指令及《欧盟基本权利宪章》(European Charter of Fundamental Rights)不符。欧洲研究中心(European Research Centres)也发表公开信,指责"链接税"条款为新闻出版者附加邻接权和"过滤器"条款要求网络服务提供者审查用户生成内容的做法,将会阻碍和损害新闻传播、数字创新和用户参与。来自法国、德国、比利时、荷兰、奥地利等欧盟国家的33个非政府组织也紧跟着发表了反对该法案的公开信。此后,欧盟收到了上千条针对该法案的修订意见。

2. 第二阶段:多方斡旋,数次调整争议条款

2018年5月,欧盟理事会(Council of the European Union)常驻代表团委员会发布了新一版草案。值得注意的是,针对"链接税"条款,理事会增加

---

① 赫舍里静:《欧盟版权法改革趋势述评》,《出版发行研究》,2016年第6期。

② European Commission: *Proposal for a DIRECTIVE OF THE EUROPEAN PARLIAMENT AND OF THE COUNCIL on copyright in the Digital Single Market*,2016年9月14日,http://www.europarl.europa.eu/RegData/docs_autres_institutions/commission_europeenne/com/2016/0593/COM_COM(2016)0593_EN.pdf,2018年11月28日。

了"新闻出版者权不保护新闻出版物中的非实质性部分（insubstantial parts）"，提出各成员国可以结合作者的独创性及作品的表达量自行判断何为"非实质性部分"，并将新闻出版者权的时效从 20 年缩减为 1 年；而"过滤器"条款则增加了网络服务提供者对审查义务的免责情形，包括"尽到最大努力""及时采取行动"等，并以"有效且适当"（effective and proportionate）的标准来判断是否足以免责。[①]　不过，该版草案并未获得德国、芬兰、荷兰、斯洛文尼亚、比利时以及匈牙利等国的支持。

2018 年 6 月 29 日，欧洲议会司法事务委员会（JURI）报告了草案的首部正式修正案，其中参考了欧洲议会中包括内部市场和消费者保护委员会（IMCO），工业、研究与能源委员会（ITRE），文化和教育委员会（CULT），公民自由、正义和内部事务委员会（LIBE）等在内的多个委员会的意见。新修正案的"链接税"条款保留了对新闻出版者权 20 年的保护时效，明确信息社会服务提供者应当给予新闻出版者"公平且适当的报酬"以及作者可以从中获取"适当的份额"；但同时也提出了新闻出版者权不得适用的限制情形，强调其"不得溯及过往"。"过滤器"条款则提出网络服务提供者应确保作品不被"商业性使用"（for commercial purposes），并明确了"在未与权利人达成协议时也要保证作品不被随意获取"的新要求，不过其删除了原草案中"有效的内容识别技术"的表述，强调了相关措施不可识别用户的个人信息及数据，且应当在用户的基本权利和权利人之间"保持平衡"（strike a balance）。此外，该条还新增了"争议解决和补救机制""对视觉作品的保护""公平且适当的报酬原则"三款额外规定。[②]

该版草案最终以 14 票支持、9 票反对、2 票弃权的结果得以通过，并提交至欧洲议会进行谈判，不过修正案并没有让多数人满意。2018 年 7 月 5 日，欧洲议会以 318 票反对、278 票赞成、31 票弃权的投票结果否决了将上述修正案引

---

① Council of the European Union：*Proposal for a DIRECTIVE OF THE EUROPEAN PARLIAMENT AND OF THE COUNCIL on copyright in the Digital Single Market*，2018 年 5 月 25 日，https://www. consilium. europa. eu/media/35373/st09134-en18. pdf，2018 年 11 月 28 日。

② European Parliament：*REPORT on the proposal for a directive of the European Parliament and of the Council on copyright in the Digital Single Market*，2018 年 6 月 29 日，http://www. europarl. europa. eu/sides/getDoc. do? type＝REPORT&mode＝XML&reference＝A8-2018-0245&language＝EN＃title1，2018 年 11 月 28 日。

入谈判议程(negotiation stage),但同意将其再次修订后重新开启辩论。①

在审核了200多条相关修改意见后,2018年9月12日,欧洲议会以438票支持、226票反对、39票弃权的结果审议并通过了《数字版权指令》的第二版修正案。相比前版,该版修正案变动并不大,其将"链接税"条款规定的新闻出版者权的保护时效缩短至5年,同时删除了"过滤器"条款中关于措施应当"保持平衡"的表述以及"公平且适当的报酬原则"。②

3. 第三阶段:作出妥协,法案最终通过

2019年3月26日,欧洲议会经过又一轮投票,以348票赞成、274票反对、36票弃权的结果正式通过了《数字版权指令》。值得注意的是,最终通过的法案一改以往修正案的"严苛"作风,为达成各方利益平衡作出了较大程度的妥协。在这版法案中,原第11条"链接税"条款(现为第15条)明确豁免了所有链接行为(acts of hyperlinking),规定单个字词和新闻内容的极短摘要(very short extracts)不受条款保护,并将新闻出版者权的保护期限缩短为2年;而原第13条"过滤器"条款(现为第17条)也恢复了此前修正案曾讨论过的网络平台减轻或免除侵权责任的大量情形,从而避免网络服务提供者承担过重的审查责任及运营成本。③

二、《数字版权指令》争议条款的激辩焦点与立法实践

(一) 激辩焦点:版权许可与信息自由的博弈

超过四成的成员投出反对票的背后,暗含着多年来各界对法案"链接税"

---

① European Parliament:*DRAFT EUROPEAN PARLIAMENT LEGISLATIVE RESOLUTION*,2018年6月29日,http://www.europarl.europa.eu/sides/getDoc.do?type=REPORT&mode=XML&reference=A8-2018-0245&language=EN,2018年11月28日。

② European Parliament:*Amendments adopted by the European Parliament on 12 September 2018 on the proposal for a directive of the European Parliament and of the Council on copyright in the Digital Single Market (COM[2016]0593 -C8 -0383/2016 -2016/0280[COD]) (1) (Ordinary legislative procedure:first reading)*,2018年9月,http://www.europarl.europa.eu/sides/getDoc.do?type=TA&language=EN&reference=P8-TA-2018-0337,2018年11月28日。

③ European Parliament:*European Parliament legislative resolution of 26 March 2019 on the proposal for a directive of the European Parliament and of the Council on copyright in the Digital Single Market*,2019年3月26日,http://www.europarl.europa.eu/sides/getDoc.do?type=TA&language=EN&reference=P8-TA-2019-0231,2019年3月28日。

条款和"过滤器"条款的无休止的争论。

1. 支持者：网络平台获利颇丰，版权许可必须得到保障

2014年9月，《数字版权指令》草案一经颁布，就得到了包括欧洲新闻出版者协会（ENPA）在内的出版商、报纸媒体，以及一些主流音乐品牌和艺术家的支持。在一场由欧洲作家和作曲家协会组织的活动上，主办方收集了来自创作者的32 000个签名来支持该法案。① 公开支持该指令的新闻出版者给互联网巨头贴上了"世界上最大最富有的实体企业"的标签。在英国《金融时报》(the Financial Time)的一篇社论中，作者表示"油管"控制着60％的流媒体音频业务，但仅将收入的11％支付给艺术家。同时，有媒体指出，"链接税"条款是"欧洲媒体多元化与垄断外国互联网巨头之间的争斗"②。总的来说，主流媒体一致认为网络平台反对该法案的目的，都是要维持其经济利益。

此外，包括法新社、新闻协会和欧洲新闻机构联盟在内的九家主要新闻出版商发表了一封强烈支持该法案的信函，称其"以健康的民主为中心，是媒体行业的关键之所在，是消费者获取新闻的期望途径"。在这封信中，他们阐述了现有国家对陷入困境的新闻媒体所采取的支持措施，并认为这些措施应该由"吸引广告收入的互联网巨头"来提供。③

在欧洲议会中，法案的支持者由德国环境保护部和欧洲人民党组织成员埃克萨·沃斯（Axel Voss）所领导。沃斯反对批评者将审查制度描述为"不合理、过度、客观错误和不诚实"的论点。他指出，内容过滤技术已经在"油管"上使用了十年而没有引发过所谓的"反审查活动"，并指责"大型（互联网）平台"发起"虚假的新闻运动"。④ 英国工党副主席汤姆·沃森（Tom Watson）则表示："我们必须确保工人的安全以及他们所在行业的全部成果，

① Lars Brandle：*David Guetta and all three major labels are among industry giants pushing for copyright reform*，2018年6月29日，https://www. theindustryobserver. com. au/david-guetta-and-all-three-major-labels-are-among-industry-giants-pushing-for-copyright-reform/，2018年11月28日。

② Laurent Joffrin：*L'Europe doit défendre les médias contre la loi des Gafa*，2018年6月18日，https://www. liberation. fr/france/2018/06/18/l-europe-doit-defendre-les-medias-contre-la-loi-des-gafa_1660125，2018年11月28日。

③ *Letter by 9 news agencies*，2017年12月14日，https://images. derstandard. at/2017/12/14/brief. pdf，2018年11月28日。

④ *European Parliament Multimedia Centre: Copyright directive: statement by Axel VOSS（EPP，DE）*，2018年7月2日，https://multimedia. europarl. europa. eu/en/copyright-directive-statement-by-axel-voss-eppde-rapporteur-_I158298-V_v，2018年11月28日。

而谷歌却在阻止我们。"①欧盟委员会数字负责人安德鲁斯·安西普(Andrus Ansip)也表示,该协议意味着"欧洲人终于能拥有适合数字时代的现代版权规则,这将为每个人带来真正的好处"②。

2. 反对者:新闻媒体过于强势,版权许可会阻止信息传播

另一方面,"链接税"条款和"过滤器"条款也引来了法律学者、互联网专家、网络平台用户、民间组织等的批评。戏剧性的是,批评者中也包括了为法案提供原始报告的德国议员朱莉娅·瑞达,其称强势的新闻出版者试图强迫"网络平台和搜索引擎使用他们的新闻片段并为其付费"③。

2018 年 6 月,包括温特·瑟夫(Vint Cerf)和蒂姆·伯纳斯·李(Tim Berners-Lee)在内的 70 位有影响力的科技领导人签署了反对前述条款的信件,他们称这是对互联网"迫在眉睫的威胁";活动家科利·多克托罗(Cory Doctorow)称:"现存的过滤器都无法与之匹敌。这些网站都是由美国公司运营的,这意味着美国的科技巨头将会对欧洲人发布的所有内容进行监视,并决定审查什么和不审查什么。"④

而对两个条款持强烈反对态度的,要数谷歌、"脸书"、维基百科(Wikipedia)等网络平台。谷歌作为"油管"的所有者,自 2016 年以来一直反对该法案,其认为这些提案将使得"互联网变成一个必须由律师清理所有用户上传内容的地方",言下之意是法案会扩大网络纠纷,限制用户自由。⑤"油管"首席执行官苏珊·沃西基(Susan Wojcicki)则呼吁平台上的内容创作者

① Andre Paine: 'The industry is totally united on this issue': UK Music leads copyright delegation to Brussels, 2018 年 6 月 26 日, http://www. musicweek. com/talent/read/the-industry-is-totally-united-on-this-issue-uk-music-leads-copyright-delegation-to-brussels/072965, 2018 年 11 月 28 日。

② David Meyer: Tech Industry and Activists Still Hope to Sink New EU Copyright Rules, 2019 年 2 月 14 日, http://fortune. com/2019/02/14/eu-copyright-directive-trilogue-deal/, 2019 年 4 月 9 日。

③ Kluwer Copyright Blog: Julia Reda discusses the current Proposal for a Directive on copyright in the Digital Single Market, 2018 年 6 月 18 日, http://copyrightblog. kluweriplaw. com/2018/06/18/julia-reda-discusses-current-proposal-directive-copyright-digital-single-market, 2018 年 11 月 28 日。

④ BBC: 'Disastrous' copyright bill vote approved, 2018 年 6 月 20 日, https://www. bbc. com/news/technology-44546620, 2019 年 4 月 9 日。

⑤ Caroline Atkinson: European copyright: there's a better way, 2016 年 9 月 14 日, https://blog. google/outreach-initiatives/public-policy/european-copyright-theres-better-way, 2018 年 11 月 28 日。

采取行动对该指令表示反抗,并宣称该指令"将威胁到用户们的生活和向世界发声"。① "脸书"也提出反对,认为指令"可能对开放和创造性的互联网产生意想不到的严重后果"②。

为了对抗法案,维基百科自 2018 年 7 月 3 日起自行封闭了其网站的意大利语版,读者浏览该网站时将被带到一个抗议页面,并看到标语"维基百科有被关闭的风险"。维基媒体基金会的总法律顾问艾琳·赫舍诺夫(Eileen Hershenov)称:"虽然维基媒体基金会运营的都是非营利的网站,可能会得到欧洲法律的部分豁免权,但是我们需要一个自由、开放的互联网生态系统。"③

(二) 立法实践:德国的"报刊出版者权"与西班牙的"补偿金制"

早在《数字版权指令》颁布前,面对数字技术对传统新闻业的"侵蚀",欧盟各国便开展了维护本土新闻出版者权益的类似实践,然而其效果却不尽如人意。

1. 德国:"报刊出版者权"入不敷出

长期以来,德国本土报刊出版业面临着谷歌搜索引擎和谷歌新闻的夹击。相关统计显示,在 2013 年 8 月德国《著作权法(第八修正案)》出台之前,谷歌公司在德国搜索引擎市场占有的份额高达 90% 以上,其垄断地位和巨额收益引起了德国本土新闻出版商的强烈不满。④ 为此,《著作权法(第八修正案)》中新增了一项专属于报刊出版者的邻接权,即报刊出版者在其新闻产品出版一年之内,享有以商业目的对其进行网络传播的专有权利,且这项权利仅针对新闻聚合器运营商。⑤ 这种倾向性立法很快招致各界反对,2014 年 7

---

① Julianne D'onfo: *YouTube CEO urges YouTube creators to protest European copyright law*, 2018 年 10 月 22 日,https://www. cnbc. com/2018/10/22/youtube-susan-wojcicki-creators-protest-eu-article-13-copyright-law. html,2018 年 11 月 28 日。

② Sam Forsdick: *European Parliament votes against 'publisher's right' copyright law changes as Facebook warns of 'unintended consequences*, 2018 年 7 月 5 日,https://www. pressgazette. co. uk/european-parliament-votes-against-publishers-right-copyright-law-changes-as-facebook-warns-of-unintended-consequences/,2018 年 11 月 28 日。

③ Andrew Orlowski: *Call your MEP! Wikipedia blacks out for European YouTube vote*, 2018 年 7 月 3 日,https://www. theregister. co. uk/2018/07/03/wikipedia_article13_blackout/,2018 年 11 月 28 日。

④ 薛亚君:《新闻聚合行为的规制与报刊出版者邻接权》,《出版广角》,2015 年第 2 期。

⑤ 颜晶晶:《报刊出版者权作为邻接权的正当性探析——基于德国〈著作权法〉第八修正案的思考》,《比较法研究》,2015 年第 1 期。

月,雅虎(Yahoo)公司就报刊出版者权的合宪性向德国联邦宪法法院提起诉讼,认为《著作权法(第八修正案)》违背了德国宪法所保障的媒体自由、职业自由和平等原则。此外,该修正案并未明确报刊出版者如何收取报酬以及分配方式,也并未明确网络服务提供者必须就新闻聚合行为向报刊出版者支付报酬,而是让报刊出版者自由决定。有报道称,修正案实施后为报刊出版者带来了大约3万欧元(3.5万美元)的营收,但与之相关的实施成本却超过了220万美元。由于该修正案的适用范围尚不完全明确,2014年8月,落地仅一年的"报刊出版者权"被当局宣布废止。部分欧洲学者在抗议《数字版权指令》出台时曾联名表示:"德国报刊出版者的权利已得到了很好的保护,而对报刊出版者权的主张在程序上却十分繁琐和费时,还需要获得来自作者的证明文件。欧盟其他成员国没必要吞下这颗效力尚未证实的'德国药丸'。"[1]

2. 西班牙:"补偿金制"适得其反

与德国相似,面对新闻聚合行为,西班牙于2014年11月颁布了《知识产权法修正案》,规定了网络转载的"补偿金制"。该法第32.2条规定:"网络服务提供者转载复制作品内容可不经授权,但应当给予权利人(主要是新闻出版者)相应的经济补偿,并且该项权利不得被放弃,补偿金由知识产权管理组织收取。"该规定类似于版权法中的"法定许可"制度,然而法案又紧随其后规定:"无论任何情况,第三方机构或个人将公开发表在期刊或网站上的、可以定期更新的照片等图像资料转载或向不特定对象公开,必须获得权利人授权。"此外,法案规定,非营利的搜索引擎在用户检索的必要范围内提供单个词汇,同时附上原网页链接,才能免于缴纳补偿金。作为一项应对新闻聚合行为的立法措施,遗憾的是,该修正案忽略了新闻聚合行为对新闻作品的积极传播作用。据统计,从《知识产权法修正案》颁布至2014年12月15日,西班牙新闻出版者发现其新闻报道浏览量减少了10%—15%,最终导致西班牙的新闻出版者迫于利益损失,要求政府出面阻止谷歌退出西班牙市场。[2]

① *Statement from EU Academics on Proposed Press Publishers' Right*,2018年4月24日,https://www.ivir.nl/academics-against-press-publishers-right,2019年4月9日。
② 刘友华、魏远山:《聚合分发平台与传统新闻出版者的著作权冲突及解决》,《新闻与传播研究》,2018年第5期。

三、 欧美学界对《数字版权指令》争议条款的学理评价

前述梳理表明,欧美社会各界对《数字版权指令》争议条款表达了支持和反对的态度。实际上,他们不仅表明态度,而且就"链接税"条款和"过滤器"条款给出了自己支持和反对的理由,尤其体现在欧美学人对两个争议条款进行了深度的学理阐释。他们围绕新闻出版者权的权利性质、与作者权的关系、新闻聚合平台的过滤义务以及产生的消极结果来展开评价,同时也从利益平衡的视角综合评价了两个争议条款。

(一)"链接税"条款:新闻出版者权的具体含义、权利性质以及与作者权的关系

《数字版权指令》将"新闻出版物"定义为,出版商或新闻机构对新闻性作品集合的固定(fixation),也可以包括由其他作品或主题组成的有单一标题的周期性或者定期更新的出版物,如报纸、一般或特殊兴趣杂志,并以提供与新闻或其他主题相关的信息为目的,在服务提供者的自发编辑控制下发布在任意媒体上。不过,该定义排除了出于科学或学术目的而出版的期刊。有学者对此定义表示担忧,一是因为该定义复杂和模糊,二是因为该定义太宽广,似乎超过了法案要保护的对象。[①] 而关于"在线内容共享服务提供者",法案将其定义为,"是指信息社会服务的提供者,其主要意图之一是将用户上传的大量受版权保护的作品及其他素材进行储存或为公众提供访问,并以营利为目的而不断优化和改进服务"。不过,该定义排除了网络接入服务商、云服务提供商,这些服务商的用户上传作品只是为用户自己使用,也排除了提供在线零售服务的电子商务平台。[②] 同时,其还排除了部分小微企业、非商业目的运营的线上百科全书以及经权利人授权的教育或科学知识库等在线内容服

---

① European Parliament: *Strengthening the Position of Press Publishers and Authors and Performers in the Copyright Directive*, 2017 年 9 月, http://www. europarl. europa. eu/RegData/etudes/STUD/2017/596810/IPOL_STU(2017)596810_EN. pdf, 2019 年 4 月 9 日。

② Council of the EU: *Copyright rules for the digital environment: Council agrees its position*, 2018 年 5 月 25 日, https://www. consilium. europa. eu/en/press/press-releases/2018/05/25/copyright-rules-for-the-digital-environment-council-agrees-its-position/, 2019 年 4 月 9 日。

务提供者。[①]

1. 新闻出版者权的具体含义

"链接税"条款所设立的新闻出版者权,是在营利性的网络服务提供者对新闻出版者的报纸、杂志等出版物进行"数字化使用"(digital use)时,需要经其许可,并向其支付一定的报酬,具体包括复制权和提供作品权两项专有权利。[②] 法案中的"数字化使用"并非指对媒体新闻的原文照搬,而是网络服务提供者在自己的网站提供新闻链接,同时附上标题、内容摘要和新闻缩略图的做法,这也是谷歌新闻、"脸书"等内容聚合平台最常使用的新闻提供方式,批评者因此将该条规定称为"链接税"(link tax)条款。[③]

不过,该条款并未将新闻作品所有形式的数字化使用都一律禁止,其排除了个人用户合法的私人及非商业性使用,并规定法案不适用于"仅附有个别字词(individual words)和极短的新闻报道摘要等超链接(hyperlinks)的情形"。[④] 但是,新闻聚合平台一般都是链接了新闻标题和重要的新闻片段,这种情形并不在法案的豁免范围之内,新闻出版者可以以合法理由向谷歌等聚合平台收取费用。由此有评论者认为,网络平台在提供聚合新闻服务时,究竟什么内容要获得许可,是新闻片段、新闻标题还是新闻链接本身? 法案并未清楚回答这一问题。[⑤] 法案在最后投票时,多数人都认为新闻出版的非实质性部分不应该受到保护,至于何为"非实质性部分",是采用原创标准还是大小标准(如极短的摘要),或者两种标准兼顾,也不得而知。[⑥]

---

① MÁR MÁSSON MAACK: *The EU's disastrous Copyright Reform*, *explained by its lovers and haters*, 2018 年 6 月 19 日, https://thenextweb. com/eu/2018/06/19/the-eus-disastrous-copyright-reform-explained/,2019 年 4 月 9 日。

② Julia Reda: *What's at stake in the July 5 ♯SaveYourInternet vote: The text*, *explained*, 2018 年 6 月 29 日, https://juliareda. eu/2018/06/article-11-13-vote/,2019 年 4 月 9 日。

③ 王子辰:《欧盟"链接税"到底是什么》,《新华每日电讯》,2018 年 9 月 18 日。

④ James Vincent: *After a brief rebellion*, *the EU link tax and upload filter will move to a final vote*, 2019 年 2 月 13 日, https://www. theverge. com/2019/2/13/18223815/eu-copyright-directive-article-11-13-trilogues-finished-final-vote-parliament,2019 年 4 月 9 日。

⑤ Erin Carson: *Robots*, *VR and 3D printers are served up at this high-tech library*, 2019 年 4 月 7 日, https://www. cnet. com/news/robots-vr-and-3d-printers-are-served-up-at-this-high-tech-library/,2019 年 4 月 9 日。

⑥ Council of the EU: *Copyright rules for the digital environment*: *Council agrees its position*, 2018 年 5 月 28 日, https://www. consilium. europa. eu/en/press/press-releases/2018/05/25/copyright-rules-for-the-digital-environment-council-agrees-its-position/,2019 年 4 月 9 日。

2. 对新闻出版者权权利性质的争议

关于《数字版权指令》"链接税"条款所拟定的新闻出版者权的权利性质，也是学术争议的焦点。从新闻出版者权的法律性质上看，《数字版权指令》并未创造一种属于作者的新闻版权，而是创造属于出版者的邻接权。既然是邻接权，就应该与录音制作者和广播组织者等邻接权主体一样受到同等的保护，这也是诸多新闻出版者共同的愿景。他们认为，原则上新型的新闻出版者权应该得到认可，毕竟这样的权利已经赋予给了录音制作者和广播组织者，而这些权利主体所做的一切就是投资、开发和收集用于公共消费的素材。按照此理，新闻出版者理应和录音制作者、广播组织者得到同等的待遇。[①]

但是，反对意见认为，录音制品制作者或者视听作品制作者所做的投资、组织和经济贡献与新闻出版商所做的投资、组织和经济贡献有很大的不同。在很多情况下，无论是通过雇佣合同、集体工作结构还是职务作品，新闻出版商从伊始就已经拥有了所有作者的版权，因此两者语境是非常不同的。[②] 新闻出版者权保护的对象已经可以通过其他专有权予以保护，创造新闻出版者权等于是重复性设权。换句话说，新闻出版者和录音制作者、广播组织者的地位是完全不同的，因为新闻出版者在网络上制作和展示新闻内容方面的所有相关投资均已根据现有版权法得到有效和充分的保护。例如，在英国，新闻出版物完全可以由版权和数据库权利予以保护，没有必要再设立新闻出版者权。[③]

3. 新闻出版者权与作者权的关系

新闻出版者权在本质上是新闻出版者针对新闻作品的数字化使用及传播而享有的专有权，其理想目标是促进在线分享服务提供者和新闻出版者以

[①] European Parliament：*Strengthening the Position of Press Publishers and Authors and Performers in the Copyright Directive*，2017 年 9 月，http://www.europarl.europa.eu/RegData/etudes/STU/2017/596810/IPOL_STU(2017)596810_EN.pdf，2019 年 4 月 9 日。

[②] European Parliament：*Strengthening the Position of Press Publishers and Authors and Performers in the Copyright Directive*，2017 年 9 月，http://www.europarl.europa.eu/RegData/etudes/STU/2017/596810/IPOL_STU(2017)596810_EN.pdf，2019 年 4 月 9 日。

[③] European Parliament：*Strengthening the Position of Press Publishers and Authors and Performers in the Copyright Directive*，2017 年 9 月，http://www.europarl.europa.eu/RegData/etudes/STU/2017/596810/IPOL_STU(2017)596810_EN.pdf，2019 年 4 月 9 日。

及作者的合作共赢,但却也隐含着其与作者权的矛盾。①

一种观点认为,新闻出版者权抑制了作者权的行使。网络服务提供者在对新闻作品进行数字化使用时,不仅要征得作者本人同意,还要征得新闻出版者的同意,并且都要支付一定的报酬,这种“双重许可”加大了网络服务提供者传播信息的成本,也在事实上排斥了作者对自己作品的自由处分。②

另一种观点从利益分配格局上认为,新闻出版者权势必会损害作者的利益。法案无法保障新闻出版者将获得的补偿与作者“分肥”。③ 斯特拉斯堡知识产权中心研究报告也指出,把权利授予更多主体,势必将减少每一位权利拥有者的经济利益。④ 换言之,法案可能会损害新闻记者、摄影者、其他非机构性的新闻创作者和生产者等作者利益。⑤ 除了谷歌这样的大型互联网巨头能支付许可费外,其他不能或不愿意付许可费的聚合平台就需要关闭或阻碍用户分享新闻片段的链接,变相阻碍了新闻信息的传播,也直接影响作者的利益。⑥

还有一种观点认为,新闻出版者权的设立忽视了某些情况下作者权的保留。目前欧盟研究政策和研究者自身都坚持开放获取战略,法案赋予新闻出版者专有权等于是宣布授予开放获取出版合同的无效,也无视了开放获取合同中作者权的保留。⑦

---

① Council of the EU：*Copyright rules for the digital environment: Council agrees its position*，2018 年 5 月 25 日,https://www. consilium. europa. eu/en/press/press-releases/2018/05/25/copyright-rules-for-the-digital-environment-council-agrees-its-position/,2019 年 4 月 9 日。

② European Parliament：*Strengthening the Position of Press Publishers and Authors and Performers in the Copyright Directive*，2017 年 9 月,http://www. europarl. europa. eu/RegData/etudes/STUD/2017/596810/IPOL_STU(2017)596810_EN. pdf,2019 年 4 月 9 日。

③ European Parliament：*Strengthening the Position of Press Publishers and Authors and Performers in the Copyright Directive*，2017 年 9 月,http://www. europarl. europa. eu/RegData/etudes/STUD/2017/596810/IPOL_STU(2017)596810_EN. pdf,2019 年 4 月 9 日。

④ European Parliament：*Strengthening the Position of Press Publishers and Authors and Performers in the Copyright Directive*，2017 年 9 月,http://www. europarl. europa. eu/RegData/etudes/STUD/2017/596810/IPOL_STU(2017)596810_EN. pdf,2019 年 4 月 9 日。

⑤ *Statement from EU Academics on Proposed Press Publishers' Right*，2018 年 4 月 24 日,https://www. ivir. nl/academics-against-press-publishers-right,2019 年 4 月 9 日。

⑥ Erin Carson：*Robots，VR and 3D printers are served up at this high-tech library*，2019 年 4 月 7 日，https://www. cnet. com/news/robots-vr-and-3d-printers-are-served-up-at-this-high-tech-library/,2019 年 4 月 9 日。

⑦ European Parliament：*Strengthening the Position of Press Publishers and Authors and Performers in the Copyright Directive*，2017 年 9 月,http://www. europarl. europa. eu/RegData/etudes/STUD/2017/596810/IPOL_STU(2017)596810_EN. pdf,2019 年 4 月 9 日。

（二）"过滤器"条款：平台过滤义务与欧盟法的法理冲突以及对互联网创新的消极后果

《数字版权指令》规定网络平台审查义务的条款，体现了对网络平台的严苛性，因此欧盟社会把该条款称为"过滤器"（upload filter）条款。[①] 该条款实际上明确了上述网络服务提供者的审查责任，要求网络平台与版权人达成合作协议，采取相应的措施，以防止用户未经许可上传受版权保护的作品；如果版权人不愿与平台达成合意，网络服务提供者也需要保障版权人的作品不可通过其服务而被公众获取。而要达到上述要求，网络服务提供者就不得不以内容识别的方式在用户上传信息时检测并过滤掉可能享有版权保护的内容，否则就要为侵权内容承担直接责任。这就变相要求每一家网络平台都要安装昂贵的和不可靠的上载过滤器，实质上是为网络平台附加了更严格的前置审查责任。[②]

如果说，"链接税"条款有争议也有共识，那"过滤器"条款招致批评的声音更甚。批评的声音可以概括为两点：一是要求平台承担过滤义务与现行欧盟法律相冲突；二是苛加平台审核责任不利于当前互联网创新。

1. 平台过滤义务与现行欧盟法的法理相悖

为推动成员国间信息社会服务的自由流动，2001 年 6 月，欧盟出台了《电子商务指令》（Directive on electronic commerce），其第二章第四节明确了网络服务提供者的纯粹信息传播及储存服务在满足"对违法行为不知情""没有更改信息""没有选择性接受""迅速移除侵权信息"等情形时，无须承担监督传输、存储的信息和主动收集违法事实等义务。[③] 这项规定被学者们称为网络平台的"平衡责任模式"，也被称为欧盟的"避风港"模式。具体而言就是，

---

① Michael Staines：*The European Parliament has passed controversial new copyright laws that critics have warned could threaten the nature of the internet*，2019 年 3 月 26 日，https://www. newstalk. com/news/eu-controversial-copyright-841506，2019 年 4 月 9 日。

② David Meyer：*Tech Industry and Activists Still Hope to Sink New EU Copyright Rules*，2019 年 2 月 14 日，http://fortune. com/2019/02/14/eu-copyright-directive-trilogue-deal/，2019 年 4 月 9 日。

③ WIPO-Lex：*Directive No. 2000/31/EC of the European Parliament and of the Council of 8 June 2000 on certain legal aspects of information society services，in particular electronic commerce，in the Internal Market*，2000 年 7 月 17 日，http://www. wipo. int/wipolex/zh/text. jsp? file_id=443174，2018 年 11 月 28 日。

上传者对内容负直接法律责任,而平台如果被告知内容非法而没有移除的负间接法律责任。但"过滤器"条款则完全颠倒了"平衡责任模式",让网络平台负直接法律责任。为网络服务提供者苛加过重的责任,对网络平台的商业模式和投资影响虽然难以估量,但影响是实质性的。此外,这样的"精确识别"在技术上很难实现,也不排除其在操作过程中会错误地过滤掉其他合法内容从而造成平台审查权的滥用。①

关键是,这种审核与《电子商务指令》第 15 条第 1 款的规定相悖,《电子商务指令》第 15 条第 1 款明确,成员国不应对网络服务商强加监控传输或存储信息的一般义务,也不应强加主动寻求表明非法活动的事实或环境的一般义务。② 此外,网络服务商在落实法案要求的审核责任时,肯定会涉及干扰用户的个人数据、个人的表达自由以及从事商业行为的自由,这些可能与《欧盟基本权利宪章》第 8 条中的"个人数据保护"、第 11 条中的"信息和表达自由"以及第 16 条中的"从事商业行为的自由"相抵触。③

2. 平台过滤义务不利于互联网创新的整体推进

用户参与是互联网创新的重要源泉,欧美社会普遍认为平台过滤义务不利于用户参与。"过滤器"条款规定,如果用户上传内容中包含受版权保护的新闻作品,那么网络服务提供者必须采取删除、屏蔽等措施,否则就需要承担侵权责任。④ 对于"脸书"等带有社交性质的内容聚合平台而言,用户上传新闻作品进行公开讨论并不少见,按照该条规定,前述内容则会被平台过滤,无疑会影响到新闻内容的传播,降低新闻热度与关注度,也会损害公众言论自由。⑤ 同时,法案几乎抹杀了所有基于他人作品进行"二次创作"而产生的作

---

① Gian Volpicelli：*The EU has passed Article 13*，*but Europe's meme war is far from over*，2018 年 9 月 14 日，https://www.wired.co.uk/article/eu-article-13-passed-meme-war，2018 年 11 月 28 日。

② EUR-Lex：*Directive on electronic commerce*，2000 年 7 月 17 日，https://eur-lex.europa.eu/legal-content/EN/TXT/? uri＝CELEX%3A32000L0031，2019 年 4 月 9 日。

③ Jeremy Malcolm：*Upload Filtering Mandate Would Shred European Copyright Safe Harbor*，2016 年 10 月 12 日，https://www.eff.org/deeplinks/2016/10/upload-filtering-mandate-would-shred-european-copyright-safe-harbor，2019 年 4 月 9 日。

④ Matt Reynolds：*What is Article 13? The EU's divisive new copyright plan explained*，2019 年 3 月 26 日，https://www.wired.co.uk/article/what-is-article-13-article-11-european-directive-on-copyright-explained-meme-ban，2019 年 4 月 9 日。

⑤ Ryan Browne：*European lawmakers delay controversial copyright law over concerns it could censor memes*，*articles*，2018 年 7 月 5 日，https://www.cnbc.com/2018/07/05/article-13-eu-lawmakers-vote-on-controversial-copyright-law.html，2019 年 4 月 9 日。

品在网络上传播的可能性,因此也被批评者称为"表情包杀手"(meme killer)。①

"过滤器"条款严重影响互联网创新还表现在如下三个方面:第一,网络平台落实过滤义务依靠的自动过滤技术代价将是高昂的。对于谷歌、"油管"等大型聚合平台来说还可以承受——谷歌要为这项技术投入1亿美元,"油管"花费11年的时间研发和改进被称为"内容ID"(Content ID)的过滤系统,但对于那些初创和中小网络平台来说,将不堪重负。同时,目前的自动过滤技术仍然没有发展到其可靠性能够得到保障的阶段。第二,"过滤器"条款没有足够重视版权限制与例外情况,上传音乐和视频的网络用户经常依赖版权限制和例外而免责,其也没有考虑到网络用户对诸如维基百科等开放合作平台贡献照片、文本等。第三,"过滤器"条款存在的最大问题就是没有明确哪些网络平台要遵守该条款,哪些平台可以豁免,法律上的不确定性最终可能导致谷歌新闻等新闻聚合平台被迫离开欧洲,阻碍了这些平台为消费者提供服务。

另外,有评论者思考了过滤技术的替代性解决方案,认为在没有限制私人使用者权利的情况下,通过规定相应的私人复制税来抽取较高的许可费,这样也可以达到过滤上传的目的。

(三)新闻出版者权和"链接税"条款是欧盟实现权利人新闻版权许可的重要事项,但难以实现权利人、传播者和社会公众之间的利益平衡

版权制度关系到权利人、传播者及社会公众等主体之间的利益。一些评论者从利益平衡的角度对两个争议条款进行了评判。学者们肯定法案的目标是保障作者和使用者获得的报酬与互联网平台提供作品可供使用时所获得的利润之间取得适当的平衡,两者之间的差异被他们称为"价值差距"(value gap)。② 法案最初的诞生也是考虑到内容行业在面对谷歌等强大市场时,不可能在公平竞争的环境中去谈判,其根源还是利用"链接税"条款和"过

---

① Josh K. Elliott: *Potential 'meme killer' law moves forward with EU lawmakers*,2018 年 9 月 13 日,https://globalnews. ca/news/4446228/meme-killer-copyright-eu-article-13/,2019 年 4 月 9 日。

② Council of the EU: *Copyright rules for the digital environment*:*Council agrees its position*,2018 年 5 月 25 日,https://www. consilium. europa. eu/en/press/press-releases/2018/05/25/copyright-rules-for-the-digital-environment-council-agrees-its-position/,2019 年 4 月 9 日。

滤器"条款的规定给予权利人"倾斜式"的保护。[1]

　　针对新闻出版者权的设立是否有助于实现利益平衡,学者们并不乐观。他们认为,考虑到目前市场高度集中于在线广告市场和媒体,新闻出版者权可能进一步加强了媒体集团和全球平台的力量,损害较小的竞争者,适得其反。[2] 另外,法案制定者也没有提供具体的数据来说明新闻出版者权如何以及能在多大程度上增加新闻出版商收入,而同时又可以维持自由而多元的新闻界,这又进一步加剧社会对法案的质疑。[3]

　　蒂姆·伯纳斯·李等互联网先驱曾致信欧洲议会,并对"过滤器"条款在实现利益平衡上表示担忧,"法律的愿景是要实现版权作品在线使用收益的合理分配,从而惠及创作者、新闻出版者和在线平台,但该条款很难实现这样的目标。其要求网络平台自动过滤用户上传的所有内容,实质上就是把具有分享和创新性质的开放平台打造成对用户的主动监管和控制的工具,这在互联网历史上前所未有"。

　　综上,《数字版权指令》出台的重要目的之一就是打破各国间的版权壁垒,促进知识和信息的充分流动。其为了维护公共利益而对版权在科研、教学和文化遗产领域提出了"限制和例外",被视为是一个重要进步。然而,"链接税"条款和"过滤器"条款在实现版权人许可利益的同时,却可能对信息传播设置不必要的阻碍,违背法案设立的初衷。从前述德国和西班牙的相关立法实践来看,也很难期待法案在落实后可以更好地解决既有的利益矛盾。

四、《数字版权指令》争议条款对我国规制新闻聚合的启示

(一)《现代快报》案:《数字版权指令》争议条款理念的国内实践

　　国内对新闻聚合的探讨集中在北京字节跳动科技有限公司开发的推荐

---

[1] Adam Satariano: *Tech Giants Win a Battle Over Copyright Rules in Europe*,2018 年 7 月 5 日,https://www. nytimes. com/2018/07/05/business/eu-parliament-copyright. html,2019 年 4 月 9 日。

[2] *Statement from EU Academics on Proposed Press Publishers' Right*,2018 年 4 月 24 日,https://www. ivir. nl/academics-against-press-publishers-right,2019 年 4 月 9 日。

[3] European Parliament: *Strengthening the Position of Press Publishers and Authors and Performers in the Copyright Directive*,2017 年 9 月,http://www. europarl. europa. eu/RegData/etudes/STUD/2017/596810/IPOL_STU(2017)596810_EN. pdf,2019 年 4 月 9 日。

引擎产品"今日头条"上。"今日头条"于 2012 年正式推出,其主打新闻聚合服务,通过精确的数据算法为用户推荐其可能感兴趣的新闻报道。"今日头条"以所谓的"深度链接"技术,即使用原新闻标题、摘要、缩略图等作为超链接,并采用应用内置的浏览器嵌套显示其他网站经转码后的新闻页面,来达到使用户无须转换应用程序即可查看不同媒体新闻报道的效果。这种与谷歌新闻等国外新闻聚合平台十分相似的新闻聚合技术,在国内也引起了不少诉讼争议。

从当前已有司法判例来看,以"深度链接"为代表的新闻聚合技术在我国已被认定为是侵犯新闻媒体信息网络传播权的行为。前述《现代快报》案中,二审法院认定"今日头条"客户端从第三方网站获取并以链接形式向公众传播《现代快报》享有版权的四篇新闻作品的行为,构成侵害《现代快报》的信息网络传播权,判决其赔偿人民币 11 万余元。判决理由表明,由于"今日头条"无法举证证明其是否在服务器中储存了涉案文章,进而无法认定其是否构成"仅提供链接"的行为;同时,鉴于"今日头条"对涉案新闻作品"未尽到充分的审查义务",法院认定其主观上存在过错,属于"明知或应知"的情形,并否定了其链接行为可受"避风港规则"保护。[①]

该案中,"今日头条"败诉的关键在于其未尽到法院所认定的"充分的审查义务",并由此承担了相当高额的赔偿金。可见,欧盟《数字版权指令》中偏向保障新闻出版者权益和加强网络平台审查责任的理念,与我国当前司法实践也是不谋而合。《现代快报》案的司法判决中,使"今日头条"败诉的根本目的在于让"今日头条"向《现代快报》支付一定的版权许可费。

(二) 国内对两个争议条款的移植借鉴与司法实践应当谨慎

综合前述观点,我国学界及司法界对《数字版权指令》争议条款的理念都持较为积极的态度。不过,对国外法律的移植应当因地制宜,不能离开我国的现实国情和既有法律制度。考虑到近年来各界对《数字版权指令》实际效用的质疑,前述争议条款的理念能否与当前我国版权制度衔接,仍然有待商榷。

1. 缺乏现实的必要:本土新闻产业未受外界威胁

对于欧洲各国而言,其本土新闻产业一直受到来自谷歌、"脸书"等美国

[①] 详见江苏省高级人民法院(2018)苏民终 588 号民事判决书。

互联网巨头的威胁。以法国为例,谷歌在法国几乎占据了全国网站40%的点击量,每年广告收入近13亿欧元,但其给提供网站内容的法国媒体的报酬只有500万欧元。对此,法国曾一度想以征收"谷歌税"的方式来与之抗衡。[1]《数字版权指令》"链接税"条款和"过滤器"条款的设立,在很大程度上也是为了缓解国外互联网巨头对欧洲本土新闻产业垄断式的冲击。但在我国,基于相关政策规定,国外互联网公司几乎无法对国内新闻产业造成实质性影响,从保护我国本土新闻产业的立场来看,引入两个条款缺乏一定的必要性。

2. 缺乏立法的必要:可能造成版权法上的"重复保护"

《数字版权指令》"链接税"条款所设立的新闻出版者权作为一项邻接权而存在,正是因为有这项邻接权的存在,新闻机构的版权利益才获得保障,其也是新闻机构获取版权权利人许可的重要法律依据。但在我国的新闻产业实践中,由记者采编并撰写的新闻稿件一般认定为属于我国《著作权法》所规定的"职务作品"或"法人作品"。在此前提下,新闻作品的著作财产权在一定时期内归属于新闻出版单位,如果相关新闻作品的版权被侵犯,则新闻出版单位可以作为适格主体直接参与诉讼,并直接受到《著作权法》的保护。由此看来,我国新闻出版单位的版权利益已有较为完善的法律保障,若引入《数字版权指令》中新闻出版者权的规定,则会造成版权法上的"重复保护"。

3. 可能带来的损害:影响互联网产业的发展环境

为给予互联网产业以相对包容的成长环境,我国积极与国际接轨,在2009年颁布的《侵权责任法》第三十六条中明确了"避风港规则"的适用。此外,《信息网络传播权保护条例》第二十条至第二十二条、最高人民法院《关于审理侵害信息网络传播权民事纠纷案件适用法律若干问题的规定》第四条至第六条等,也体现了类似的减轻网络平台审核责任的理念。截至2018年6月,我国互联网普及率为57.7%,尽管已超过世界平均水平,但与欧洲发达国家仍有较大差距。[2]与欧洲发达国家已近饱和的市场状态不同的是,当前我

---

[1] 应强、李明:《财经随笔:欧洲媒体"杠上"谷歌新闻》,2012年10月30日,http://finance. people. com. cn/n/2012/1030/c70846-19436330-1. html,2018年11月28日。

[2] 中国互联网络信息中心:《第42次中国互联网络发展状况统计报告》,2018年8月20日,http:// www. cnnic. net. cn/hlwfzyj/hlwxzbg/hlwtjbg/201808/t20180820_70488. htm,2018年11月28日。

国互联网产业方兴未艾,仍有极大的市场潜力可待激发。若移植《数字版权指令》的要求贸然加强网络平台的审核责任,容易"牵一发而动全身",与现有法律体系和理念产生冲突,阻碍互联网产业的发展。

因此,从当前我国的现实环境和版权制度来看,无论是设立新闻出版者权,还是加强网络服务提供者的审查义务,都不是完善我国版权立法、保障新闻机构的版权许可利益、解决新闻聚合纠纷的适当选择。对《数字版权指令》争议条款理念的借鉴,应当持谨慎态度。

(三) 以借鉴欧盟版权立法思维规制新闻聚合纠纷难以实现利益平衡

从前文看,尽管欧美社会各界对《数字版权指令》的"链接税"条款和"过滤器"条款产生争议和质疑,并进行了多次修改,但都没有摆脱版权法的窠臼。换言之,其都是在竭力完善版权法,减少它给信息社会带来的负面影响,德国、西班牙针对新闻聚合平台的修法实践也说明了这点。但从利益平衡的视角出发,两个争议条款想实现的愿景应当是妥善协调作者、网络平台和社会公众之间的利益。《数字版权指令》的修法历程表明,无论如何,法案的制定者也难以实现这一愿景。

反观我国,随着新闻版权纠纷的与日俱增和产业界版权意识的不断增强,"新闻不受版权保护"的误会已在我国逐渐消解,而认定"侵犯信息网络传播权"也是我国司法实践中规制新闻聚合行为的主要手段。尽管相关判例仍在不断涌现,但从前述既有国际经验来看,以版权思维规制我国的新闻聚合纠纷能否真正达到利益平衡的效果,还有一定的探讨空间。

1. 版权立法承继欧盟理念：对传统媒体的"倾向性"保护

上海财经大学法学院蔡元臻曾提出,新闻聚合过程中存在网络转载行为,基于我国目前已存在报刊间转载的法定许可制度,可以尝试重构版权许可制度,允许网络环境中的新闻转载法定许可,进而满足网络空间的利益平衡要求。[①] 但德国慕尼黑大学法律系李陶也提出,我国"既有新闻聚合平台在生成有价值的深度内容、促进民智的成熟与社会发展层面,还需要依托传统媒体专业的深度报道与编辑团队的统合布局……将报刊转载法定许可延伸

---

① 蔡元臻:《新媒体时代著作权法定许可制度的完善——以"今日头条"事件为切入点》,《法律科学(西北政法大学学报)》,2015年第4期。

至网络领域,造成的是互联网产业的一时泡沫,对于以生成深度内容为业的报刊产业而言显失公平"①。两位学者在同一议题上表达出截然相反的观点,实际上反映了学界在新闻聚合纠纷中对"保障新兴产业发展"与"保护传统媒体"的不同立场偏向。

其实,早在我国新闻聚合产业诞生前,网络平台对新闻作品的转载行为便引起了立法部门的注意。我国《著作权法》第三十五条第二款规定:"作品刊登后,除著作权人声明不得转载、摘编的外,其他报刊可以转载或者作为文摘、资料刊登,但应当按照规定向著作权人支付报酬。"该条款仅规定了报刊间的转载,而排除了网络平台对新闻作品的"法定许可"适用。而在 2000 年至 2006 年间,根据《关于审理涉及计算机网络著作权纠纷案件适用法律若干问题的解释》第三条的规定,网络平台转载已在报刊上刊登或者网络上传播的作品尚属于"法定许可"制度的框架内,但随着网络转载日益兴盛,为了维护处于不利地位的新闻媒体的权益,该条款被删除,而后出台的《信息网络传播权保护条例》也没有认定新闻作品在网络领域的转载行为可适用"法定许可"。2015 年,国家版权局办公厅发布《关于规范网络转载版权秩序的通知》,其第二条第二款明确提出:"报刊单位与互联网媒体、互联网媒体之间相互转载已经发表的作品,不适用前款规定,应当经过著作权人许可并支付报酬。"由此,"先许可,后使用"的新闻作品转载规则在网络环境内得以确立。

可以看出,版权法制止网络平台对新闻作品"法定许可"的适用,在很大程度上是为了保障传统媒体长期以来取得的受众市场,巩固其既得利益,而这种保障,也带有明显的"倾向性"。单就新闻作品的转载行为来看,纸媒间的相互转载与网络平台间的转载并无实质意义上的不同,其都是在扩大作品传播的同时借他人作品为自己吸引受众,而二者最大的区别在于,纸媒与网络是两种不同的媒介,后者的跨时空、载量大、传播高效等特性决定了其更能被受众所接受。但是,如果因技术优势或市场偏好而以版权制度对网络平台进行限制,似乎有违公平。传统媒体之所以会在与新媒体的"对抗"中败下阵来,是因为其运作模式已不适应市场发展的需要,这也是"融媒体"理念提出的原因之一——新旧媒介融合,是为了更好地服务受众、发展市场。仅为了

① 李陶:《媒介融合背景下报刊出版者权利保护——以德国报刊出版者邻接权立法为考察对象》,《法学》,2016 年第 4 期。

维护传统媒体的利益而以版权限制网络平台的发展,这种矛盾的做法更像是一种无可奈何的"权宜之计"。

2. 版权司法承继欧盟理念:强化网络服务提供者的审查义务

尽管国内关于新闻聚合行为的司法认定标准尚不统一,但"服务器标准"——以聚合平台是否将新闻作品复制在其服务器内进行传播作为侵权判断依据的标准——依然被我国司法界所广泛认可和采纳。在此前提下,版权法中的"合理使用"制度对新闻聚合行为依然有一定的适用空间。在《现代快报》案中,法院以举证责任上的不利否定了"今日头条"的行为是"仅提供链接服务",进而回避了"'服务器标准'是否适用"的问题;而后,法院又以"即使仅提供链接服务"为前提加以论证,认为"今日头条"未要求第三方网站"提供任何关于其享有合法的信息网络传播权所涉权利人的清单列表",且"今日头条"对涉案新闻作品中"《现代快报》记者某某"等"足以引起公司注意"的字样"未尽到充分的审查义务,未通过设置关键词等方式对合作网站不享有信息网络传播权的作品进行筛选甄别"。因此,"今日头条"应当知道所链接的作品可能构成侵权,在"主观上存在过错,故应承担相应的侵权责任"。①

在当前,链接行为已被认定为属于《信息网络传播权保护条例》所规定的"提供"行为,那么其尚且有适用"避风港规则"并纳入"合理使用"制度的余地。根据最高人民法院《关于审理侵害信息网络传播权民事纠纷案件适用法律若干问题的规定》第五条:"前款规定的提供行为不影响相关作品的正常使用,且未不合理损害权利人对该作品的合法权益,网络服务提供者主张其未侵害信息网络传播权的,人民法院应予支持。"对于"今日头条"而言,其新闻聚合行为虽然造成传统媒体的受众分流,但未影响原网站新闻作品的正常使用,同时还实现了帮助新闻作品传播的公共目的。此外,受众分流的后果乃是基于市场规律而产生,由此造成的自然损害是否达到了"不合理"的地步,并未经过法院的论证。

该案中,法院提出的"充分的审查义务"亦有加重网络服务提供者主动审查义务之嫌。"《现代快报》记者某某"等字样作为第三方网站刊登内容的一部分,与新闻作品的主体内容并不具备技术上的可区分性。对于设置链接的"今日头条"而言,要求其链接与抓取技术需达到仅凭"现代快报"字样便可将

---

① 详见江苏省高级人民法院(2018)苏民终 588 号民事判决书。

其识别为侵权作品的地步似乎过于严苛,法院要求的"设置关键词等方式"也没有确切的法律依据。同时,"今日头条"因举证不利而无法适用"服务器标准",进而导致其链接行为是否满足"合理使用"也缺少足够的探讨空间。由此,该案的判决理由并非充分,法院单方面强化平台审查责任进而"变相"降低版权法的适用门槛,使得链接行为的侵权认定在很大程度上已落入了法官的自由裁量范围。可见,随着网络环境下服务形式和服务内容愈发多样,"审查义务"和法定"注意义务"的界限已经出现模糊,继续以版权思维规制新闻聚合,可能产生司法实务上的诸多遗漏。

　　3. 欧盟版权立法思维难以实现互联网领域的"均衡对价"

　　面对版权制度设计中的利益平衡问题,暨南大学法学院副院长徐瑄教授提出了"版权的对价理论"。其认为,"'表达自由最大化'的立法原理和立法责任构成了对版权立法权的限制,在任何情况下,版权设计都不能够违背促进表达自由最大化的初衷";而最好的版权制度应当以"促进宪法权利最大化——表达自由最大化及进一步财产自由最大化"为目标。[①] 在"对价理论"视角下,通过前述分析可以看出,我国现有版权制度设计及司法理念已经突破了互联网领域的"均衡对价",版权扩张带来的后果是网络服务提供者的运营负担不断加重,进而危及公民表达自由及聚合技术经济价值的实现。这样的制度设计,未必是顺应技术时代发展的最优选择。

　　在关于新闻聚合的热切探讨中,新闻作品的公共性不应当被忽略。与一般作品不同的是,新闻作品的创作更依赖于公共领域中的事实,而其回馈的对象也是社会公众,因此在很大程度上,新闻作品的创作所满足的并不是作者或新闻出版者的个人利益。尽管为新闻媒体加强版权保障所直接影响的是作为传播者的新闻聚合平台,但这部分新增费用的负担最终会转移到公众身上,从而对社会信息的涌流带来更大的阻碍,也违背了新闻媒体作为社会"公器"的初衷。因此,对涉及公共领域和公共利益的私人权利(版权)的扩张,一定要慎之又慎。

　　同时,新闻聚合技术本身的经济价值也不应被版权规则任意否定。在传统媒体与新闻聚合平台的博弈中,更不应当忘记后者帮助前者传播新闻、满足公众需求而带来的积极社会效益。前述德国、西班牙的立法实践也证实,

---

① 徐瑄:《知识产权的对价理论》,法律出版社 2013 年版,第 227 页。

新技术下的市场规则一旦形成,传统媒体便很难以版权手段来排除新闻聚合平台的竞争进而弥补损失。

综上,从德国、西班牙"失败"的立法实践,再到欧盟《数字版权指令》出台而引发的巨大争议,根据国内外已有经验来看,以版权思维规制新闻聚合纠纷,或许并未抓住其要害。

(四)竞争法思维当然也可以规制新闻聚合纠纷

面对版权法在规制新闻聚合平台中的尴尬局面,近年来,国内不少学者也提出应以不正当竞争法来规制该类纠纷。在搜狐诉"今日头条"一案中,搜狐也提出"今日头条"的新闻聚合行为属于不正当竞争行为。[①] 其实,通过前述分析可以总结出,传统媒体对网络服务提供者的"忌惮"来自于由后者导致的受众分流与利益损失,新闻聚合纠纷实质上是新闻产业内部的市场竞争纠纷。具体而言,在新闻聚合纠纷中,网络服务提供者无偿利用了来自新闻媒体的报道,并以此吸引流量而获利,同时也实质性替代了用户对原新闻网站的访问,可能存在竞争法上的混淆;而"深度链接"行为使得原网页的广告等内容不能被受众所接收,从而导致了新闻媒体的利益流失。此外,在新闻报道市场中,新闻媒体与网络服务提供者必然存在竞争关系。因此,针对新闻聚合技术的"搭便车"行为,根据《反不正当竞争法》第二条相关规定,以网络服务提供者违背公平、诚信的原则而提起诉讼,也未尝不可。

1. 以竞争法规制版权问题有其法律基础

以竞争法规制版权纠纷并非没有依据,1996 年 7 月出台的《国家版权局办公室关于作品标题是否受著作权保护的答复》提出:"作品的标题宜由反不正当竞争法保护,而不宜由著作权法保护。"而在 2011 年出台的《最高人民法院关于充分发挥知识产权审判职能作用推动社会主义文化大发展大繁荣和促进经济自主协调发展若干问题的意见》第八条也提出:"在促进技术创新和商业发展确有必要的特殊情形下,考虑作品使用行为的性质和目的、被使用作品的性质、被使用部分的数量和质量、使用对作品潜在市场或价值的影响等因素,如果该使用行为既不与作品的正常使用相冲突,也不至于不合理地损害作者的正当利益,可以认定为合理使用。"该规定借鉴了美国版权法领域

---

① 邵国松:《新闻聚合的版权问题研究》,《南京社会科学》,2015 年第 5 期。

认定"合理使用"的"四要素",其中"使用对作品潜在市场或价值的影响"的表述,也暗含竞争法思维。

而在国内多年的司法实践中,《反不正当竞争法》也一直被视为是对《著作权法》的补充。在 2004 年鸿宇昊天公司诉沈丽案中,法院认定"被告未经原告许可,擅自对原告网站的四篇文章内容进行链接,其行为违背了原告的意愿,应属不正当的经营行为"①。此外,2018 年 8 月,广州市天河区人民法院就作家金庸诉《此间的少年》作者江南一案公布一审判决,其认为江南在《此间的少年》中使用金庸著作中多个人物的姓名是"利用金庸的影响力进而轻易地吸引大量读者,客观上增强了自己的竞争优势",属于不正当竞争行为。②

2. 以竞争法规制新闻聚合可避免诉讼主体资格纷争

在新闻聚合纠纷中,不乏关于新闻媒体是否为"适格诉讼主体"的争论。随着自媒体的兴起,越来越多的社会公众开始自主参与新闻传播活动,相关新闻稿、新闻图片的作者可能与新闻出版单位并不存在雇佣关系,新闻出版单位也不因作者向其投稿而直接取得新闻作品的著作财产权。若新闻媒体对自己刊登的新闻作品并不享有版权,则无法直接以《著作权法》相关规定提起诉讼,这在前述《现代快报》诉"今日头条"一案中也有涉及。而依照《反不正当竞争法》相关规定,新闻出版单位只需举证证明网络服务提供者存在不正当竞争行为即可,不仅保障新闻媒体对自己不享有版权的新闻作品的数字化使用,还可以避免关于诉讼主体资格的纷争,提高司法诉讼效率。

3. 竞争法可为"时事新闻"提供保护

对于凝聚了新闻媒体劳动成果却不受版权法保护的"时事新闻"(2020 年《著作权法》把"时事新闻"改为"单纯事实消息")而言,同样可以用竞争法予以规制。根据国际惯例,"时事新闻"构成要素单一、表达形式有限,且为满足公众知情权而需要尽快传播,因此一直被版权法排除在外。但不可否认,采编时事新闻也需要耗费一定的人力、财力、物力,时事新闻也有其经济价值。时至今日,信息的采集与传播作为产业已经成为传媒业的核心领域,及时、完整和专门化的信息供给符合公众利益,而其存在则要求法律在某种程度上的权利保障,

---

① 详见北京市海淀区人民法院(2004)海民初字第 19192 号民事判决书。
② 详见广东省广州市天河区人民法院(2016)粤 0106 民初 12068 号民事判决书。

互联网的出现和网站日益成为强大的信息传播主体使得此种权利保障尤显必要。[①] 如果存在新闻聚合平台对时事新闻的原文照搬,这种以他人劳动成果而获利的行为依然属于《反不正当竞争法》可规制的范畴。

4. 竞争法规制有助于推动合作共赢

面对市场竞争中的不利地位,及时实现产业转型才是传统媒体应对新技术冲击引发的利益纷争的最佳途径。长期以来,《反不正当竞争法》第二条被视为版权侵权纠纷中的"兜底条款"而适用,多数学者也纠结于《反不正当竞争法》第二条在司法实践中会被逐步"泛化"或"滥用",从而缺少直面问题的坦然。也有学者建议,可借鉴美国反不正当竞争法领域中的热点新闻挪用(hot news misappropriation)规则,在我国《反不正当竞争法》中新增新闻报道转载挪用这一不正当竞争行为,以规制新闻聚合问题。[②]

媒介产业很大程度上依赖于附属于内容产品的广告获取利润,而并不真正依赖于内容产品。[③] 对于新闻媒体而言,其本不应当"以新闻营利",专业而负责的新闻报道带给媒体的,是超越了经济利益的声誉和公信力,这也是新闻媒体本应扮演的社会角色;而在拥有足够的声誉和公信力后,新闻媒体才有足够的实力和底气从事采编以外的经营业务。其实,面对市场竞争中不断出现的新技术、新情形,在不改变当前立法体系的前提下,以竞争法的规制来替代版权法的扩张,便不必过分担忧公有领域被"垄断"侵蚀,还能更好地规范市场主体行为,保障各方利益平衡,进而推动旧主体的转型和新主体的创新,形成良性竞争、合作共赢的局面。从发展的角度看,新闻聚合平台也已走过了早期"非法兴起"的阶段,逐步进入合法的轨迹,无论是国外的谷歌新闻,还是国内的"今日头条",网络服务提供者也开始有意识地以各种形式与传统媒体达成合作协议,"双赢"并非不可实现。

(五) 采用竞争法规制新闻聚合纠纷不宜忽视创新版权许可制度

新闻聚合纠纷的解决不宜借鉴欧盟《数字版权指令》两个争议条款的内

---

① 刘文杰:《探析著作权法中的"时事新闻"——翻译引发的著作权法疑难问题》,《新闻与传播研究》,2016 年第 3 期。

② 李国庆:《论新闻报道之著作权法与反不正当竞争法保护》,《知识产权》,2015 年第 6 期。

③ [加拿大]文森特·莫斯可:《传播政治经济学》,胡春阳、黄宏宇、姚建华译,上海译文出版社 2013 年版,第 174 页。

容和基本理念,不宜借鉴的具体原因,前文已经详细述及,笔者也详细探讨了竞争法也可以在解决新闻聚合纠纷上作为补救措施,但笔者认为竞争法的规制路径仍然不能取代版权法的路径。我国在规制新闻聚合纠纷方面虽然不宜借鉴欧盟《数字版权指令》的两个争议条款,但并不意味着我国在版权法方面就毫无改进的空间来应对新型技术对新闻作品使用的挑战。我国可以在创新版权许可制度方面下功夫,无论是"链接税"条款还是"过滤器"条款都旨在实现新闻作品的版权许可。"链接税"条款旨在单独设立一项邻接权,以让版权许可有专项权利可以授权;"过滤器"条款旨在通过加大网络服务提供者的审查力度,以让版权许可更切实地得到履行。具体而言,创新版权许可制度之所以必要,且不能用竞争法路径取代版权许可制度,理由如下:

1. 竞争法并不是解决新闻聚合版权纠纷的主要手段

新闻聚合引发的版权问题仍然是版权法要解决的问题范围,如果所有的类似问题都诉诸竞争法来解决,还要版权法有何用。竞争法与版权法相比,版权法仍然是解决新闻聚合版权纠纷的主要方法。版权法解决新闻聚合版权纠纷表现在三个方面:(1)版权法为版权司法提供指导,版权司法需要一定的法理依据,版权法为版权司法提供一定的理论支撑;(2)版权法为版权许可交易等过程提供理论指导,版权许可制度的创新离不开版权法的改造,欧盟《数字版权指令》的两个争议条款是为版权司法提供理论支撑,并不是创新版权许可制度。(3)版权法为技术保护措施等技术使用提供规制路径,保护版权一个非常重要的手段就是技术保护措施的使用,技术保护措施也要受到版权法的规制,防止被使用者滥用或破坏。版权法可以在以上三个方面发挥作用,而竞争法在解决新闻聚合版权纠纷上是远不如版权法的。

2. 创新版权许可制度可以避免诸多无谓的理论争议

版权许可环节不同于版权司法环节,版权司法解决新闻聚合版权纠纷亟待澄清很多理论问题,从《现代快报》案的判决就可以看出来,后面章节将具体探讨这一问题。如果能在版权许可环节就有所创新,将避免在版权诉讼环节遇到更多无谓的版权理论争议。当然,在司法判决中,法院也会裁判到底符不符合《著作权法》中的法定许可,到底属不属于《著作权法》中的默示许可,但毕竟这些理论没有著作权法领域中诸多其他理论那么复杂。而且,版权许可制度的创新不仅是版权法的问题,也是版权技术的问题。现在有些媒体单位,如央视等,在创新版权许可的时候,充分地利用技术手段,美国流行的 CC 许可也是充分利用版权技术手段。

总之,欧盟《数字版权指令》的出台本应以打破各国间的版权壁垒为目标,但其中两个争议条款对传统媒体的"偏袒"及加强网络服务提供者审查责任的要求实际上强化了既有版权规则,加深了网络环境下的新闻聚合纠纷。在利益平衡视角下,从争议条款的多次修订与各方的激烈冲突可以看出,以版权立法思维规制新闻聚合纠纷未能实现良好的效果。基于此,我国对《数字版权指令》两个争议条款理念的借鉴应当谨慎。目前学界和司法实践在应对新闻聚合纠纷时,也逐渐形成了在现有版权制度下"保护传统媒体而抑制平台扩张"的趋势,长此以往将不利于实现新闻聚合纠纷中各方的利益平衡。相比之下,以竞争法规制新闻聚合纠纷呈现出更多的优越性,也更有利于促进产业内的合作共赢。但竞争法毕竟不是规制新闻聚合纠纷的主要手段,只能作为补救手段,解决新闻聚合纠纷只能依靠创新版权许可制度。这种版权许可制度创新当然也会体现在版权立法和版权法的修改中,同时也体现在对新型的版权保护技术的使用,如现在流行的区块链的使用。

第三节　社交媒体的"洗稿"：法律和 伦理路径无法替代版权许可

互联网的普及改变了传统的文字内容生产方式,以微信、微博等为代表的社交软件的繁荣发展也为其自身的自媒体内容创作平台培育了受众市场。数据显示,2018 年,微信每日活跃用户超过 10 亿,已注册的微信公众平台超过 2000 万个[1];微博用户规模也已超过 3.5 亿[2]。数量庞大的自媒体每天都在生产成千上万的信息内容,这给同样进行内容创作的主流新闻媒体带来了压力。自媒体获得了强劲的发展势头的同时,其"商业主义"色彩也愈发得到凸显。[3]

---

[1] 《2018 微信数据报告》,2019 年 1 月,https://support.weixin.qq.com/cgi-bin/mmsupport-bin/getopendays,2020 年 2 月 13 日。

[2] 中国互联网络信息中心:《第 43 次中国互联网络发展状况统计报告》,2019 年 2 月,http://www.cnnic.net.cn/hlwfzyj/hlwxzbg/hlwtjbg/201902/P020190318523029756345.pdf,2020 年 2 月 13 日。

[3] 於红梅:《从"We Media"到"自媒体"——对一个概念的知识考古》,《新闻记者》,2017 年第 12 期。

　　在媒介融合时期,独特的内容生产逐渐成为占据市场的"王道",各家媒体对自有版权内容的保护也愈发重视。与此同时,为降低成本,躲避版权审查,"洗稿"这一颇具争议的内容生产方式逐渐成为不少自媒体的选择。2018年初,自媒体人周冲被另一自媒体人六神磊磊指控"洗稿"式抄袭,让"洗稿"一词进入大众视野;7月,由国家版权局等四部委联合启动的"剑网2018"专项行动将自媒体以"洗稿"方式抄袭剽窃、篡改删减原创作品的侵权行为作为打击重点;8月,媒体曝出自媒体"洗稿"已形成产业链,仅需几秒便能炮制出逃避重复率审查的"洗稿"文章[①];11月,央视《焦点访谈》批判了自媒体的六大乱象,其中之一即为"洗稿",并指出"洗稿"形成的"伪原创"十分隐蔽,更难以维权[②]。上述一系列事件反映出,"洗稿"已成为扰乱网络内容生产领域的一大障碍,亟需得到有效规范。

　　2019年1月,由自媒体撰写的《甘柴劣火》一文因大量使用主流新闻媒体的报道内容而陷入侵权争议,再次让"洗稿"成为舆论的焦点。作为被传媒业内指责为"侵害原创"的"创作"手段,"洗稿"是版权法和媒体职业伦理都不可回避的议题。此处将以《甘柴劣火》"洗稿"争议为切入点,探析此次事件暴露出的问题本质,并从法律和媒体职业伦理两大视角审视"洗稿"行为,以期为规避此类争议提供相应的规范路径。

一、《甘柴劣火》引发的"洗稿"争议及价值追问

　　2019年1月11日,原无界传媒执行主编黄志杰在其运营的微信公众平台"呦呦鹿鸣"上发表了一篇名为《甘柴劣火》的文章,展现了甘肃武威的地方官员与媒体的明争暗斗,成为广为流传的"网络爆款"。不过,文章发布不久便被财新记者王和岩质疑其内容是将新闻报道"攒吧攒吧炮制而来",是"一而再再而三无限制照搬"。而面对财新的指控,黄志杰则坚称《甘柴劣火》一文是"独创、原创的",并提出多个反驳理由,包括文章来自多个信息源、引用财新部分已注明出处、文章是包含大量"个人经验"的"独家叙事",同时质疑

---

① 蒲晓磊、李珂:《搭乘检察机关公益诉讼顺风车　全国人大代表支招整治"洗稿"侵权难题》,《法制日报》,2018年8月7日。

② 央视焦点访谈:《自媒体的这些"病",是时候该治治了》,微信公众平台"央视焦点访谈",2018年11月10日,https://mp.weixin.qq.com/s/IwYdBJd_W9bBz0KSwn_FOw,2020年2月13日。

财新"把新闻事实当成生意""垄断新闻事实的传播"。① 双方关于《甘柴劣火》有无"洗稿"的争执一时僵持不下,该事件也引发了法律界与媒体界的热烈讨论。

(一) 各界关于《甘柴劣火》是否"洗稿"的争论

《甘柴劣火》究竟是否"洗稿",对此次事件该如何看待? 各界给出了不同观点。资深媒体人宋志标明确指出《甘柴劣火》存在"洗稿"手法,认为其对引用材料的使用"不是无损的完整标注,而是打碎,零散布局",是不够诚实的,并不能以此而免责。② 《中国青年报》天津记者站站长张国提出,《甘柴劣火》拿着别的媒体付出巨大成本获得的事实重新叙事,不能算作原创,哪怕是发表在个人公众号上,也算抄袭。③ 上海报业集团主任记者尤莼洁点出了《甘柴劣火》的问题所在:一是文章存在大量引用不规范的现象;二是虽然文章的叙事顺序和结构有所不同,但其核心部分仍和财新的稿件有重合。④

除了批判的声音,《甘柴劣火》也不乏其支持者。上海大邦律师事务所丁金坤律师认为,《甘柴劣火》"独成一体,自有版权",其是否侵权还需要具体分析。⑤ 北京圣运律师事务所王有银主任认为,《甘柴劣火》引用的基本是事实报道,并标明了出处和作者信息,符合《著作权法》关于"合理使用"的规定。⑥ 新浪网、凤凰网及部分自媒体平台就"《甘柴劣火》是洗稿吗"进行的调查显示,半数以上的被调查者认为其"没有'洗稿'""不是抄袭"。⑦

而在争论中,也有人持中立态度。南京大学新闻传播学院执行院长杜骏飞教授认为,《甘柴劣火》不能算是一篇合格的新闻稿,但其关怀社会正义,是

---

① 黄志杰:《社会在崩塌——关于财新网记者攻击呦呦鹿鸣一事的说明》,微信公共平台"呦呦鹿鸣",2019 年 1 月 12 日,https://mp. weixin. qq. com/s/QYrwbfH-SlVmQ83fHD5DsA,2020 年 2 月 13 日。
② 宋志标:《许多个机巧的伪装 | 评甘柴劣火》,微信公众平台"旧闻评论",2019 年 1 月 12 日,https://mp. weixin. qq. com/s/n5fJIZJmsS-eeFZMEB-lBQ。
③ 蔡浩爽、薛星星、唐亚华、万993:《甘柴劣火刷屏之后》,新京报网,2019 年 1 月 13 日,http://www. bjnews. com. cn/invest/2019/01/13/539042. html,2020 年 2 月 13 日。
④ 夏德元、燕志华、尤莼洁:《洗稿:抄袭侵权还是新闻文本的创新——"甘柴劣火"侵权风波引发的对话与思考》,《传媒评论》,2019 年第 2 期。
⑤ 丁金坤:《"洗稿":法律不保护思想,但保护表达》,《法治周末》,2019 年 1 月 15 日。
⑥ 袁舒健:《媒体多维关注"洗稿"之争》,《中国新闻出版广电报》,2019 年 1 月 24 日。
⑦ 岳怀让:《〈甘柴劣火〉撕裂的舆论场》,澎湃新闻网,2019 年 1 月 14 日,https://www. thepaper. cn/newsDetail_forward_2852625,2020 年 2 月 13 日。

有良知、有笔力的"准新闻评论",在这一立场上,讨论《甘柴劣火》"洗稿"与否已不那么重要。①

从上述争议中不难看出,各界对《甘柴劣火》是否"洗稿"未能形成共识,但普遍认为其存在创作和引用上的不规范。笔者在此无意就《甘柴劣火》是否"洗稿"得出结论,但需要注意的是,《甘柴劣火》事件展现了自媒体和主流新闻媒体在内容生产过程中的冲突,在当前版权纠纷不断增多的网络环境下,这一现象不得不引起重视。

(二)《甘柴劣火》事件引发的价值追问

相较于其他类型的"洗稿",此次《甘柴劣火》事件的特殊性在于:第一,争议发生在自媒体与主流新闻媒体之间,被视为一场媒体间的"流量争夺战";第二,争议因新闻作品的使用而产生,并引发关于《著作权法》中"时事新闻"和"合理使用"的讨论;第三,争议一方的财新是国内首个全面实行"付费新闻"的主流新闻媒体,进而出现"自媒体打破新闻垄断、促进信息自由"的声音。以上特点反映出信息传播过程中各方利益诉求的分歧,并引发了媒介融合时期特有的价值追问:网络环境下的内容生产与传播过程中,媒体应当以何为价值导向?

在关于《甘柴劣火》的讨论中,不少学者将此类事件发生的原因归结为"自媒体错误的价值观"。中国政法大学光明新闻传播学院副教授朱巍认为,"关注度经济"让自媒体更关心点击量而非事实本身,价值判断标准的错位会导致媒体价值观的偏离。② 中国社会科学院新闻与传播研究所研究员朱鸿军评价,自媒体的利己私念、非正式媒体的身份和法不责众的心理,很容易让其将"优先占领受众"的"市场主义"奉为主导价值观,"洗稿"也因此成为了最经济实惠的内容生产手段。③ 华南理工大学新闻与传播学院的赵泓和陈因指出,自媒体为了获取高阅读量带来的高收益,在市场竞争和无供稿来源的压力下会进行"洗稿"。④

① 杜骏飞:《甘柴劣火又如何?》,搜狐网,2019 年 1 月 14 日,http://www.sohu.com/a/289000381_749480,2020 年 2 月 13 日。
② 朱巍:《择肥而噬,自媒体洗稿面面观》,《环球时报》,2019 年 1 月 15 日。
③ 朱鸿军:《把关机制再造:自媒体"洗稿"治理的关键》,《新闻与写作》,2019 年第 2 期。
④ 赵泓、陈因:《自媒体洗稿的成因、界定及防范》,《现代传播》,2019 年第 2 期。

　　的确,当传媒逐渐产业化,逐利的市场机制必然会影响到媒体的价值选择,由此便产生了新闻公共性与市场营利性的矛盾。作为国内新闻媒体改革的先驱者,财新率先在"免费主义"盛行的互联网领域建立起新闻"付费墙",在倡导"内容付费"和"维护新闻版权"的同时,也引发了公众对其"阻碍信息自由、忽视公共需求"的担忧。相比之下,作为免费内容的生产者,自媒体对主流新闻媒体的"洗稿"反而更容易促进新闻传播、满足公众的信息需求,尽管这种公共利益的满足往往是自媒体为提升受众关注、追逐市场利益而附带的效应,未必是其想要主动达成的结果。

　　随着自媒体规模的扩张,其在议程设置、舆论动员、知识传播等领域已足以和主流新闻媒体相抗衡。为草根化的社会表达提供平台构成了自媒体公共性的基础,社会功能的增加也推动其不断向公共价值靠拢。[①] 因此,自媒体的发展理应同主流新闻媒体一样并入规范化的轨道,在追求市场利益的同时遵循行业规范、守护市场秩序,才能在有序的竞争中更好地满足社会公共利益。

　　其实,在媒体产业的转型和发展期,无论是自媒体还是主流新闻媒体,都不可避免地需要面对"价值选择"的问题。作为市场化的媒体,吸引受众无可厚非,内容付费也情有可原,但是媒体作为"社会公器"的正当性是由公众赋予的,其公共性的本质就要求各类媒体都应当坚持"社会效益为主、经济效益为辅",以公共利益的满足作为价值倡导。正因为《甘柴劣火》中所蕴含的公共价值,才使其"洗稿"行为被争议得更加激烈。

二、"洗稿"行为的概念界定、侵权辨析及争议本质

　　"洗稿"并不是一个法律术语,据学者研究,其最早源于新闻界,指新闻传媒通过一系列手段对稿件多次编辑或发表在不同渠道,以掩盖其真实来源,避免著作权审查。[②] 随着时间发展,"洗稿"现象逐渐从新闻界蔓延至图书漫画、影视剧本、广告文案等广泛的文字作品领域,进而衍生出不同利益主体间有关"抄袭""剽窃"的版权纠纷。要探析《甘柴劣火》"洗稿"争议的本质,首先

---

① 张志安、陈子亮:《自媒体的叙事特征、社会功能及公共价值》,《新闻与写作》,2018 年第 9 期。
② 张文德、叶娜芬:《网络信息资源著作权侵权风险分析——以微信公众平台自媒体"洗稿"事件为例》,《数字图书馆论坛》,2017 年第 2 期。

应明确"洗稿"的概念界定和版权法属性。

（一）概念界定："洗稿"是对表达或思想的偷换，实质是逃避版权许可

"洗稿"不等于简单的"复制粘贴"，虽然其已不再是新现象，但目前各界对"洗稿"的界定却依然不甚明晰。《人民日报》曾发表评论文章称，"洗稿"就是对别人的原创内容进行篡改、删减，使其好像面目全非，但其实最有价值的部分还是抄袭的。[①]《检察日报》评论员李曙明则认为，"洗稿"就是整合他人文章中有价值的信息，用自己的表达方式再写一遍，但在面对"合理引用""公共利益"等议题时，"洗稿"仍缺乏一个明确的法律边界，也未必构成版权法上的"抄袭"。[②] 此外，"洗稿"的手段并不单一，随着技术的发展，基于算法抓取的机械化、网络化、产业化的"洗稿"团体大行其道，这也给"洗稿"的界定带来了难度。

尽管各界对"洗稿"难以有统一的界定，但从前述讨论中可以总结出，"洗稿"的关键在于对表达或思想的偷换，即"洗稿"后的文章看似与原作品并不相同，但其中却有着大量与原作品相近似的表达或思想。在媒体行业的语境下，传媒法学者魏永征教授对"洗稿"的定义更为准确，即"洗稿"就是以更换一定的表达方式（句式、词汇、结构等）来将他人新闻作品内容（事实和观点）变成自己作品的行为[③]，其常用的手法包括语序调整、词汇替换、事实与观点的挪用等。而《甘柴劣火》正因大量使用了媒体的新闻报道而又调整了原有报道的用词和语序，才被指控为"洗稿"。

（二）版权侵权与否：基于两类"洗稿"行为的探讨

在关于"洗稿"的众多讨论中，利益相关方普遍关心的是，"'洗稿'究竟有没有侵害他人版权"？而要回答这一问题，则需要在版权法的语境下进行探讨。一般而言，版权侵权的成立公式为"接触＋实质性相似－合理使用"，而"实质性相似"的判断依据则以"思想与表达二分"原则为理论前提，这也是平

---

① 王志锋：《向"洗稿式原创"说不》，《人民日报》，2017 年 6 月 16 日。
② 李曙明：《给"洗稿"划一个法律边界》，《检察日报》，2019 年 1 月 16 日。
③ 魏永征：《关于洗稿》，财新网，2019 年 1 月 15 日，http://opinion. caixin. com/2019-01-15/101370001. html，2020 年 2 月 13 日。

衡版权法激励创造与保留进入的利益关系的需要。[①]

　　所谓"思想与表达二分"原则,是指版权法保护的是思想的表达,而非思想本身。在我国于 2006 年正式加入的《世界知识产权组织版权条约》(World Intellectual Property Organization Copyright Treaty,简称 WCT)中,第二条明确规定:"版权保护延及表达,而不延及思想、过程、操作方法或数学概念本身。"而这一原则也在我国于 2014 年公布的《著作权法(修订草案送审稿)》第九条中被予以明确,并已广泛运用到我国司法实践中。不过,"思想与表达二分"原则却未能对"思想"和"表达"进行明确而具体的区分,致使这一原则的边界存在模糊,而对思想与表达的不同区分也会影响到司法中对版权侵权的认定。[②] 据此,笔者结合前述对"洗稿"的界定,把"洗稿"分为"表达偷换型洗稿"和"思想偷换型洗稿",并分别展开探讨。

　　1. "表达偷换型洗稿":版权法尚有规制空间

　　所谓"表达偷换型洗稿",是通过偷换他人作品中的表达型素材(诸如人物身世、环境细节、情节设置、叙事逻辑等文字表达)以实现"洗稿",如同义词替换、调整语句段落、略微增删字句等,都是典型的"表达偷换"手法。

　　"表达偷换型洗稿"其实与大多被控"抄袭""剽窃"的文字作品别无二致,不存在特殊性,可落入当前版权法的规制范围,在司法实践中也形成了"整体感知法""抽象过滤法"等较为成熟的认定方法。2018 年 6 月,北京市高级人民法院颁布《侵害著作权案件审理指南》,其中明确了对影视作品、计算机软件等作品"实质性相似"的认定依据,并指出应当以"作者在作品表达中的取舍、选择、安排、设计等"为比较的对象,并排除了"有限表达""必要场景""公有领域"等可构成合理使用的因素。[③]

　　在我国大量类似的司法实践中,较为典型的"表达偷换型洗稿"侵权案例为 2015 年的"琼瑶诉于正案"。该案中,法院综合运用"抽象过滤法"和"整体感知法",在排除了"有限表达""必要场景""公有领域"等因素后,认定于正作品《宫锁连城》与琼瑶作品《梅花烙》在人物设置、人物关系及具体情节的独创

① 卢海君:《论思想表达两分法的法律地位》,《知识产权》,2017 年第 9 期。
② 魏永征、魏武挥:《父子对:在"洗稿"名目下的剽窃》,魏永征的博客,2018 年 1 月 26 日,http://yongzhengwei. com/archives/33677? from=singlemessage,2020 年 2 月 13 日。
③ 详见《北京市高级人民法院侵害著作权案件审理指南》,http://www. prccopyright. org. cn/staticnews/2018-07-11/180711155731166/1. html,2020 年 2 月 13 日。

安排方面高度相似,整体上的情节排布及推演过程基本一致,仅在部分情节的排布上存在顺序差异,构成"实质性相似",侵犯了原告琼瑶的改编权。① 同时,此案也表明,基于"有限表达""必要场景""公有领域"的创作,只要加入了作者独创性的表达形成独创的成果,也能获得版权法的保护。

我国《著作权法》第五条明确规定,单纯事实消息不受版权保护。尽管单纯事实消息属于不受版权保护的"公有领域",但依据全国人大法制工作委员会颁布的《著作权法释义》,基于单纯事实消息创作而来的、具有媒体独特视角的新闻作品无疑是具有版权的②;特别是财新生产的区别于单纯事实消息的深度报道,更应受到版权法的保护。而在《甘柴劣火》一文中,不少内容是对新闻作品的原文摘录,或仅进行了个别字词的调整,这种类似于"偷换表达"的做法引发了"洗稿"之嫌。

2. "思想偷换型洗稿":宜由媒体职业伦理约束

相较于"表达偷换型洗稿","思想偷换型洗稿"尤为隐秘,且更加难以认定。所谓"思想偷换型洗稿",是指通过偷换他人作品中的思想型素材(在此将其定义为广泛的诸如主题、体裁、事实、观点等思想性的内容)以实现"洗稿",类似于学术创作中的"观点/思想剽窃"。

根据"思想与表达二分"原则,版权法保护的是思想的独创性表达,并非思想本身,而"思想偷换型洗稿"正因这点才难以被版权法规制。在《甘柴劣火》事件中,王和岩指控自媒体"不采访""不冒风险""不花成本"而直接使用了财新的新闻素材,若这些新闻素材均构成公有领域的客观事实,则难以认定文章侵害了财新的版权。此外,《著作权法》第二十四条规定,"为介绍、评论某一作品或者说明某一问题,在作品中适当引用他人已经发表的作品"构成版权法上的"合理使用"。基于此,即使《甘柴劣火》对各类新闻作品的引用符合此类规定,能免于版权侵权责任,恐怕也难逃媒体对其"洗稿"的指责。

"思想偷换型洗稿"带来版权法上这样一个矛盾,就是既然是"洗稿",那其必然以规避版权审查为目的,如此一来,就会出现"'抄袭'他人作品却不能认定为版权侵权"的情形,甚至让"洗稿"坠入版权保护的"盲区"。而要正确

---

① 详见北京市高级人民法院(2015)高民(知)终字第 1039 号民事判决书。

② 胡康生主编:《中华人民共和国著作权法释义》,法律出版社 2002 年版,第 26 页。

看待这一矛盾,则需回归到版权法的设立初衷寻找答案。

在当前,公众普遍将版权视为以知识营利并设置垄断的壁垒,而在 1710 年《安妮女王法令》诞生初,版权制度是以"维护作者权益与促进创新"为目标的。从经济学角度分析,为了实现公共利益最大化,对于具有强烈公共性的新闻作品而言,令公众免费消费才是达成其最大价值的措施,但这样的制度无法为创作者提供经济诱因,也就无法鼓励社会生产和创新。[①] 因此,法律赋予创作者"版权"这一私人产权,使其拥有和公众交易的资本,进而影响到市场领域的生产与分配,在维护作者权益的同时促进社会创新。也正是基于此,版权仅保护独创性的表达,而不是帮助作者"垄断"事实或观念本身,从而避免阻碍社会创新。这也带来一个启示,即版权制度的设计,仅能阻碍公众对既有固定信息的获取,而不能阻碍旧信息的再现和新信息的产生。

在司法实践中,也存在不少被指控"洗稿"的文章不构成版权侵权的判例。在 2016 年的"霍炬诉'差评'案"中,自媒体人霍炬认为被告运营的"差评"公众号所撰写的涉案文章中,有 18 个情节与自己创作的文章相似,是"洗稿"行为;而杭州市余杭区人民法院认定,霍炬提出的相似情节均出自媒体报道,属于公知素材,霍炬在自己的文章中并未对此类情节进行显著的独创性设计和安排,故不受版权保护,两篇文章系不同作者就同一题材创作的不同作品,被告的文章也不因此构成"实质性相似"。[②]

不同于专利法所强调的创新成果的唯一性,即"前所未有性"的思想内容,版权法注重的是文化创新成果的差异性,即多样性的思想表达。[③] 由此可见,捍卫事实和思想的独立性并非版权法设立之初衷。面对"思想偷换型洗稿",版权法的规制意义就小了许多,其不能杜绝甚至减少"观点/思想剽窃",而这些往往才是文字作品的精华所在,也是包括主流新闻媒体在内的内容生产者最为看重的部分。如魏永征教授所说,媒体经过辛苦调查甚至冒着风险写出的内容,旁人未经调查而将内容改头换面地再写一遍,再添上一些原文本身就蕴含着的、人所皆有的感想,便占为己有,这是"洗稿"激起业界公愤的

---

① [美]查尔斯·埃德温·贝克:《媒体、市场与民主》,冯建三译,上海人民出版社 2008 年版,第 25 页。

② 详见杭州市余杭区人民法院(2016)浙 0110 民初 315 号民事判决书。

③ 吴汉东:《试论"实质性相似＋接触"的侵权认定规则》,《法学》,2015 年第 8 期。

根本原因。①

　　随着传媒技术的进步和媒介融合的加快，从传统到新兴、从专业到大众、从现实到网络，媒体的广度在不断伸展，一个更加紧密的媒体职业共同体也在逐渐成型。而在共同体内部，为了平衡各方利益、解决各类纠纷，相关行业协会、自律公约、调解机构等也发挥着不可忽视的积极作用。前述版权法难以规制的窘境，便可以交由媒体职业伦理来填补。作为美国出版业中最大、最有影响的一个行业自治组织，美国出版商协会（Association of American Publishers，简称 AAP）在促进业界交流、加强版权保护等方面起到了积极作用。为增进公众版权意识、保护作者合法权益，其常年开展面向社会的宣传活动，并游说相关决策者推动版权法的修订，以应对网络环境下泛滥的自媒体侵权现象，取得了较为显著的效果，更体现了行业组织对法律的支持和补充。②

　　从激励社会创新、维护公共利益的角度出发，在媒体职业伦理层面探讨"思想偷换型洗稿"比在法律层面探讨更具有实际意义。不过，仅涉及"思想偷换"而不涉及"表达偷换"的"洗稿"属于极端少数，要规制明显且严重危害版权利益的"洗稿"依然有法可依。

（三）《甘柴劣火》事件争议的本质：自媒体与主流新闻媒体的利益博弈

　　通过前述分析不难看出，《甘柴劣火》"洗稿"之争直观地展现了媒体行业的内部冲突，而争议的本质，乃是一场自媒体与主流新闻媒体之间的利益博弈。

　　对于主流新闻媒体而言，其生产的所有新闻报道——无论是单纯事实消息还是新闻作品——都耗费了一定的人力、物力、财力，这一部分的成本是主流新闻媒体对公共利益的"牺牲"，是难以通过"贩卖新闻"收回的。而根据国家网信办在 2017 年 6 月实施的《互联网新闻信息服务管理规定》，绝大多数自媒体都不具备采编发布、转载、传播互联网新闻信息的资质，因此其仅能依

---

① 魏永征：《关于洗稿》，财新网，2019 年 1 月 15 日，http://opinion. caixin. com/2019-01-15/101370001. html，2020 年 2 月 13 日。

② 王志刚：《美国版权法改革及其对出版业的影响》，《出版发行研究》，2017 年第 10 期。

据主流新闻媒体的报道来生产自己的"新闻内容",这是主流新闻媒体与自媒体容易爆发版权纠纷的重要原因。

那主流新闻媒体的"一线报道"就一定比自媒体的"整合报道"更有价值吗? 至少在版权法上不能轻易给出这个结论。1903 年,美国最高法院在 Bleistein v. Donaldson Lithogrphing Co. 案中明确了认定作品独创性的"审美非歧视原则"。霍姆斯法官在判决书中提出:"让一个仅受法律训练的人(指法官)来判断作品的价值是个危险的任务(dangerous undertaking)。"[1]因此,法官不能轻易裁定作品具有何种审美或艺术价值,而应当着眼于是否存在作者个性化的表达来认定作品是否具有版权。事实上,任何作品,无论其价值的多少,只要能被版权法承认,就都平等地受到版权的保护。

从另一层面讲,自媒体作为传播者,其促进言论表达、推动信息传播的公共价值也不容忽视。中山大学传播与设计学院院长张志安教授在评价《甘柴劣火》事件时表示,自媒体是否"洗稿",既看改写动机也看账号商业诉求,从发表《甘柴劣火》的账号定位和以往文章价值看,其有一定公共传播功能,所以不宜直接下结论。中国互联网络信息中心(CNNIC)第 42 次报告首次提到"网络新闻自媒体",该报告以正面态度肯定自媒体的发展。[2] 自媒体的发展打破了传统新闻业的渠道垄断,为体制外的新闻实践提供了可能,这对于丰富信息市场、拓展表达空间而言,无疑是具有积极意义的。[3]

在此次《甘柴劣火》事件中,黄志杰的"洗稿"未必是刻意——毕竟《甘柴劣火》还在文末向"促进时代进步"的新闻媒体和新闻工作者们致敬——但这篇文章依然牵动着主流新闻媒体的敏感神经。自媒体的崛起带来了"信息爆炸",主流新闻媒体的话语权在舆论场中逐渐丢失,版权就成了维系其新闻权威的"救命稻草"。而阅读量超过 10 万次的《甘柴劣火》不仅未经许可使用财新的新闻报道,甚至突破其付费壁垒,将需要付费才可阅读的内容直接公之于众,造成了一定的利益分流。这对于本就在市场竞争中呈现弱势的主流新闻媒体而言,无疑是在挑战其"最后的底线"。

---

① 梁志文:《版权法上的审美判断》,《法学家》,2017 年第 6 期。
② 中国互联网络信息中心:《第 43 次中国互联网络发展状况统计报告》,2018 年 8 月,http://www.cnnic. net. cn/hlwfzyj/hlwxzbg/hlwtjbg/201808/P020180820630889299840. pdf,2020 年 2 月 13 日。
③ 李东晓:《界外之地:线上新闻"作坊"的职业社会学分析》,《新闻记者》,2019 年第 4 期。

三、 规范"洗稿"行为的法律与伦理路径

技术革命带来了全新的媒体环境,而新环境也在催生新规范的出台以应对新问题。不过,在媒体间的利益博弈中,也不应当忘记公共利益的价值引导。在信息传播的领域,对于媒体而言,其重要作用之一便在于提供自由讨论、思想碰撞的公共平台,而无论是主流新闻媒体还是自媒体,都应当坚持公共性的本位。此外,基于前述分析,被主流新闻媒体控诉的自媒体"洗稿"行为虽并不必然地侵害版权,但其确实打击了主流新闻媒体的创作积极性,甚至造成利益分流,危及社会整体的创新氛围。因此,面对解决"洗稿"争议时可能出现的"法律失灵",为了保障社会公共利益,规范"洗稿"有必要坚持法律与伦理两条路径并举。

(一)法律路径:以版权法为基本救济手段,规制社交媒体版权许可的实现

"洗稿"之争的实质往往是利益之争——具体而言,是争议方就涉案文字作品的版权利益的争夺。在鱼龙混杂的信息网络中,谁拥有原创内容,谁就率先占领了受众和市场,而版权则是对原创内容最有利的证明与保障。如前所述,目前绝大多数的"洗稿"行为依然可以受到当前版权法的规制,而以版权法作为基本的救济手段,既可以强有力地规范媒体产业和相关市场,也能在最大程度上满足利益相关方的需求。

除了版权立法以外,规范"洗稿"还可以有多种法律举措。我国《著作权法》第五十三条规定,针对损害公共利益的版权侵权行为,主管著作权的部门可主动采取执法措施。面对数量庞大、破坏内容生产市场、严重危害社会创新的"洗稿"行为,权利人容易陷入维权困境,此时则需要行政执法力量的介入。具体而言,作为规范版权市场的"执法利刃",2019 年 4 月启动的"剑网2019"专项行动将未经授权转载主流媒体新闻作品的侵权行为作为打击重点,严肃查处自媒体通过"标题党""洗稿"方式剽窃、篡改、删减主流媒体新闻作品的行为,对规范自媒体与主流新闻媒体的版权纠纷起到了积极作用。[①]

---

① 史竞男、王子铭:《"剑网 2019":重点整治自媒体"洗稿"和图片市场》,《新华每日电讯》,2019 年 4 月 27 日。

在司法领域,针对媒体间的引用与转载现象,最高人民法院曾出台《关于审理著作权民事纠纷案件适用法律若干问题的解释》,其中第十六条规定:"传播报道他人采编的时事新闻,应当注明出处。"但针对如何注明出处才能避免侵权纠纷,却一直没有出台具体规定。同时,自媒体并非严格意义上的新闻媒体,其内容创作有较大的自由空间,而媒体创作的公共性也使其不同于其他类型的文字创作。如何在司法实践中认定对新闻内容的艺术借鉴与合理引用? 如何在判决中平衡媒体利益与社会公共利益? 要解决这些问题,有赖于司法机关出台更具有可操作性的审理指南。

针对媒体间因挪用新闻报道而引起的纠纷,美国在早期就以热点新闻挪用规则(hot news misappropriation)予以规制。具体而言,基于新闻报道的时效性及撰写新闻所需付出的大量劳动,美国法院将新闻报道视为一种"准财产"(quasi-property),而在新闻报道发布出的一定时期内,其他媒体未经首发媒体许可而转载挪用该新闻,则将构成不正当竞争。[①] 而在我国,《反不正当竞争法》长期被视作《著作权法》的"兜底条款"而适用,面对版权纠纷中难以辨析的新情况、新问题,《反不正当竞争法》第二条关于"经营者应当遵循自愿、平等、公平、诚信的原则"的规定提供了一个解题思路。具体而言,自媒体突破主流新闻媒体的付费壁垒,无偿利用其新闻报道,并以此吸引流量而获利,此种"搭便车"的行为造成了主流新闻媒体的受众分流和利益损失,涉嫌不正当竞争。不过,《反不正当竞争法》限于对构成时事新闻的那部分报道适用,对构成新闻作品的报道仍然适用《著作权法》予以保护。[②] 另外,自媒体是否符合《反不正当竞争法》关于"经营者"的资质,还需根据具体个案另行分析。

(二) 伦理路径:加强媒体职业共同体建设,确保自觉进行版权许可

针对一些法律措施难以规制的"洗稿"行为,可以由媒体职业伦理作为"软性"的调节和补充。在行业自治层面,我国可以学习美国经验,在既有媒体职业共同体的基础上,建立具有行业权威性的自治组织,为加强媒体行业自律和版权合作提供平台。目前,我国已成立了由人民日报社、新华社等10

---

① 李国庆:《美国新闻报道的反不正当竞争法保护及启示》,《中国版权》,2017年第6期。

② 刘文杰:《探析著作权法中的"时事新闻"——翻译引发的著作权法疑难问题》,《新闻与传播研究》,2016年第3期。

家主要中央新闻单位和新媒体网站联合发起的"中国新闻媒体版权保护联盟",以及我国唯一的文字作品著作权集体管理机构"中国文字著作权协会"。不过,需要反思的是,由行业协会自发建立起的行业自律机制不具有法律强制力,难以有力贯彻和实施;而相比于美国出版商协会,我国的行业协会在协调积极性、救济力度等层面仍有待提升。本次《甘柴劣火》事件的产生和发酵,也正暴露了相关行业协会的引导、监督、调解职能的缺失。中国文字著作权协会总干事张洪波在谈及《甘柴劣火》事件时强调,规范"洗稿"现象,需要新媒体行业自律组织加强新媒体以及从业人员新闻职业道德和版权法治教育,加强其自我约束、行业管理,及时出台行业自律规范,才能建立健康的网络传播秩序。[①]

作为自媒体赖以生存的网络平台,其自然也是媒体职业共同体的重要一环。尽管网络平台有"避风港规则"的庇护,在一定程度上减少了内容审核责任和版权侵权风险,但为了维系信息平台的传播秩序,保障社会公共利益,其理应在规范"洗稿"上有更为积极的举措。在既有审核原则不变的前提下,自媒体平台有必要成立相应的评议机构,积极受理平台内部的"洗稿"纠纷。2018年12月,微信法务团队发布了《微信公众平台"洗稿"投诉合议规则》,通过组织建立"洗稿投诉合议小组"来对争议内容进行"洗稿"认定,并在不久后启动了"首例微信合议洗稿案",处理结果给原创者们带来信心和鼓励,被《人民日报》评价为"迈出了整顿秩序的重要一步"。[②]

此外,在《甘柴劣火》事件中,仍有不少问题等待明确。自媒体并非传统意义上的、带有官方色彩的新闻媒体,从《甘柴劣火》的写作手法和叙事风格来看,其也不能被定义为严格意义上的"新闻"。对此类文章是否应当实施同专业新闻媒体一样的转载和引用规范?是否有必要出台专门的行业标准?这些问题都需要在探讨媒体职业伦理的基础上进一步予以明确。

四、 法律和伦理路径无法代替创新版权许可制度

以上讨论的,无论是法律路径还是伦理路径,都是保障社交媒体在使用传统主流媒体的新闻版权作品时,要经过版权许可,努力实现传统主流媒体

---

① 张洪波:《"洗稿"究竟伤害了谁》,《中国新闻出版广电报》,2019年1月17日。
② 桂从路:《打击"洗稿"重塑良性内容生态》,《人民日报》,2018年12月17日。

的财产价值。《甘柴劣火》一文引起的"洗稿"之争,反映了媒介融合时期主流新闻媒体与自媒体关于内容生产的利益博弈。基于版权的"思想与表达二分"原则,通过前述分析不难看出,在当前版权法的规则下,"表达偷换型洗稿"尚可受到版权法的规制,在版权立法和版权司法的框架下,来实现主流新闻媒体的许可收益,而"思想偷换型洗稿"则难以认定为侵权。简而言之,主流新闻媒体所指责的"洗稿"行为并不必然地侵害版权。但是,主流新闻媒体为报道新闻而付出的牺牲和努力应当被肯定。从利益平衡视角,"洗稿"应当得到适当规制。为此,在"以社会效益为主"的价值导引下,规范"洗稿"必须坚持法律与伦理两条路径并举,在法律规制有限时,加入媒体职业伦理的约束。

(一)法律路径来解决社交媒体的"洗稿",也是一种事后解决的方式

财新在发现了呦呦鹿鸣的公众号发表了《甘柴劣火》一文以后才认识到呦呦鹿鸣存在"洗稿"的嫌疑,而并未注意到发表之前的版权许可环节,而这一环节恰恰是避免呦呦鹿鸣等社交媒体"洗稿"的关键。所以,上述所说的法律路径主要是指"洗稿"之后如何采用版权司法来解决,而不是主要通过改进版权许可制度来避免社交媒体"洗稿"行为的出现。通过全面反思法律路径来解决社交媒体的"洗稿"问题,可以更加深刻认识到版权司法的前置版权许可环节的重要性。国内的财新媒体也确实重视了版权许可这一环节,通过"财新通"实现新闻付费的方式来实现版权许可利益。

2017年11月,财新传媒决定对一些原创性的深度报道实现新闻收费制度。对财新的这一创举,有的人表示支持,支持者认为,财新付出了巨大的成本采集新闻,理应得到一定的版权收益,况且英美国家的机构媒体早就实行了付费墙制度,财新率先施行新闻收费值得称赞。而反对者认为,财新确实要通过版权收回一定的成本,但在中国本土语境下,这一想法可能落空,中国读者读免费的新闻读惯了。财新开启新闻收费模式,固然值得肯定,但很难实现。财新新闻收费一年后,胡舒立社长自信地表示,"财新通"个人付费用户超20万,续订用户数增长强劲,以后,财新将继续扩大读者面,会推出多种其他方式,降低财新的阅读门槛。① 财新之所以在新闻收费上下了决心,根本

---

① 胡舒立:《"财新通"个人付费用户超20万将推多种方式降低阅读门槛》,《证券时报》,2018年11月16日。

目标在于通过技术手段实现版权许可收益,反过来进一步对新闻生产增值增效。正如财新传媒总编辑王烁所说,简单地说就是专业新闻机构一百年来的商业模式——流量转换为广告,支撑采编成本——已经垮掉了。流量被平台拿走,专业新闻机构只剩下成本中心。光有成本,没有收入,这事是长不了的。①

财新是在个体层面通过技术手段在新闻收费上进行了创新。财新的新闻收费制度的尝试以及《甘柴劣火》事件的发生,启发我们能不能通过版权法的修改来创新版权许可制度,以适应整体的媒介融合环境。

(二) 伦理路径来解决社交媒体的"洗稿",是一种倡导性的规范性制度

但是自律性的制度终究因为强制性的约束机制,而无法强行要求使用者在使用版权作品时获得权利人的许可,伦理路径值得倡导,所以笔者也花了篇幅探讨了这方面的举措,但该举措并不能弱化媒介融合语境下创新版权许可制度的重要性。按理说,除非符合《著作权法》中的合理使用和法定许可的情形,每一位版权作品使用者都可以在自我约束下获得权利人的许可,但事实上版权作品使用者的自觉意识并不一样,不可能在使用版权作品时都会获得权利人的许可,所以伦理的路径只是辅助的,还必须借助法律的路径。尤其是事前的版权许可制度,一方面避免伦理路径的失效,另一方面避免引发更多的事后诉讼。财新传媒、《新京报》、《中国经营报》等媒体单位发布的反侵权公告,也可以算是从伦理上要求作品使用者讲究新闻作品使用的伦理规范。这种反侵权公告本身并没有什么强制性的力量,这些媒体机构发布的反侵权公告最终目的还是在要求新闻作品转载单位要先许可再使用。从这方面看,伦理规范也是一种版权许可规范,但它并不是通过版权法、版权保护技术手段等来实现版权许可的那种强制性的许可。

总之,法律路径和伦理路径都不可能代替版权许可制度的创新。这种版权许可制度的创新,可能是利用技术手段的,如目前一些媒体机构使用的区块链技术,也可能是通过版权法的修改实现的,如后面要探讨的默示许可制

---

① 王烁:《要真相,读财新》,2020 年 2 月 4 日,https://mp. weixin. qq. com/s/G-vqf _ ODGj1fEcwjNwTUcA,2020 年 2 月 13 日。

度的引入和改造。

第四节　新闻聚合版权纠纷：在版权
司法和版权许可之间选择

　　世界范围内出现了一些新闻聚合版权纠纷，各国多采取版权司法治理的模式。前文已经述及，版权司法治理属于事后治理的手段。本节想探讨的是即使这种事后治理，也会遇到诸多难以澄清和回应的版权司法问题。最终，笔者呼吁与其要面对这些诸多的版权司法问题，还不如做好前期的版权许可的工作，创新版权许可制度。接下来，先探讨美国、英国和我国针对新闻聚合版权纠纷司法治理的典型模式，然后再探讨各国对新闻聚合版权纠纷司法治理的差异及存在的主要共性问题，以及我国在此方面将要做哪些改进。通过这样的探讨，旨在说明版权司法治理固然重要，但面临诸多待解决的问题。

一、美国、英国以及我国针对新闻聚合版权纠纷司法治理的典型模式

（一）美国模式：诉诸版权成文法和版权普通法
　　美国对新闻聚合版权纠纷的司法治理坚持"双轨制"，既可能依赖联邦版权成文法，也可能依赖州版权普通法。
　　1. 诉诸版权成文法：聚焦于合理使用
　　在美国，原被告和法院集中诉诸版权成文法解决新闻聚合纠纷的典型案例是美联社诉融文集团美国公司案（Associated Press v. Meltwater U. S. Holdings, Inc.）。在该案中，原告美联社坚持融文集团使用的计算机程序非法抓取网络上的新闻报道，并且提供了新闻报道的摘要，这种使用行为侵犯了新闻报道的复制权。融文集团并不否认它从受版权法保护的美联社新闻报道中提取了表达性内容，但对美联社的版权侵权索赔提出了五项抗辩，其中重要的抗辩就是合理使用。[①] 融文集团之所以提出该抗辩理由，在于它将

---

① Associated Press v. Meltwater U. S. Holdings, Inc, 931 F. Supp. 2d 537 (S. D. N. Y. 2013).

自己等同于互联网搜索引擎,为其订阅者提供有限数量的受版权保护的材料,以回应他们的查询,从而将订阅者指向在线信息源。融文集团认为,搜索引擎通过将互联网新闻网站的内容用于一个新的目的,即作为信息定位工具的一个组成部分,来改变他们从事的来自于互联网新闻网站的工作。这种改变目的的使用被认为是对受版权保护的材料的合理使用。①

法院认为,融文集团没有提供证据证明它的实际功能类似于搜索引擎。简言之,使用一种算法从互联网上搜索和抓取内容,肯定不足以成为一个从事转换性工作的搜索引擎。由于合理使用是一种肯定性抗辩,被告有责任提供有利于其抗辩的相关法律证据。

2. 诉诸版权普通法:聚焦于"热点新闻挪用规则"

美国法院利用版权普通法中的"热点新闻挪用规则"来解决新闻聚合诉讼的做法,鲜明体现在巴克莱资本公司诉窃听者案(Barclays Capital Inc. v. TheFlyontheWall. com)中。在该案中,原告基于"热点新闻挪用规则"对被告提起诉讼。② "热点新闻挪用规则"是 1918 年国际新闻社诉美联社案(International News Service v. The Associated Press)中,最高法院根据联邦普通法裁决的原则,认为热点新闻可以被作为"准财产"而得到保护。③ 1938年,伊利诉汤普金斯案(Erie R. R. Co. v. Tompkins)④废除了大多数联邦普通法,国际新闻社诉美联社案作为先例的效力失效。然而,国际新闻社诉美联社案还是被几个州作为州普通法采用,包括纽约州。纽约法院至今仍将广泛的挪用侵权行为视为不正当竞争法的一部分。

在该案中,原告巴克莱资本公司认为,他们对股市的建议是"热点新闻",被告提供新闻订阅服务,汇集并发布研究分析师的股票推荐建议以及投资者感兴趣的许多其他新闻报道的行为构成挪用,这违反了纽约不正当竞争法。法院从收集信息的成本、时间的及时性、搭便车、直接的竞争、减少经济刺激等五个方面判定被告热点新闻挪用成立,法院颁发了永久性禁令,并要求被告向原告几家公司支付法定赔偿金。被告不服法院的热点新闻挪用判决,向上诉法院上诉。结果,上诉法院逆转了初审法院的意见。上诉法院认为,联

---

① Associated Press v. Meltwater U. S. Holdings, Inc, 931 F. Supp. 2d 537 (S. D. N. Y. 2013).

② Barclays Capital, Inc. v. TheFlyontheWall. com, 700 Supp. 2d 310 (S. D. N. Y 2010).

③ International News Service v. The Associated Press, 248 U. S. 215(1918).

④ Erie R. R. Co. v. Tompkins, 304 U. S. 64(1938).

邦版权法应该优先于"热点新闻挪用规则"。针对被告挪用原告对客户和潜在客户有关公司证券交易的建议提出的索赔应被联邦版权法优先处理。上诉法院进而说道,因为原告的索赔落入了《版权法》的一般范围之内,可以由《版权法》第 106 条解决,被告的行为不符合热点新闻挪用索赔的例外情况,所以该索赔被《版权法》优先处理。[①]

(二) 英国模式：诉诸版权成文法

在英国互联网的发展中,同样遇到了新闻聚合平台遭受起诉如何解决的问题。此类诉讼较为典型的案例,是报纸许可代理公司诉融文集团英国分公司案（The Newspaper Licensing Agency and others v. Meltwater Holding BV and others.）。在本案中,上诉法院支持了高级法院普劳德曼（Proudman）法官的判决。原告认为终端用户商业性地使用融文集团的媒体监控服务是版权侵权行为,融文集团的服务依赖于从其他媒体抓取新闻报道。[②] 上诉法院认为,报纸的标题是有版权的。新闻报道简短的摘要可能是这些报道的实质部分,对标题和摘要的使用构成版权侵权。高级法院和上诉法院判决的聚焦点在于融文集团的终端用户通过他们计算机的复制侵犯了出版者在线文章的版权。上诉法院坚持认为,新闻报道的标题可以作为原创性的文学作品得到保护,从新闻报道中抽取的摘要也可以被认为是原创性文学作品的关键部分。被告还提出了一个抗辩理由是终端用户通过融文集团站点浏览新闻只存在暂时性的复制行为,这符合英国版权法的临时复制条款,但上诉法院认为此种复制是使终端用户能够阅读融文集团新闻,它并不是一种技术过程所必须要的组成部分,而是技术过程所要达到的目的。而且,此种复制具有独立的经济价值,终端用户要为此种服务付费。上诉法院还认为,终端用户也不能以英国版权法中的合理使用作为抗辩理由,终端用户既不是批评也不是评论融文集团所抓取的新闻报道,融文集团所抓取的新闻报道也不是为了报道新闻。融文集团使用新闻报道的行为是为了商业目

---

① Barclays Capital, Inc. v. TheFlyontheWall. com, 700 Supp. 2d 310 (S. D. N. Y 2010).

② Newspaper Licensing Agency Ltd. and others v. Meltwater Holding BV and others 2010 EWHC 3099 (Ch).

的,是鼓励终端用户侵犯新闻出版者的版权。[①]

(三) 我国模式: 诉诸版权成文法

前几年,我国关于新闻聚合的法律诉讼几乎都是以双方和解而告终,2018 年出现了一例走到终审判决的新闻聚合诉讼案件,这例案件就是《现代快报》案。2015 年 9 月,《现代快报》以"今日头条"侵害其信息网络传播权为诉由向无锡中院提起诉讼。无锡中院于 2016 年 12 月 23 日开庭审理,2017 年 7 月 28 日作出一审判决,认定"今日头条"侵权成立,并要求就四篇稿件向《现代快报》赔偿 10 万元。"今日头条"不服判决,向江苏省高级人民法院提起上诉。江苏省高级人民法院于 2018 年 6 月开庭审理,并于 2018 年 10 月作出终审判决,驳回了"今日头条"上诉,维持一审原判。

在本案中,原告《现代快报》认为被告"今日头条"未经授权,转载了其享有版权的新闻作品,使得公众在其自我选定的时间和地点可获取作品,构成对其信息网络传播权的直接侵权。《现代快报》举证证明,在"今日头条"的客户端搜索栏中输入涉案四篇文章作者的姓名,即可搜索出相应的结果。被告"今日头条"辩称在客户端中展示的结果是通过向第三方网站设链而得的,并非直接转载《现代快报》的内容,"今日头条"仅提供了链接服务,且在设链过程中已经尽到审查义务,不构成对《现代快报》信息网络传播权的侵犯。法院认为"今日头条"无法举证证明其行为仅为提供链接服务,即使认定"今日头条"所为是链接服务,其也未尽到审查义务,故而不支持"今日头条"的主张,其侵权事实成立。[②]

二、 新闻聚合版权纠纷的司法治理: 争议差异与争议问题

(一) 英美国家和我国在新闻聚合版权纠纷司法解决上争议的差异

纵观上述几个国家对新闻聚合纠纷案件的司法判决,我们可以发现同样类型的新闻聚合纠纷,不同的国家采取的司法解决方式存在差异,这种差异

---

① Newspaper Licensing Agency Ltd. and others v. Meltwater Holding BV and others 2010 EWHC 3099 (Ch).
② 江苏省高级人民法院(2018)苏民终字 588 号民事判决书。

表现在如下几个方面：

1. 英美国家和我国在聚焦新闻聚合争议问题上的差异

同样的新闻聚合纠纷，在美国不仅可以借助于版权成文法，也可以借助版权普通法来解决。同属普通法系国家，英国在处理新闻聚合纠纷上所走的司法路径就不一样，完全诉诸版权成文法。我国在新闻聚合纠纷司法解决上和英美国家又不一样，虽然都诉诸成文法，但争议的焦点并不在一条轨迹上。美国规制互联网最重要的《千禧年数字版权法》（Digital Millennium Copyright Act, DMCA）在新闻聚合纠纷上并没有得到运用，从上述美国两个案例的梳理就可以看出这点。笔者认为，根本原因在于法院在讨论这两个案件中所争议的问题时，都是把新闻聚合者当作侵权行为的直接实施者。《千禧年数字版权法》贡献的重要制度之一就是区分了版权的直接侵权和间接侵权[1]，这一区分在美国新闻聚合的纠纷争议中并没有成为焦点。反倒是，版权成文法中的合理使用制度和版权普通法中的"热点新闻挪用规则"变成了争议对象。英国在新闻聚合纠纷上的主要争议在两个方面：一是新闻报道的标题和摘要是否构成英国版权法意义上的作品；二是新闻作品终端使用者在使用新闻聚合提供的服务中存在的复制行为是临时复制还是永久复制。我国在新闻聚合诉讼司法解决的争议上和英美国家完全不一样，我国的争议聚焦于新闻聚合提供的服务是直接提供内容的服务还是提供技术的服务；换言之，是涉及版权的直接侵权还是间接侵权；如果是间接侵权，如何判定新闻聚合服务商的间接侵权成立。

2. 英美国家和我国在解决新闻聚合纠纷诉诸法律依据上存在差异

在美国的融文集团案中，法院判决诉诸的重要的法律依据是美国《版权法》第107条的合理使用条款。法院通过考察本案提供的法律事实，认定融文集团提供的服务并不构成著作权法意义上的转换性使用。但同是在美国，同样是针对新闻聚合服务是否侵权的判定，在巴克莱资本公司案中，法院走了不同于融文集团案的判决逻辑和方法，主要诉诸美国联邦最高法院在一百年前司法创造的"热点新闻挪用规则"。这一规则经过一个世纪的争议，仍存

---

[1] Senate Report on the Digital Millennium Copyright Act of 1998, Report 105 - 190. 105th Congress, 2d session, P. 2.

在着诸多不足①,如该规则适用范围如何,再如到底是适用联邦版权法还是适用"热点新闻挪用规则",谁优先适用。新媒体时代关于该规则的争议在巴克莱资本公司案中得到了鲜明的体现。初审法院判定被告的行为构成热点新闻挪用,而上诉法院完全逆转推翻了初审法院的判决。这一逆转就可以说明这一规则在司法实践中运用的不确定性。英国法院在解决新闻聚合纠纷时既要考虑到英国国内的版权法,也要考虑到欧盟层面的《信息社会版权保护指令》,还要考虑欧盟法院的判决对国内司法的影响。在英国融文集团案中,英国法院在判定新闻聚合服务中的复制是否是临时复制时,就依据了英国著作权法中关于临时复制的规定,也参照了欧盟法院关于临时复制的裁决②,同时参照了欧盟《信息社会版权保护指令》第5条的内容。在《现代快报》案中,我国法院主要依据的是《著作权法》《信息网络传播权保护条例》《关于审理侵害信息网络传播权民事纠纷案件适用法律若干问题的规定》等法律。其中,《信息网络传播权保护条例》中的关于版权间接侵权的规定是法院判决的重要来源。

3. 英美国家和我国在新闻聚合技术模式上的差异

英美国家的案例都涉及融文集团诉讼。融文集团的新闻聚合技术模式大致是,其使用的自动化电脑程式系统(Crawlers),每天在全球190多个国家约162,000家新闻网站上"爬文"找新闻,找到后下载内容及做成摘要,以此节省客户时间,使其无须看完所有内容。它甚至自创网站内容索引,功能类似搜索引擎。③融文集团也允许客户对其资料库进行搜寻、新闻推送与建档。融文集团除了通过自己的网站向客户推送新闻,还以通讯形式向客户发送新闻快讯,新闻快讯包括标题、导语以及关键词语句。换言之,无论是哪一种新闻提供形式,融文集团都是以新闻类目来提供新闻出版,然后将新闻内容提供给众多的订阅户。融文集团向付费用户提供追踪与自己有关的新闻消息的服务的时候,一般会显示出相关文章的第一段(也就是新闻摘要)和一

---

① Joseph A. Tomain, "First Amendment, Fourth Estate, and Hot News: Misappropriation Is Not a Solution to the Journalism Crisis", Mich. St. L. Rev., 769, 2012, pp. 770 - 833.

② Infopaq International v. Danske Dagblades Forening, CaseC - 5/08, 2009.

③ 罗彦杰:《竞争与合作,聚合服务使用新闻媒体内容的法律与实务分析》,《资讯社会研究》,2018年第1期。

小段全文节选。① 国内的"今日头条"也是采用爬虫技术抓取多家网站的内容,通过对新闻标题索引和链接的方式向用户提供新闻内容。"今日头条"会通过算法技术了解用户阅读新闻的习惯,根据用户的阅读习惯向用户主动推送新闻。"今日头条"和融文集团的技术模式区别在于,"今日头条"主要对新闻标题进行链接,用户点开新闻标题所在的链接就可以阅读新闻;至于"今日头条"是在自己的网站或 APP 上提供新闻还是跳转到第三方网站提供新闻,这是"今日头条"备受争议之处。而融文集团不仅使用被链者的标题,而且还附上摘要以及全文节选,这也是融文集团诉讼中为什么法院要讨论使用的量以及使用的内容是否构成作品的重要原因。这种使用不止通过搜索链接的方式,而且还通过邮件的方式向客户发送新闻标题、新闻摘要和新闻节选,这也是复制权在英美法院中受到关注的重要理由。

(二) 英美国家和我国在新闻聚合版权纠纷司法治理上共性的争议问题

前文显示,英美国家和我国在新闻聚合版权纠纷司法解决上存在着多种差异,在讨论差异的时候笔者也解释了其中的原因。但是,如果兼顾其他的新闻聚合案件,如欧盟的斯文森案(Svensson)②,特别是随着新闻聚合的迅猛发展,侵权案件的增多将暴露出诸多争议性的司法治理问题,下文就聚焦于这些问题来讨论。

1. 适用版权法还是适用反不正当竞争法

美国法院之所以在融文集团案以及巴克莱资本公司案出现了适用版权成文法和适用版权普通法两种现象,一方面缘于美国法律在处理新闻版权上的独特性,1918 年美国联邦法院通过判例创造了"热点新闻挪用规则",看到了反不正当竞争法在处理新闻事实纠纷上的法律价值③;另一方面缘于新闻能否成为一种作品在美国社会始终处于争议。19 世纪 80 年代,当报业市场

---

① 腾讯研究院:《中国互联网法律政策研究报告(2014)》,2015 年 9 月,https://www.useit.com.cn/thread-10015-1-1.html,2019 年 12 月 24 日。

② Nils Svensson and Others v. Retriever Sverige AB, Case C - 466/12,2014.

③ International News Service v. Associated Press, 248 U.S. 215(1918).

竞争白热化的时候，一些报业集团向美国国会提议制定《新闻版权法案》[①]，但该法案最终被否定，在当时社会，立法者的多数意见认为新闻尚不构成版权法中的作品。法案被否定 30 多年后，当美联社诉国际新闻社案摆在联邦最高法院法官面前时，法官们只好另辟蹊径，通过反不正当竞争法来解决美联社的纠纷。

在新媒体时代，网络技术纷繁复杂，新闻传播形式多样化，反不正当竞争法有时并不能解决新闻聚合纠纷问题，从巴克莱资本公司案出现对"热点新闻挪用规则"的逆转就可以略窥一斑。这时候，法院还是借助了美国版权法的力量。在欧盟和我国，虽然学界呼吁可以借助反不正当竞争法解决新闻聚合纠纷，但法院主要还是诉诸版权法，从英国的融文集团案以及我国的《现代快报》案都可以看出这点。所以，我们可以得出结论，现在国际社会的主流还是借助版权法来解决新闻聚合纠纷。

2. 适用版权法：新闻聚合的直接侵权还是间接侵权

新闻聚合是一种新型的新闻传播形态，其中涉及传播技术的复杂性。从版权法的角度说，英美国家和我国在诉诸版权法解决新闻聚合纠纷时，都涉及这样一个关键问题，即是把新闻聚合行为定性为提供内容行为还是提供服务平台。如果把新闻聚合行为定性为提供内容行为，未经权利人许可就使用作品，而这种使用又没有落入合理使用和法定许可使用，这种使用行为就是对版权的直接侵权。如果把新闻聚合行为定性为提供服务平台，也就意味着新闻聚合者并没有直接使用作品，而是在为第三方使用作品提供服务平台；新闻聚合者在提供服务平台的时候，在对第三方侵权性使用作品进行帮助或诱导，那新闻聚合者要为第三方的直接侵权行为承担间接侵权责任。换言之，把新闻聚合行为定性为提供内容行为还是提供服务平台，就涉及新闻聚合者版权直接侵权还是间接侵权的区别。

在美国融文集团案中，法院是把新闻聚合行为直接定性为提供内容行为，所以才有关键的判决争议点合理使用的问题。如果是把新闻聚合行为定性为提供服务平台，那根本就不存在合理使用的争议。在巴克莱资本公司案中，虽然法院主要聚焦点是判定新闻聚合对新闻的使用是否构成热点新闻挪

① Robert Brauneis："The Transformation Of Originality In The Progressive-Era Debate Over Copyright In News"，Cardozo Arts&Ent. L.，27，2009，pp. 322 - 371

用,但涉及版权法的时候也讨论了新闻聚合提供新闻行为是版权直接侵权还是版权间接侵权。在英国融文集团案中,法院聚焦于新闻聚合的复制行为是临时复制还是永久复制的问题,这也是在新闻聚合的直接侵权的语境下讨论的。在《现代快报》案中,法院先是判定"今日头条"的新闻传播行为是否构成版权的直接侵权,然后法院又退而求其次,即使"今日头条"的新闻传播行为不构成版权的直接侵权,也可能因为对第三方的直接侵权行为未尽到一定的注意义务而承担间接侵权责任。

3. 直接侵权的争议:适用复制权还是信息网络传播权

在美国融文集团案中,原告主要是以自己的 33 篇新闻报道的复制权被侵权为诉讼理由;在英国融文集团案中,原告仍然把新闻报道的复制权作为诉讼的聚焦点之一。在国内的《现代快报》案中,原告以"今日头条"未经许可的转载为理由控诉其侵权,但原告并未明确"今日头条"侵犯了自己的何种专有权,法院在一、二审的时候,均是以原告的信息网络传播权被侵权为由判决被告败诉。纵观上述案例,即使是在版权法的直接侵权范畴内去解决版权诉讼,也会遇到到底是适用复制权还是适用信息网络传播权来解决新闻聚合纠纷的问题。

复制权在英美国家和我国著作权法体系中都是一项法定的专有权利。在数字化时代,该项专有权利控制的是未经许可在网络或电脑服务器中制作作品的复制件的行为,最典型的就是用户上传或下载作品的使用行为。现在公认,无论是我国的信息网络传播权,还是欧盟国家的"向公众提供权"(The Right To Make Available to the Public)都来源于《世界知识产权组织版权条约》(WIPO Copyright Treaty,WCT)第 8 条:"……文学和艺术作品的作者应享有专有权,以授权将其作品以有线或无线方式向公众传播,包括将其作品向公众提供,使公众中的成员在其个人选定的地点和时间可获得这些作品。"[①]从 WCT 第 8 条可知,无论是我国的信息网络传播权还是欧盟的信息网络传播权都控制的是一种"公众中的成员在其个人选定的地点和时间可获得作品"的传播行为(交互式传播)。美国虽然没有单独创设一种专有权利来控制交互式传播行为,但美国在 WCT 的"伞型解决方案"下沿用了复制权、发行权和展示权来控制交互式传播。值得提及的是,在英国的融文集团案

---

① 张金平:《信息网络传播权中"向公众提供"的内涵》,《清华法学》,2018 年第 2 期。

中,虽然并没有触及到向公众提供行为的判断的问题,但在欧盟斯文森案中,触及到了这一核心问题。[1]

正是因为 WCT 的"伞型解决方案",美国、欧盟和我国在解决交互式传播行为时的差异,才导致新闻聚合传播引起纠纷到底是适用复制权还是信息网络传播权的疑问。美国、英国和我国关于新闻聚合案例的判决中,也暗含了这一专有权适用的问题。首先,复制权和信息网络传播权控制的行为性质肯定不一样,倘若是一样的,那 WCT 就没有必要再费周折创设信息网络传播权。复制权控制的是单纯的复制行为,而信息网络传播权控制的是由上传导致的作品处于可为公众所获得的状态。[2] 其次,复制权和信息网络传播权控制的范围不同。复制权控制的复制行为是一种一次性的不可持续的行为,而信息网络传播权控制的是一种使公众得以获得作品的持续性状态。[3] 尽管概念厘定上比较清楚,但从上述案例的判决可以看出,法院在适用复制权还是信息网络传播权时,还是并没有说明清楚。

美国融文集团案中,法院适用复制权从法理上可以理解,美国著作权法中并没有单设类似向公众提供权或信息网络传播权等专有权利来规制新闻聚合的交互式传播。但英国融文集团案中,法院并没有明晰为什么要聚焦于复制权的判定。在我国的《现代快报》案中,法院同样没有明晰为什么没有适用复制权,因为原告也并没有明晰自己诉求的是被告侵犯哪一项专有权利。

4. 适用复制权:永久复制还是临时复制

在数字化时代,网络传播中的上传和下载作品的行为形成了作品的复制件,对此各国已经达成了共识。但对浏览行为导致的在内存中所形成的"临时性复制"现象是否构成著作权法意义上的复制,一直存在争议。在英国的融文集团案中,用户在浏览融文集团所提供链接的过程中形成的"附带性复制"是否构成英国著作权法意义上的复制,就成为法院争议的焦点。法院最终根据欧盟《信息社会版权指令》第 5 条和英国《版权法》第 28A 条规定,即复制行为是临时的、短暂的或偶然的,并且是技术过程中必要的不可分割的组成部分,且其唯一目的是:(a)使作品或其他客体在网络中通过中间服务商

---

[1] Nils Svensson and Others v. Retriever Sverige AB, Case C-466/12,2014.

[2] 王迁:《网络环境中的著作权保护研究》,法律出版社 2011 年版,第 143 页。

[3] 王迁:《网络环境中的著作权保护研究》,法律出版社 2011 年版,第 141 页。

在第三方之间传输成为可能,或(b)使作品或其他客体的合法使用成为可能,并且该行为没有独立的经济意义,认定了用户在浏览过程中形成的"附带性复制"并不构成著作权法意义上的复制行为。

在美国的融文集团案中,虽然法院涉及对著作权法中的复制的认定,但并未涉及临时复制的判定。在我国的《现代快报》案中,法院的判决并未触及临时复制,但有学者根据"今日头条"对媒体的采访回应,认为"今日头条"新闻聚合过程中存在着的转码现象涉及临时复制认定的问题。[①] 针对转码现象是否构成我国著作权法意义上的复制,我国法院认为如果转码技术形成的复制件是临时的,这种临时复制是转码技术过程必不可少的组成部分,并且临时复制件并不具有一定的经济价值,那么这种复制件的形成就免受版权中的复制权的控制。相反,当网站在转码的过程中在服务器中形成了永久的复制件,并且这种复制件具有一定的经济价值,那网站就实施了直接侵权。[②]

5. 直接侵权的争议:信息网络传播行为的定性

新闻聚合技术因为涉及第三方网站的文字作品、音频作品等文件的链接,用户在点击链接后,无须脱离原网站,便可从第三方网站直接获取作品,这种链接技术被称为深度链接。深度链接改变了互联网早期的那种浅度链接,即对第三方网站首页或者其他网页进行链接,用户点击链接,会脱离设链网站,进入第三方网页,浏览器中的网络地址也会显示被链网页地址。深度链接由于是在不脱离设链网站的情况下,特别是在用户点击后带有设链者标识的情况下,直接提供了第三方网站中的文件的行为,从而深度链接者被认为是直接侵权行为的实施者。我们究竟如何判断新闻聚合者提供的深度链接行为是不是直接从事网络传播行为呢? 美国、欧盟和我国存在着不同的认定路径。

(1)美国和我国存在着"服务器标准"与"用户感知标准"之争。所谓的"服务器标准",即如果行为人将信息上传到公开服务器,使公众可以查看,则属于"信息提供",若构成侵权的将被判定为直接侵权;如果提供传输、存储、链接、定位等服务的,则属于"技术支持",若存在侵权也仅承担帮助、教唆等

① 王迁:《"今日头条"著作权侵权问题研究》,《中国版权》,2014 年第 4 期。
② 上海市浦东新区人民法院(2015)浦刑(知)初字第 12 号民事判决书。

间接侵权责任。① 完美十诉亚马逊案(Perfect 10 v. Amazon)②的判决则是美国坚持"服务器标准"的典型。第九巡回法庭在该案的判决中遵循以行为本身出发判断是否构成侵权的逻辑,认为案件的关键在于判断亚马逊设置链接展示缩略图的行为是否构成"公开展示权"。法院认为,"公开展示权"判定的重点在于区分系争行为是否构成"展示"。"展示"作品即展示作品的复制件,而复制件必须固定在有形介质中,即存储在计算机服务器上。③ 换言之,在"公开展示权"中隐含着对作品复制件的要求,而作品复制件在网络环境中存储的介质即为服务器。故而第九巡回法庭支持了地区法院对适用"服务器标准"的判决,认定超链接不构成对"公开展示权"的直接侵权。就我国而言,著作权立法显露出"服务器标准"的取向。最高人民法院出台的《关于审理侵害信息网络传播权民事纠纷案件适用法律若干问题的规定》第三条第二款规定,通过上传到网络服务器、设置共享文件或者利用文件分享软件等方式,将作品、表演、录音录像制品置于信息网络中,使公众能够在个人选定的时间和地点以下载、浏览或者其他方式获得的,人民法院应当认定其实施了前款规定的提供行为。此条款是坚持"服务器标准"的典型。在我国司法实践中也有坚持"服务器标准"的趋势。在易联伟达诉腾讯案中④,北京知识产权法院用了较长篇幅论证了"服务器标准"认定信息网络传播行为的合理性。

　　与"服务器标准"相比,"用户感知标准"也并没有受到冷落,学术界和实务界经常借用"用户感知标准"来批评"服务器标准"。所谓"用户感知标准",即判断相关行为是否是信息网络传播行为,应考虑用户的感知;如果用户在设链网站可以欣赏和下载被链作品,从而导致其认为是设链网站提供了作品,就应认为设链网站实施了信息网络传播行为,至于系争作品是否存储于权利人的服务器中则在所不论。⑤ 美国的完美十诉亚马逊案和完美十诉谷歌

---

① 张惠彬、王欣怡:《如何判定侵害信息网络传播权的行为?——基于"服务器标准"和"用户感知标准"的比较》,《新闻界》,2018 年第 11 期。

② Perfect10, Inc. v. Amazon. com, Inc. , 508F. 3d1146,1173 (9thCir. 2007).

③ Kaytie Hobbs, "Get The Picture Framing And Embedding Images Online Does Not Automatically Constitute Copyright Infringement", *University of Cincinnati Law Review*, 2019 年 8 月, https://uclawreview. org/2019/05/20/get-the-picture-framing-and-embedding-images-online-does-not-auto-matically-constitute-copyright-infringement/, 2019 年 12 月 24 日。

④ 北京市知识产权法院(2016)京 73 民终 143 号民事判决书。

⑤ 王艳芳:《论侵害信息网络传播权行为的认定标准》,《中外法学》,2017 年第 2 期。

案(Perfect10 v. Google)中,法院虽然最终认可了"服务器标准",但原告一直坚持主张采用"嵌入标准"(Incorporation Test),即谷歌通过加框链接方式将原告享有版权的作品嵌入其网页,至少使部分用户认为是谷歌展示了原图[①],该标准因而被称为"用户感知标准"。近两年来,美国法院在考虑深度链接是否是网络传播行为时,逐渐弱化了占主流的"服务器标准"。2018 年 2 月,美国纽约南区法院在贾斯汀·戈德曼诉布莱巴特新闻网案(Justin Goldman v. Breitbart News Network,LLC)中[②],判决在网站上嵌入(embedding)第三方网站享有版权的照片的行为构成"展示",因此,在未获取授权的情况下,侵犯版权人的公开展示权。这一判决背离了美国主流的"服务器标准",引发学界和实务界讨论。在我国关于深度链接的司法实务中,也出现关于"用户感知标准"的讨论,如泛亚公司诉百度公司案中,泛亚公司认为百度网站在音乐盒中显示歌词内容时未载明歌词来源,容易使用户误以为歌词来自百度网站。[③] 最终,最高人民法院还是肯定了"服务器标准",驳回了泛亚公司的诉讼请求。在国内学界,"用户感知标准"也备受争议,有人力挺有人反对。力挺者认为"用户感知标准"能应对技术变化、降低维权成本、优化利益分配格局,已存在国内外制度及案例基础,可用于修正僵化的"服务器标准"。[④] 反对者认为该标准至少看起来具有主观性或不确定性,以及存在相关的"取证难"问题。[⑤] 特别是坚持"服务器标准"的学者,对"用户感知标准"的种种缺陷提出了严重的质疑。[⑥]

(2)欧盟存在着"设链者控制理论"与"新公众标准"之争。欧盟成员国在处理深度链接的问题时与美国和我国稍有不同,最主要的不同在于我国新创设了"信息网络传播权"这一专有权利,而欧盟国家是在 WCT 和《欧盟信息社会版权指令》的指引下,新创设"向公众提供权",这种路径也完全不同于美国是在发行权和展示权这些专有权利框架下解决深度链接问题。对于欧

---

① Perfect 10 v. Google, No. CV 04-9484 AHM, 416 F. Supp. 2d 828,839-840(2006).

② Justin Goldman v. Breitbart News Network, LLC, etc. , 2018 CV 3144 KBF (S. D. N. Y. Feb. 15, 2018).

③ 北京市高级人民法院(2007)高民终字第 118 号民事判决书。

④ 张惠彬、王欣怡:《如何判定侵害信息网络传播权的行为?——基于"服务器标准"和"用户感知标准"的比较》,《新闻界》,2018 年第 11 期。

⑤ 张玲玲:《手机视频聚合平台服务提供者侵犯著作权问题研究——以预备合并诉讼及服务器标准的适用为视角》,《中国知识产权法学研究会 2015 年年会论文集》,第 464—465 页。

⑥ 王迁:《网络环境中版权直接侵权的认定》,《东方法学》,2009 年第 4 期。

盟来说,既然通过"向公众提供权"来解决深度链接问题,那如何理解"向公众提供权"控制的向公众提供行为就是一个需要审慎思考的难点。针对这一难题的解决,欧盟存在着两种解释路径,即"设链者控制理论"和"新公众标准"。

所谓"设链者控制理论",是指设链者如果不能对被链网站的内容施加控制,发布何种内容只能由被链网站决定,那设链者也就不具备向公众提供作品的能力,设链者的设链行为也就难以被认为是向公众提供作品的行为,进而就谈不上设链者侵犯了权利人的"向公众提供权"。早在 2003 年,德国联邦最高法院在报童案(Paperboy)的判决中就为这一问题提供了明确的答案,即设置链接的行为不侵犯"向公众提供权",理由在于,要满足"向公众提供"的要件,作品的内容必须处于能够为行为人控制的范围之内,而设链者对被链接内容无法施加控制,能够决定作品内容是否为公众获取的是原网站内容的发布者而非设链者,因此设置链接不属于向公众提供作品。①

在互联网发展的早期,"设链者控制理论"对设链者的设链行为直接侵权的免责具有一定的理论说服力。随着互联网的发展,特别是随着聚合平台的发展,在深度链接是整合各种互联网资源的重要手段的情况下,"设链者难以控制被链网站的内容"这一说法有时很难让人接受。新闻聚合传播的语境下,聚合传播者对被链网站的内容进行重新编辑、页面编排甚至是转码,特别是在被链网站未采取技术保护措施的情况下,聚合传播者控制被链网站的内容已经变得容易。基于此,"设链者控制理论"的理论说服力也大大减小。

所谓"新公众标准",是指加框链接(深度链接)产生了版权人授权首次传播所预计公众范围之外的公众(新公众)时,其属于向公众传播行为,构成直接侵权。② 在 2014 年,欧洲法院在斯文森案中对该判别标准进行了清楚的阐释。欧洲法院认为,设置链接采取的是与原先再现作品的行为相同的技术手段,只有当设置链接的行为使得作品达到了"新的公众"(New Public)时,才能构成"向公众再现"的行为。③ 所谓"新的公众",是指权利人在原先传播作品时预期之外的公众。如果原网站采取了技术措施,则可以认为权利人仅预期向特定网站的用户提供作品,此时设置链接绕开技术措施的行为就是向"新的公众"提供作品,构成向公众再现作品的侵权行为。若权利人未采取技

---

① 周学峰,李平:《网络平台治理与法律责任》,中国法制出版社 2018 年版,第 146 页。
② 范长军:《加框链接直接侵权判定的"新公众标准"》,《法学》,2018 年第 2 期。
③ Nils Svensson and Others v. Retriever Sverige AB, Case C‑466/12,2014.

术措施,而许可作品置于互联网,则可认为其指向的是潜在的所有互联网用户,对其作品设置链接的行为就不会达到"新的公众"。[1]

"新公众标准"在欧盟受到了非议,关键是"新的公众"如何确定。如果非要以第三方网站是否采取了技术措施为基准,那对那些没有施行技术措施的第三方网站进行深度链接如何判断其直接侵权呢? 因为毕竟在新闻聚合领域,新闻聚合平台对第三方网站的深度链接,很多时候第三方网站并未设置技术措施,这个时候运用"新公众标准"就很难对深度链接的行为进行定性。把新闻作品置于开放的互联网,所有的互联网用户都可以接触该新闻作品,对该新闻作品的链接并未产生"新的公众",所以新闻聚合的深度链接并不能被认定为欧盟的"向公众提供行为"或者我国的"信息网络传播行为"。但如果从利益平衡的角度说,新闻聚合未经许可的深度链接行为又确实在掠夺第三方网站的利益。从网站的实际浏览现状来说,有些不知名的网站虽然名义上对潜在的互联网用户都开放,但实际的访问量很小,经过那些知名的新闻聚合平台深度链接,实际的访问量会大增,这种情况属不属于产生"新的公众"值得思考。[2]

6. 间接侵权的争议：注意义务的判断标准

新闻聚合者往往是通过设置链接的方式把来源于多处的新闻报道整合到一起。新闻聚合者设置链接,可能涉及直接侵权,上文已经讨论了判定深度链接可能构成直接侵权的标准。新闻聚合者设置链接,如果并不存在直接侵权,也可能因为为第三方网站的直接侵权行为提供搜索链接服务,而被认为要承担间接侵权责任。要认定新闻聚合者间接侵权的前提是行为人有主观过错,即明知或者应当知道会发生直接侵权,依然引诱直接侵权人或提供帮助。[3]

为此,要判断新闻聚合者是否要承担间接侵权责任,关键是要判断新闻聚合者在主观上是否有过错,即判断新闻聚合者的"明知"或"应知"的状态。美国《千禧年数字版权法》(DMCA)第512条为信息存储、信息定位等网络服务商规定了责任"避风港规则"。就新闻聚合者提供搜索链接服务而言,根据DMCA第512条规定的免责条件,除了应在收到权利人有关被链接内容侵权

---

[1] Nils Svensson and Others v. Retriever Sverige AB, Case C – 466/12,2014.
[2] 周学峰、李平:《网络平台治理与法律责任》,中国法制出版社2018年版,第146页。
[3] 崔国斌:《著作权法：原理与案例》,北京大学出版社2014年版,第760页。

的通知之后,迅速删除、屏蔽或断开访问之外(下文简称通知—删除程序),还必须同时符合三个条件才能免于承担责任:(1)并不实际知晓被链接的内容是侵权的;(2)在缺乏该实际知晓状态时,没有意识到能够从中明显发现侵权行为的事实或情况;(3)在得以知晓或意识到侵权事实之后,迅速删除侵权内容或屏蔽访问。① 《千禧年数字版权法》的"避风港规则"指出了判断新闻聚合服务者的"明知"或"应知"状态的标准。

首先,通知—删除程序是判断新闻聚合服务者主观过错的标准。新闻聚合服务者在接到权利人的合格通知后,对通知无动于衷,对通知里反映的侵权内容没有任何作为,这样就可以认为新闻聚合服务者明知第三方网站有侵权内容存在而故意不作为。这种情况下,可以说明新闻聚合服务者的主观状态是"明知"的。通知—删除程序对版权人提出了要求,要求在版权人发出通知时就要发现侵权事实或情况的存在,而且还要在通知中告诉侵权事实或情况的具体位置。②

其次,通知—删除程序只是判断"明知"状态的重要标准,不是唯一标准。权利人如果不主动发出合格的通知,并不意味着新闻聚合服务者就不侵权,因为通知—删除程序只是进入"避风港"的一个条件。"并不实际知晓被链接的内容是侵权的"也是新闻聚合服务者的免责条件之一,这一条件说明除了通知—删除程序是判断"明知"状态的标准外,还有其他的判断"明知"状态的标准。比如,新闻聚合服务者自己承认知道第三方网站侵权内容的存在。这种情况出现比较少,但 DMCA 考虑到其他判断"明知"状态标准的存在。

最后,新闻聚合服务者不存在"明知"状态,也要考虑"应知"状态的存在。"在缺乏该实际知晓状态时,没有意识到能够从中明显发现侵权行为的事实或情况",这句话包含了两层意思:一是能够从中明显发现侵权行为的事实或情况的存在,对于正常人来说,包含侵权行为的事实或情况像一面鲜艳的"红旗"已然明显时,新闻聚合服务者不可能不知道该侵权事实的存在(客观因素)。二是新闻聚合服务者主观上对此事实仍然视而不见,没有意识到侵权事实的存在,就可以判断新闻聚合服务者侵权(主观因素)。"应知"状态的

---

① See 17 USC §512(d)(1).
② 刘文杰:《从责任避风港到安全保障义务:网络服务提供者的中介人责任研究》,中国社会科学出版社 2016 年版,第 139 页。

判断标准又被称为"红旗标准",包含主观和客观两方面的因素。①

可见,美国"避风港规则"中对新闻聚合服务者"明知"和"应知"状态的确定是系统的、逻辑严密的、定位清楚的,"避风港规则"的确定可以更好地平衡权利人、新闻聚合服务者以及公众之间的利益,确保法律不至于向哪一方倾斜。我国在《信息网络传播权保护条例》(以下简称《条例》)中也借鉴了美国的"避风港制度"设计。对于新闻聚合提供的链接服务而言,《条例》第二十三条规定,网络服务提供者为服务对象提供搜索或者链接服务,在接到权利人的通知书后,根据本条例规定断开与侵权的作品、表演、录音录像制品的链接的,不承担赔偿责任;但是,明知或者应知所链接的作品、表演、录音录像制品侵权的,应当承担共同侵权责任。针对这一条款中的"明知"或者"应知",如果借用上述美国法中的理解,似乎也没什么问题。但是,我国又在《关于审理侵害信息网络传播权民事纠纷案件适用法律若干问题的规定》(以下简称《规定》)中采取列举法认定"应知"的考虑因素。②《规定》中所列的因素完全是司法实践中的经验总结。诚如有学者所说,《规定》反映出,"应知"在实践过程中的判断呈现出一个多元化的状态,并没有一项固定的原则进行指导,更多的是具体案件中的具体做法。如此现状,也是司法实践中规则"混乱",过于依赖法官自由裁量权的体现。③

如此,"应知"的标准究竟如何把握,确实是一个问题,特别是对网络服务商有没有一定的主动版权审查义务,相关法院在司法审判中往往把握不准。在《规定》出台之前,我国法院支持网络服务商要承担一定的版权审查义务,而有的法院表示反对。如果说我国《条例》照搬了美国"避风港规则"中的"红旗标准",按道理说,不应该出现这种情况,因为美国"避风港规则"中的"红旗标准"是明确排除了网络服务商要承担一定的审查义务。美国国会参议院在关于DMCA的报告中指出,为了享受此项责任限制,网络服务商无须对其服务进行监控,或积极查找能够说明侵权行为的事实。④《千禧年数字版权法》

---

① 崔国斌:《网络服务商共同侵权制度之重塑》,《法学研究》,2013年第4期。

② 参见《最高人民法院关于审理侵害信息网络传播权民事纠纷案件适用法律若干问题的规定》第九条。

③ 牛强:《变动的注意义务:视频分享网站过失评判的新范式》,《法治研究》,2010年第1期。

④ See Senate Report on the Digital Millennium Copyright Act of 1998, Report 105-190. 105th Congress, 2d session, P.44.

第512条(m)款也规定,网络服务提供商没有监控网络、寻找侵权活动的义务。[①]《条例》虽然没有对此说明,但《规定》第八条已经明确指出,网络服务提供者未对网络用户侵害信息网络传播权的行为主动进行审查的,人民法院不应据此认定其具有过错。即使如此,法院在相关司法审判中还会有问题,因为《规定》在列举"应知"要考虑的要素中,其中一款是"网络服务提供者是否积极采取了预防侵权的合理措施"。这一条款的存在是不是又消解了《规定》第八条的法律效力?所以,即使《规定》第八条明确了网络服务商不承担主动版权审查义务,有的法院仍然要求网络服务商要承担此项义务。如果是这样,就偏离了美国"避风港规则"中"红旗标准"的核心精神。

欧盟虽然没有像美国那样为网络服务商规定了"避风港规则",也没有明确"应知"的判断标准,但《欧盟电子商务指令》对网络服务商是否要承担主动的版权审查义务已有明确,其第15条明确规定,成员国不应当要求网络服务提供者承担审查其传输和存储的信息的普遍性义务,也不应当要求服务提供者承担主动收集表明违法活动的事实或情况的普遍性义务。但欧盟在实际司法判决中并不是如此,在考虑是否要承担主动的版权审查义务时,有时还要考虑到网络服务商是否具有营利目的。例如,欧盟法院在GSMedia案中的判决就认为,如果设链者以营利为目的,则可以期待其会主动核查被链作品是否侵权,因此推定其完全知道被链作品受保护,且未获授权。[②] 国内学者对欧盟法院的这种策略评价道,如果接受GS Media案的结论,转而对具有营利目的的链接提供者进行过错推定,并由其负担反驳这一推定的举证责任,则可以较为合理地平衡各方利益。[③]

三、 基于《现代快报》案对我国新闻聚合版权纠纷司法治理的改进建议

接下来,结合上述讨论的关于新闻聚合服务者的争议问题,基于我国关于新闻聚合的重要判决《现代快报》案的情况,对我国新闻聚合纠纷的司法治

---

① See 17 USC § 512(m).

② GS Media BV v. Sanoma Media Netherlands BV and Others,Case C - 160/15,2016.

③ 曹建峰、孙那:《界定聚合盗链侵权　该不该放弃"服务器标准"》,《中国新闻出版广电报》,2016年9月29日,第6版。

理提出改进建议。

(一)《现代快报》案未被列为指导性案例有其内在原因

《现代快报》案判决后,传媒法学者、司法实务人士以及媒体从业人员等多名专家学者肯定了其判决的积极意义。比如,《新晚报》常务副总编张磊高度评价《现代快报》案,认为其是"能载入中国新闻史史册的事件""是一个引领性事件,给了同行一个样板"。[①] 此外,2019年度中国报业版权研讨会向最高人民法院建议将该案作为指导性案例。[②] 2019年4月,《现代快报》案入选最高人民法院公布的"50件典型知识产权案例"。[③] 遗憾的是,最高人民法院最终并没有听取中国报业协会的建议把该案列为指导性案例。结合前述讨论的关于新闻聚合司法治理的争议性问题,笔者认为最高人民法院的最后决定是正确的。换句话说,《现代快报》案中,法院的判决依据和判决理由还有进一步探讨空间。

一是法院在版权直接侵权还是版权间接侵权之间需要划定边界。一、二审法院从四个方面认定"今日头条"不构成提供链接服务。然后,判决书的笔锋又来了一个"回转",即"退一步说,即使字节跳动科技公司仅提供链接服务,其也不能完全免责"[④]。前面已从四个方面证明了"今日头条"不是提供链接服务,而后面又迅速转折,认为可能又是仅提供链接服务。从判决书的言辞推测,对"今日头条"到底是否在提供链接服务,法院的认定是犹豫的。笔者认为,"今日头条"要么承担版权直接侵权的责任,要么承担版权间接侵权的责任,而不能通过措辞把两者模糊地处理。模糊地处理说明法院在法律事实认定上还有不足,本身并不能根据证据得出明确的结论。

二是"今日头条"的侵权可能涉及复制权侵权,也可能涉及信息网络传播权侵权。《现代快报》在陈述诉由中使用了"刊载""盗用"等措辞。既然是"刊

---

① 顾元森、陶维洲、陈泓江:《违法转载〈现代快报〉4篇稿件,今日头条判赔10万元》,2018年10月,http://www.xdkb.net/index/article/2018-10/16/content_1119029.htm,2019年12月24日。

② 中国报协网:《中国报协向最高法呈送〈关于将现代快报诉今日头条一案作为指导性案例的建议〉》,2019年1月,http://zgbx.people.com.cn/n1/2019/0129/c415415-30596825.html,2019年12月24日。

③ 最高人民法院:《关于印发2018年中国法院10大知识产权案件和50件典型知识产权案例的通知》,2019年4月,http://www.ccpit.org/contents/channel_3586/2019/0423/1156170/content_1156170.htm,2019年12月24日。

④ 江苏省高级人民法院(2018)苏民终字588号民事判决书。

载""盗用",既可能涉及复制权侵权,也可能涉及信息网络传播权侵权。法院的判决只囿于信息网络传播权的范畴,而没有明确从复制权的角度认定"今日头条"侵权。从美国、欧盟处理新闻聚合纠纷的情况看,诉诸复制权来认定新闻聚合服务者直接侵权也是可能的,特别是在欧盟,还涉及临时复制和永久复制的问题。法院的判决并没有对此作出回应。之所以缺乏这方面的内容,笔者认为,法院还应该对"今日头条"的技术原理作出更多的事实认定。

三是法院需要明确判定信息网络传播权直接侵权时所依据的标准。前文讨论了美国和我国法院在判定信息网络传播权直接侵权时所依据的"服务器标准"和"用户感知标准",这两个标准在《现代快报》案的判决中都可找到相关的措辞。"'今日头条'现有举证只能证明其与第三方网站存在以链接方式进行作品传播的协议,并不能进一步证明其对涉案四篇文章确实仅提供链接服务,而未将涉案文章复制至其服务器中"[1],此番措辞可以认为法院采用的是"服务器标准"。但另一番措辞"本案缺乏证据证明用户阅读"今日头条"客户端中的涉案作品时存在跳转或链接到第三方网站的情形"[2],又让我们感觉到法院是在采用"用户感知标准"。若采取"用户感知标准",由原告还是被告提供证据证明?法院的"本案缺乏证据证明"的措辞是模糊的。

四是法院在坚守"红旗标准"基础上谨慎超越"红旗标准"。法院认为"今日头条"即使是提供链接服务也构成间接侵权。法院既然持有这种观点,那就必须在"今日头条"的主观过错上提供具有说服力的证据。据判决书,"今日头条"并未收到来自权利人的合格的通知,意味着"避风港规则"中的通知—删除原则并不适用《现代快报》案。法院只能借用"红旗标准"判断"今日头条"的"应知"状态。法院确实是这么做的。法院提出了两方面的理由:第一,"今日头条"在与中国江苏网、东方网的合作协议中并未要求两家网站提供其享有合法的信息网络传播权所涉权利人的清单列表;第二,《为能多见见孙子……》一文左上角标有"中国江苏网"字样,但文章首页首段后标明《现代快报》记者和通讯员的姓名,该文对作者的明确记载应引起"今日头条"的注意,而"今日头条"并未尽到充分的审查义务,未通过设置关键词的方式对侵权作品进行筛选甄别。[3]

---

[1] 江苏省高级人民法院(2018)苏民终字 588 号民事判决书。
[2] 江苏省高级人民法院(2018)苏民终字 588 号民事判决书。
[3] 江苏省高级人民法院(2018)苏民终字 588 号民事判决书。

第一个理由似乎是对"今日头条"的合同内容不完善提出疑问,合同固然可以作为相关证据,但并不是判断"应知"状态的被一般理性人所接受的侵权"红旗"。第二个理由似乎是法院要阐释"应知"状态判断标准中的"红旗",但"对作者的明确记载"是否构成一面鲜艳的"红旗"是值得怀疑的。中国江苏网和东方网使用《现代快报》的新闻报道当然要标明《现代快报》记者和通讯员的姓名,这是尊重作者署名权的必然要求。即使中国江苏网和东方网获得了《现代快报》的版权授权,署名权仍然要归于《现代快报》记者和通讯员。至于法院认为"今日头条"未尽到充分的审查义务,未通过设置关键词的方式对侵权作品进行筛选甄别,那法院要提供更充分的事实和理由。根据前文,"红旗标准"并不要求"今日头条"承担主动的版权审查义务。法院实质上是超越了"红旗标准"作出了判决,那法院就要对此提出更充分的事实和理由,如可以参考欧盟考虑"今日头条"的营利目的甚至是商业模式等。

(二) 新闻聚合版权纠纷的司法治理未来需要改进的面向

美国、英国和我国在新闻聚合版权纠纷方面的司法治理现状以及存在的争议,为我们思考新闻聚合纠纷究竟如何从司法上解决提供了理论资源和实践资源。尤其是我国的《现代快报》案判决后,更加明确了司法解决新闻聚合版权纠纷未来的路向。笔者认为,可以从如下几个方面改进新闻聚合版权纠纷的司法治理。

一是需要寻找适合中国语境的统一的信息网络传播行为定性标准。新闻聚合涉及对新闻报道的深度链接。未来,无论是理论界还是实务界,将继续围绕深度链接到底是提供作品行为还是提供网络服务持续争议下去。随着互联网技术的持续发展,链接形态从最初的浅层链接发展到今天的深度链接、加框链接,只要链接形态在变化,新型的法律问题就会涌现,但链接到底是提供作品行为还是提供网络服务这一核心问题不会变。随之,判断信息网络传播行为的标准,除了上文重点讨论的"服务器标准""用户感知标准"外,现在也出现了"实质呈现标准""新公众标准"等多种解释路径。《现代快报》案的判决对相关标准选择的模棱两可,更加说明我们有必要统一信息网络传播行为定性的标准,为以后类似的新闻聚合的司法判决提供明确的解释标准,否则司法对信息网络传播行为的解释还会模糊甚至混乱。上文讨论的美国和欧盟在这方面作出的努力都可为我国提供一定的参考依据,目前"服务器标准"在我国理论界与实务界占据一定的地位,但也存在不少争议,说明借鉴他国的解释标准也并不是万无一失的,还必须找寻到适合中国互联网产业发展的解释路径。

二是需要明确新闻聚合服务者要承担的注意义务的程度。从前文看,我们在此方面借鉴了美国 DMCA 的通知—删除原则和"红旗标准",但真正在立法移植的时候又出现了偏差。不仅体现在《条例》单部法律中,而且体现在《条例》和《民法典》侵权责任编对"明知""应知"和"知道"的统一与衔接中。① 2012 年的《规定》对"应知"的列举式总结,更加剧了司法机关在判断新闻聚合服务者在注意义务判断上的难度。如果坚守只借鉴美国 DMCA 中的"红旗标准",那就很明确地把新闻聚合服务者要承担主动的版权审查义务排除出"应知"的判断范畴之外,但通过审视《现代快报》案的法院判决,显然法院并没有完全坚守美国"避风港规则"中的"红旗标准"。笔者并不是认为法院就必须要排除要求新闻聚合服务者要承担主动的版权审查义务,因为按照目前的审查机制来说,新闻聚合服务者对个别情形的版权审查还是能够操作的②,但从整体上提高新闻聚合服务者的版权注意义务程度还必须要谨慎。一方面,要考虑互联网产业的发展,防止加重新闻聚合服务者的成本;另一方面,也要顾及到网络用户获取新闻信息的自由以及互联网新闻信息的自由流通。笔者认为,法院对新闻聚合服务者"应知"的判断要综合考虑互联网产业发展、互联网的技术使用以及商业模式等慎重作出,避免在理由不充分的情况下,把新闻聚合服务者的注意义务提高到审查义务的标准。

三是应当考虑新闻聚合版权纠纷的司法治理诉诸版权法还是竞争法。美国从司法上治理新闻聚合版权纠纷依靠"两条腿走路",在诉诸版权成文法的同时,也诉诸美国普通法中的"热点新闻挪用规则",后者实质上就是从竞争法的角度来解决新闻聚合版权纠纷。前文已述,尽管美国司法从竞争法角度切入也遇到了相关问题,但它提供的思路值得借鉴。笔者也曾经在另一篇文章中重点论述新闻聚合版权纠纷的解决为什么可以"取道竞争法"。③ 取道竞争法路径,肯定会涉及竞争法语境下的各种解释问题,如对《反不正当竞争

---

① 孔祥俊:《网络著作权保护:法律理念与裁判方法》,中国法制出版社 2015 年版,第 200—202 页。
② 通过微信电话对"今日头条"诉讼总监宋纯峰的访谈,访谈时间:2019 年 11 月 27 日中午。
③ 彭桂兵、陈煜帆:《取道竞争法:我国新闻聚合平台的规制路径——欧盟〈数字版权指令〉争议条款的启示》,《新闻与传播研究》,2019 年第 4 期。

法》第二条的解释。① 另外,也可能会遇到版权法和竞争法竞合。换言之,当法院面对新闻聚合版权纠纷时,会遭遇究竟是适用版权法还是适用竞争法的困境,但至少可以不直接面对上述争议的信息网络传播行为的定性以及新闻聚合服务者的注意义务程度的判断等问题。总之,适用两种法律可能各有利弊,但美国法至少给我们提供了另外一种解决思路。至于要不要具体借鉴美国法中的"热点新闻挪用规则",已有相关学术文章对此问题作出详细讨论。② 笔者对此问题持保留意见,需要专文对此问题作出讨论。但笔者在此可以说,即使是取道竞争法路径,也要在中国法语境下对竞争法进行解释,而不能照搬美国的"热点新闻挪用规则",因为那是美国司法实践中特有的普通法经验,这一点应当明晰。

四、 新闻聚合版权司法治理的复杂性再次说明创新版权许可的重要性

笔者之前已经谈及版权司法可以解决新闻聚合版权纠纷问题,但版权司法是一种事后解决方式,而且面临着诸多待解决与待澄清的问题。本节已经对相关的疑难问题进行了阐释和回答。从论述看,我国依靠版权司法来解决新闻聚合纠纷还需要在版权法的修改和完善上多加努力。正因为版权司法面临上述诸多待澄清的问题,所以版权许可制度创新的重要性更加凸显。如果能在版权许可制度创新上下功夫,就可以避免后续的版权司法的治理,也就可以避免遇到诸多版权法上待解决的问题。所以,版权许可制度的完善和创新对于版权保护与实现版权权利人的许可收益而言是多么重要。

假设《现代快报》案在版权许可环节能确保《现代快报》获得一定数额的版权许可收益,那《现代快报》也就不会起诉"今日头条","今日头条"也就会按照一定的许可费率付费给《现代快报》,这样解决《现代快报》与"今日头条"之间的版权纠纷,也就无须借助版权司法。如果通过版权许可制度的创新来解决《现代快报》案,那《现代快报》案的核心问题就由区分版权直接侵权和间

---

① 余晖:《〈反不正当竞争法〉第二条适用的考量因素》,《竞争政策研究》,2016 年第 7 期。
② 林爱珺、余家辉:《美国"热点新闻挪用规则"的确立、发展与启示》,《国际新闻界》,2019 年第 7 期;李国庆:《美国新闻报道的反不正当竞争法保护及启示》,《知识产权》,2017 年第 6 期。

接侵权与网络服务提供者的注意义务的承担程度,转变为何种版权许可制度在适应解决《现代快报》案的版权纠纷。版权司法和版权许可两类版权问题同样都很复杂,笔者不是说版权许可制度的创新就比版权司法中的关键问题的解决更容易,在这里也无须讨论孰更容易孰更难,因为这是两类不同的版权问题。笔者在此想特别说明的是,事后的版权司法的解决并不轻松,那为何不在前置的版权许可环节下功夫呢?

第四章

基于媒介融合的版权许可制度释论及改进路径

第一节　基于媒介融合的版权合理使用制度释论与改进

合理使用制度,是指使用者在使用著作权的时候,既不经著作权人许可,也不向其支付报酬,从而对著作权人的权利作出限制,在更大程度上保障使用者权。合理使用制度虽然在各个国家称谓是不同的,如在美国被称为合理使用(Fair Use),在英国被称为公平交易(Fair Dealing),在我国被称为"著作权的例外与限制"制度,但它们所要实现的功能殊途同归,根本目的在于通过抑制著作权,扩张使用权,尽可能实现知识公地最大化。正如有的学者形容,合理使用是著作权法设置的最重要的"安全阀",它保护了公众表达自由权益和国家文化遗产的公共使用。①

新闻聚合是媒介融合的典型产物,是近年来媒体技术迅速发展所带来的新生事物。它是集搜索引擎、数据挖掘等技术于一身,将分散在网络空间的文件资源整合起来,使得网络用户能够通过一站式平台访问文件资源的网络服务。更为关键的是,新闻聚合利用算法技术,充分掌握用户阅读新闻的品味,依据用户阅读的兴趣主动向其推送新闻。正因有这些技术特点,新闻聚合才有利于扩大新闻信息总量和质量,更有利于新闻知识公地的形成。但另一方面,著作权法通过设置专有权利又必然对新闻聚合所能发挥的上述功能

---

① Watt, Richard (edited), *Handbook on the Economics of Copyright*, Cheltenham: Edward Elgar Publishing, 2014, p. 83.

造成抑制。完善的著作权合理使用制度是消解《著作权法》对新闻聚合产生负面影响的重要保障。基于此,研究新闻聚合的合理使用问题就显得尤为必要。

一、新闻标题、新闻提要与合理使用行为认定

新闻聚合主要是通过对新闻标题和新闻提要设置链接的方式,把原本属于多个渠道的新闻报道汇聚到一个网页中。所以,在考虑新闻聚合是否涉及著作权侵权的时候,往往首先就要讨论新闻标题和新闻提要的可版权性。

(一) 新闻标题和新闻提要的可版权性

一般而言,我们可能因为标题的简短和精炼而否定其可版权性。换言之,新闻标题、新闻提要是新闻事实的凝练,包含的独创性元素极低,可能更多时候被排除出著作权的保护范畴。其实,也不尽然,只从表达量上来衡量新闻标题和新闻提要的可版权性是有问题的。

如果新闻标题是完全使用公共领域中词汇或短语乃至事实性材料,那就并不具有独创性;如果是加入了作者的个性化表达,包括意见、知识、思想和感情等内容,那可能就具有可版权性。我们以近来流行的兼具文学性与原创性的新闻特稿为例,新闻特稿的标题并不都是新闻事实的高度概括,而可能凝聚了作者的思想、观点和情感等。例如,《举重冠军之死》《系统》《鬼妻》等新闻标题可能都不具有可版权性,因为它们只是公共领域中的词汇或事实,但像《没有木卡姆就等于没有了生命》本来就是间接引用于木卡姆诗第三套曲的诗歌标题《没有你,我要这生命干什么》[①],无疑这个标题包含着创作者的观点和感情,具有可版权性。新闻标题具有可版权性,在国外也受到司法实践的承认。在《设得兰时报》案(Shetland Times, Ltd v. Jonathan Wills and Another)中,被告设得兰新闻社的网站不仅未经授权复制了原告《设得兰时报》的新闻标题,而且制作了通过点击标题文字即可访问《设得兰时报》网站的内部或嵌入式网页的深度链接。苏格兰高等法院就认为《设得兰时报》的

---

① 杨瑞春、张捷编:《南方周末特稿手册》,南方日报出版社 2012 年版,第 80 页。

新闻标题享有版权并颁布了一份临时禁令,以阻止被告继续通过深度链接侵权。[1] 可见,新闻标题不具有可版权性的笼统观念是不正确的。

新闻提要往往是新闻报道的首段,新闻聚合通过网络爬虫自动抓取新闻报道的首段形成新闻提要。很多新闻报道的核心部分都体现在开头的导语部分,因此新闻提要凝聚着新闻报道的核心内容,新闻提要的独创性程度也会相对较高。当然,一些不受著作权保护的单纯事实消息,如果被机器自动抓取,新闻提要部分可能会与单纯事实消息基本重合,这个时候新闻提要由于独创性程度低而不具有可版权性。除此以外,大部分新闻报道被机器自动抓取的是整个报道的核心,能够反映作者的独创性,理所应当要受到著作权法的保护。而且,用户通过新闻聚合浏览网络新闻的时候,在看过新闻提要以后,如果感觉没有必要,就不会再点击新闻标题所在的深度链接去继续浏览,新闻提要就可能会对来源文章构成实质性替代。在融文集团案中,法院认可了新闻提要的可版权性。法院认为,提要是整个新闻报道的"心脏"。[2] 在比利时报业集团诉谷歌案(Copiepresse v. Google)中,比利时报业集团起诉谷歌侵犯其对标题和前几行文字的著作权,布鲁塞尔初审法院认为,新闻的前几行文字也可构成作品。[3]

(二) 新闻作品的性质决定合理使用的可能性

探讨新闻标题和新闻提要的可版权性很有必要,因为它直接决定着新闻聚合的使用是否合理。如果新闻标题和新闻提要不具有可版权性,那它们就是公共领域中任何人都可以使用的智慧成果,新闻聚合不需要使用著作权法上的合理使用为之辩护。各国著作权法上的合理使用情形必须由著作权法予以规定,无论是我国受"三步检验法"影响的合理使用,还是美国版权法中的"四要素"的合理使用,都首先要明确合理使用的客体是作品。如果使用的对象不是作品,就谈不上是合理使用。上文指出了新闻标题和新闻提要都有可能构成作品,所以新闻聚合的使用有可能被认定为合理使用。需要注意的是,我国《著作权法》虽然只列举了十二种情形的合理使用,但最高人民法院

---

[1] Shetland Times, Ltd. v. Jonathan Wills and Another, F. S. R. (Ct. Sess. O. H.), 1996.

[2] Quinn, D. J., "Associated Press v. Meltwater: Are Courts Being Fair to News Aggregators", *Minnesota Journal of Law, Science and Technology*, 2014, Vol. 15, Issue. 2, pp. 1189 – 1220.

[3] 王迁:《网络环境中的著作权保护研究》,法律出版社 2011 年版,第 402 页。

曾经发布的《关于充分发挥知识产权审判职能作用推动社会主义文化大发展大繁荣和促进经济自主协调发展若干问题的意见》第八条借鉴了美国《版权法》第107条,要求在判断是否构成合理使用时应考虑到四个要素,"被使用作品的性质"是四要素之一。新闻标题和新闻提要固然可以被认定为作品,但新闻标题和新闻提要又是基于新闻客观事实的作品,比起那些高度独创性的文学作品、戏剧作品来说,合理使用的可能性相对较大。正如有学者所说,无论是最高人民法院有关合理使用的司法政策,还是该政策的主要参照依据,即美国《版权法》,都只要求考虑"被使用作品的性质",即被使用的作品是具备高度创造性的作品还是基于大量客观事实的作品,由于前者应受到较高程度的保护,因此对其未经许可的使用被认定为合理使用的可能性相对较小。[①]

我们认为,新闻标题和新闻提要是否具有可版权性,决定了新闻聚合的使用行为是否合理,但不能仅以此为唯一标准。囿于新闻标题和新闻提要是基于客观新闻事实的作品,作品的性质决定其独创性程度相对较低,因而被认定为合理使用的可能性相对较大。

二、 普通链接、深层链接与合理使用行为认定

链接技术是网络存在的基础,没有链接技术,互联网的互联互通将不复存在。像"今日头条"、百度新闻、一点资讯等新闻聚合之所以能够成功发展,主要依赖于网络链接技术。依照链接的技术原理,可以将其分为普通链接和深层链接。

(一) 深层链接的三种侵权行为类型

普通链接是指用户点击设链网站的链接,URL地址随即跳转到被链网站的地址。普通链接因为并未实施受著作权法专有权利控制的侵权行为,在国际社会已经得到普遍承认,其对被链网站的链接并不被认为是侵权。普通链接也就不存在合理使用的问题。深层链接是指用户点击设链网站的链接,在不脱离设链网站的情况下,欣赏被链网站的次级网页中的作品或者是文

---

① 王迁:《论提供"深层链接"行为的法律定性及其规制》,《法学》,2016年第10期。

字、图片和音视频等媒体格式文件。按照侵权行为的性质，深层链接可以分为如下三种情形：

1. 设链网站对未经权利人许可的含有侵权内容的次级网页或者媒体格式文件提供深层链接

由于次级网页的内容或媒体格式文件的上载者是直接的侵权人，要承担直接侵权责任，对于其侵权内容的设链者而言可能就要承担间接侵权。对于此类深层链接来说，由于没有实施直接的对信息网络传播权的侵权行为，故也就谈不上可以以合理使用作为此类侵权的抗辩理由。

2. 设链网站规避被链网站的用户注册等身份验证措施并提供深层链接

此类深层链接提供行为，涉及著作权法中的禁止规避技术措施的适用。即使提供的深层链接行为不侵犯信息网络传播权，但由于在提供深层链接的过程中，破解了其他网站经营者的技术措施，可能被以违反了著作权法中的禁止规避技术措施条款而要承担法律责任。此时，设链网站就算援引合理使用抗辩，也不可能免去其规避技术措施要承担的法律责任。

3. 设链网站对其他网站服务器中的合法内容提供深层链接并进行分类和排序

用户在点击作品名称的深层链接以后，通常在不脱离设链网站的情况下就可欣赏或使用被链作品。这类提供深层链接的服务，就是我们通常所说的聚合服务。针对聚合服务的深层链接，用户往往感觉不到是在跳转到其他网站的次级网页或者媒体文件格式，认为自己欣赏或使用的作品就是由设链网站提供的，从而影响被链网站的利益。设链网站为了能在手机端网页中呈现被链网站的内容，便于手机端用户阅读，会把基于电脑端的网页格式转码为基于手机端的网页格式。此类深层链接中，由于不涉及规避技术措施问题，除了对此类深层链接进行法律定性外，探讨深层链接中的合理使用行为就是一个很重要的问题。

（二）新闻聚合的深层链接是否构成转换性使用

新闻聚合提供对新闻标题和新闻提要的深层链接是否有可能构成对来源作品的转换性使用？转换性使用产生于美国判例法的传统中。在坎贝尔案(Campbell v. Acuff-Rose Music)中,美国最高法院指出,判断转换性使用的关键是新作品是仅仅替代了原作的目的,还是增加了新的东西,具有更进一步的目的或不同的性质,用新的表达、意义或信息改变了原作。① 坎贝尔案的意义在于,指出一种对来源作品的使用行为只要是转换性的,哪怕是转换性的商业使用,也可能构成合理使用。在深层链接的转换性使用法律认定上,已经认定为合理使用行为的,就是对网页快照、缩略图等内容的深层链接。在凯利案(Kelly v. Arriba Soft Corporation)中,美国法院认定搜索引擎对原告照片缩略图的复制并提供深层链接是转换性合理使用。法院认为,搜索引擎对缩略图的深层链接是出于不同的目的,是为了改善人们对网络信息的利用,而不是为了审美和艺术表达。② 在完美十案中,法院认为,搜索引擎使用电子参考工具把原作品融入新作品,增强了搜索引擎的社会利益。即使是对原作品的完全复制也可能是转换性的,只要复制是出于与原作品不同的功能。③ 两个案例说明,即便是对原作整体的、不添加任何额外创作元素的精确复制,也可能因其提供了迥异于原作的功能而被视为满足了"转换性"要求。法院在两个案例中指出,缩略图的清晰度很差,无法替代对原尺寸图片或照片的使用。新闻聚合就是运用深层链接的方式指引用户对来源网页中的作品进行使用,其模式与搜索引擎对缩略图提供深层链接类似。在融文集团案中,纽约南部地区法院认为融文集团对新闻作品的深层链接并不是转换性使用,因为融文集团并没有对来源网站的内容增加新的功能,只是自动抓取和使用了版权作品的部分内容,转换性程度并不明显。④

笔者认为,新闻聚合的深层链接不被定性为转换性使用是准确的。这是因为,新闻聚合对来源网站的深层链接,只是为用户阅读和使用来源网站的新闻作品提供了便利,尤其是对新闻标题的排序和分类,加之个性化的新闻推荐,为用户大大节约了寻找新闻的时间成本。像百度新闻这样的聚合平台,用户点击后跳转到第三方网站,可能对第三方网站的影响稍微小些,但像"今日头条"这样的聚合平台,用户点击深层链接后,并不跳转到第三方网络

---

① Campbell v. Acuff-Rose Music,510 U. S. 569(1994).

② Kelly v. Arriba Soft Corporation,280 F. 3d 934 (9th Cir. 2002).

③ Perfect 10 Inc. v. Amazon. com, Inc. ,508 F. 3d 1146(9th Cir. 2007).

④ Quinn, D. J. ,"Associated Press v. Meltwater:Are Courts Being Fair to News Aggregators",*Minnesota Journal of Law, Science and Technology*,2014,Vol. 15, Issue. 2, pp. 1189 - 1220.

地址,"今日头条"深层链接的作品就可能对第三方网站的作品形成实质性替代。

当然,从转换性使用角度审视新闻聚合的深层链接,其链接使用不被定性为合理使用,但并不代表所有的新闻聚合的深层链接都不可以被定性为合理使用。如果新闻聚合深层链接的第三方网站的内容是不具有著作权的时事性新闻(即著作权法上的单纯事实消息),那么新闻聚合提供的深层链接就无所谓侵权,新闻聚合也就不会援引合理使用作为抗辩事由。如果新闻聚合深层链接的第三方网站的内容是关于政治、经济问题的时事性文章,那么新闻聚合深层链接可能就是合理使用。《信息网络传播权保护条例》第六条规定了八种合理使用的情形,其中第八种情形与新闻聚合的深层链接紧密相关。第七种情形为"向公众提供在信息网络上已经发表的关于政治、经济问题的时事性文章,可以不经著作权人许可,不向其支付报酬"。时事性文章并不是不具有著作权,而是因为"政治、经济问题应是涉及广大社会公众的问题,而非个别企业或者行业的局部问题,这也是为了保证社会公众的知情权而设立该项合理使用规定"①。只要政治、经济问题的时事性文章在网络上已经发表,新闻聚合对这样文章的深层链接就不构成侵权,而是合理使用。尽管网络上的政治、经济问题的时事性文章不在少数,但百度新闻、"今日头条"等新闻聚合服务商不能以此为借口,认为对第三方网站的所有深层链接都是合理使用,这是一种误解。毕竟,许多社会新闻、娱乐新闻、体育新闻等并不在此列。

行文至此,我们可以得出结论,即新闻聚合对第三方网站的深层链接行为,如果被著作权人或第三方网站提出侵权之诉,新闻聚合想借助合理使用为自己的侵权行为抗辩就很难成功。新闻聚合使用的新闻标题、新闻提要,尤其是新闻提要,很多时候是具有可版权性的。像百度、谷歌等搜索引擎对网页快照和缩略图提供深层链接的行为,经常被法院认为是合理使用。新闻聚合往往认为自己提供深层链接的方式与搜索引擎对网页快照和缩略图提供深层链接的方式类似,所以认为自己提供的聚合服务可以寻求合理使用制度为之辩护。但问题是,新闻聚合提供的深层链接与搜索引擎对网页快照和缩略图提供的深层链接,无论是在使用目的还是对原作品市场的影响上都完

---

① 湖北省武汉市中级人民法院(2009)武知初字第 551 号民事判决书。

全不同,因此很难被认定为转换性的合理使用。新闻聚合最有可能被认定为合理使用的情形是,提供对网络上已经发表的关于政治、经济问题的时事性文章的深层链接。《信息网络传播权保护条例》考虑到社会大众对此类文章的知情权利,将其列为合理使用的情形之一。既然新闻聚合的深层链接在很多时候不能被认定为合理使用,那其必然要对自己的侵权行为承担责任。至于如何对新闻聚合的深层链接进行法律定性,目前司法实务界和学术界对"服务器标准""用户感知标准"和"实质呈现标准"三种判定标准争议不断,这在前文涉及新闻聚合纠纷版权司法讨论时已有深度探讨。

三、 基于媒介融合的版权合理使用制度创新研究

前文已述,著作权法中的合理使用,是指使用者在使用著作权的时候,既不经著作权人许可,也不向其支付报酬,更大程度保障使用者权。有学者形象地说明合理使用之于公众表达权的关系,即合理使用是著作权法设置的最重要的"安全阀",它保护了公众表达自由权益和国家文化遗产的公共使用。①

(一) 中美著作权法中的合理使用采取不同的制度范式

中美著作权法都设置了合理使用制度,但分别采用两种不同的设置方式,即"规则主义"范式和"要素主义"范式。② 美国《版权法》第107条采用的是"要素主义"范式,列举了合理使用的四种要素;我国《著作权法》第二十二条采用的是"规则主义"范式,对合理使用的每种情形作出具体规范。下文以新闻聚合融文集团案为研究对象,按照"要素主义"范式分析新闻聚合对新闻作品的使用是否可以被判定为合理使用。紧接着再讨论中国语境下,合理使用如何为新闻聚合进行正当性辩护。

美国采取了柔性的合理使用的"要素主义"。美国《版权法》第107条第一个要素是判断新闻聚合是不是商业性使用。人们可能会从美国《版权法》第107条直观推测,只要是为了新闻报道就可以被判定为合理使用。的确,在 Harper & Row 案中,法院清楚说明,为了新闻生产可以合理使用其他版

---

① Watt Richard (edited), *Handbook on the Economics of Copyright*, Cheltenham: Edward Elgar Publishing, 2014, p. 83.

② 李雨峰:《著作权法的宪法之维》,法律出版社 2012 年版,第 165 页。

权作品[①],但这也仅仅是合理使用分析的要素之一。换言之,新闻聚合以自己的使用是为了报道新闻为由,并不足以说明使用就是合理的。况且,新闻聚合往往嵌入商业广告,经常被人们认为是对版权的商业性使用。商业性使用也并不完全否定是合理使用,转换性(transformative)的商业使用,往往会被认为是合理使用。在凯利案中,美国法院认定搜索引擎对原告照片缩略图的复制是转换性合理使用。法院认为,搜索引擎对照片的使用是出于不同的目的,是为了改善人们对网络信息的利用,而不是为了艺术表达。在完美十诉亚马逊案中,法院认为,搜索引擎使用电子参考工具把原作品融入新作品,增强了搜索引擎的社会利益。只要复制是出于与原作品不同的功能,即使是对原作品的完全复制也可能是转换性的。[②] 两个案例可以说明,某些时候,即便是对原作整体的、不添加任何额外创作元素的精确复制,也可能因其提供了迥异于原作的功能而被视为满足了"转换性"要求。[③] 在美联社诉融文集团美国公司案中,纽约南部地区法院认为新闻聚合平台融文集团对新闻作品的使用并不是转换性使用,因为融文集团并没有增加评论或洞见,只是自动抓取和发送了版权作品的部分内容。融文集团认为,自己对新闻报道的抓取类似搜索引擎,有助于扩展公众对信息的取用。[④]

　　第二个要素要判断新闻聚合使用的原作品的性质。新闻聚合涉及新闻作品的版权,法院经常会认为新闻作品是由事实性材料构成,事实性作品的独创性要远远低于文学艺术类作品。而且,几乎所有的新闻作品都已在传统媒体或网络上公开发表。在融文集团案中,法院认为,事实性新闻作品比创造性作品的合理使用范围更宽广,对已公开材料的使用比秘密作品的使用合理性程度更高。[⑤] 第二个要素有利于融文集团合理使用的抗辩。

　　第三个要素要判断新闻聚合使用原作品的数量。新闻聚合要么是使用原作品的标题,要么是使用原作品的标题和摘要。新闻聚合者经常认为,他

① Harper & Row, Publishers, Inc. v. Nation Enters. , 471 U. S. 539(1985).

② Perfect 10 Inc. v. Amazon. com, Inc. , 508 F. 3d 1146 (9th Cir. 2007).

③ Borghi M. , Stavroula K. , *Copyright and Mass Digitization*, Oxford: Oxford University Press, 2013, pp. 21 - 34.

④ Quinn, D. J. , "Associated Press v. Meltwater: Are Courts Being Fair to News Aggregators", *Minnesota Journal of Law, Science and Technology*, Vol. 15, No. 2,2014, pp. 1189 - 1220.

⑤ Quinn, D. J. , "Associated Press v. Meltwater: Are Courts Being Fair to News Aggregators", *Minnesota Journal of Law, Science and Technology*, Vol. 15, No. 2,2014, pp. 1189 - 1220.

们使用的内容微乎其微,以量的标准衡量完全是合理使用。但反对者认为,新闻聚合使用的新闻标题与摘要,往往是新闻报道的核心内容,以质的标准衡量很难说是合理使用。根据融文集团公司二次使用的性质与目的,再以判决先例为参考,法院认为融文集团公司使用了特定文章的 4.5% 到 61% 就是过量使用。为了验明过量使用判断的合理性,法院进一步从质的维度论证。法院认可了新闻摘要的独创性,摘要是整个新闻报道的"心脏",它是新闻专业技艺生成的成果。但融文集团公司争辩道,摘要并不是试图概括文章的,而是试图吸引读者的"戏弄者"。① 就这一要素而言,法院最终支持了美联社。

第四个要素要判断新闻聚合对原作品市场的影响。在融文集团案中,法院认为融文集团公司对新闻的聚合替代了原有新闻报道,破坏了美联社公平竞争的能力。法院发现,第四个要素是最不利于融文集团公司的,美联社获取许可费的用户市场和融文集团公司的用户市场是一样的。既然针对的是同一个用户市场,融文集团公司的用户不支付许可费,而美联社的用户支付许可费,那市场竞争就是不公平的。②

以上述四个要素评判融文集团案,我们发现,法院认定融文集团公司侵权的关键性理由在于,新闻聚合对新闻作品的使用不是转换性使用。在数字化时代,转换性使用是否可以定性为合理使用,对版权所有者和二次使用者至关重要,因为作品创新和数字公民表达权实现越来越依靠对版权内容的使用、重新解释和混录。③ 转换性使用可以进一步落实版权法的目标,鼓励人们从事创造性的智识活动。④ 在融文集团案中,对新闻标题和摘要使用的目的,虽然是商业性使用,但新闻聚合的功能更主要是把多家媒体的新闻标题与摘要集中于一个页面,为消费者选择和浏览新闻提供一站式服务,这样的技术使用是和凯利案、完美十案相似的,而后两个案例中的作品使用都被判定为

---

① Quinn, D. J. , "Associated Press v. Meltwater: Are Courts Being Fair to News Aggregators", *Minnesota Journal of Law, Science and Technology*, Vol. 15, No. 2,2014, pp. 1189 - 1220.

② Quinn, D. J. , "Associated Press v. Meltwater: Are Courts Being Fair to News Aggregators", *Minnesota Journal of Law, Science and Technology*, Vol. 15, No. 2,2014, pp. 1189 - 1220.

③ Yeh J. , "Bright Lights, Bright-Line: Toward Separation and Reformation of the Transformative Use Analysis", *Cardozo Arts & Entertainment Law Journal*, Vol. 32, No. 3,2014, pp. 995 - 1026.

④ Yeh J. , "Bright Lights, Bright-Line: Toward Separation and Reformation of the Transformative Use Analysis", *Cardozo Arts & Entertainment Law Journal*, Vol. 32, No. 3,2014, pp. 995 - 1026.

合理使用,这对融文集团公司显然不公平。如果把融文集团公司的聚合使用判定为转换性使用,那最终判决就会偏向于融文集团公司,这将更有利于促进互联网产业的发展,促进公众自由获取网络信息,进而更充分地行使表达权。

我国采取刚性的合理使用的"规则主义"。我国在著作权法领域采用的是"规则主义"范式,对合理使用情形进行列举式规定。《著作权法》第二十四条列举了十二种合理使用情形。其中,有两种情形与新闻聚合有关。第一种情形是,为报道时事新闻,在报纸、期刊、广播电台、电视台等媒体中不可避免地再现或者引用已经发表的作品;第二种情形是,报纸、期刊、广播电台、电视台等媒体刊登或者播放其他报纸、期刊、广播电台、电视台等媒体已经发表的关于政治、经济、宗教问题的时事性文章,但作者声明不许刊登、播放的除外。

从目的论角度看,新闻聚合使用多家媒体的新闻作品确实是为了报道时事新闻。顺便要说的是,第一种情形中的"时事新闻"(简称"时事新闻1")和我国2010年《著作权法》第五条第二款中的"时事新闻"(简称"时事新闻2")含义迥异。依照《著作权法实施条例》第五条解释,"时事新闻2"是指通过报纸、期刊、广播电台、电视台等媒体报道的单纯事实消息。单纯事实消息是被排除出著作权法保护的。"时事新闻1"是指含有独创性内容的时事报道,即"新闻作品"或称"时事新闻作品"。[①] 也有学者指出,"时事新闻1"来源于《伯尔尼公约》第10条之2第2款的"reporting current events",指"所有新闻作品类型"。[②]

第一种情形中的"等媒体"可以理解为包含了新闻聚合等新媒体,但是新闻聚合是不是"不可避免"地再现和引用多家媒体的新闻报道呢?显然是否定的。有学者用假想例来说明"不可避免"情形,某著名摄影师举办摄影作品展,电视台要报道这一时事新闻,就需要播放几个展览现场的镜头,而这将不可避免地再现被展览的摄影作品,该行为显然是被允许的。[③] 也就是说,只有当多家媒体的新闻报道本身就是时事新闻的一部分时,才属于允许使用的情形。按照这种标准,新闻聚合对多家媒体新闻报道的使用不是合理使用。

第二种情形从字面上理解可以适用新闻聚合,因为"等媒体"应该是包含

---

① 芮松艳:《与新闻报道有关的著作权问题解析》,《中国版权》,2015年第6期。
② 翟真:《版权法中"时事新闻"概念探疑》,《国际新闻界》,2013年第4期。
③ 王迁:《论著作权法中"时事新闻"的含义》,《中国版权》,2014年第1期。

了新闻聚合。这类合理使用情形,关键要判断"时事性文章"之内涵。有学者将其解释为党政机关为某一特定事件或者重大问题所发表的官方文章、方针及政策。① 但有案例判决指出,"时事性文章"涉及广大社会公众的问题,而非个别企业或者行业的局部问题,这也是为了保证社会公众的知情权而设立。② 可见,"时事性文章"内涵的确立对判断新闻聚合是否是合理使用至关重要。

上述分析表明,我国《著作权法》"规则主义"范式文本内容有限,难以解决新闻聚合的合理使用问题;在适用法律上,关键概念未能阐明,导致合理使用应用到新闻聚合上的法律效力有限。为了保障新闻聚合的版权问题的有效解决,我国《著作权法》需要借力"要素主义",使合理使用从刚性制度变为柔性制度。

(二)媒介融合语境下版权合理使用制度创新的具体路径

我们可以采取此路径做到版权合理使用制度的创新,理由如下:

一是我们在相关文件以及判例中已经采取了美国版权合理使用制度的"要素主义"。2011 年最高人民法院出台的《关于充分发挥知识产权审判职能作用推动社会主义文化大发展大繁荣和促进经济自主协调发展若干问题的意见》明确规定:"在促进技术创新和商业发展确有必要的特殊情形下,考虑作品使用行为的性质和目的、被使用作品的性质、被使用部分的数量和质量、使用对作品潜在市场或价值的影响等因素,如果该使用行为既不与作品的正常使用相冲突,也不至于不合理地损害作者的正当利益,可以认定为合理使用。"③该规定体现了我国《著作权法》不回避对美国版权法的要素主义的借鉴。不仅如此,在相关的司法判决中,我国也是在借用美国版权法的要素主义。

例如,上海美术电影制片厂与浙江新影年代文化传播有限公司、华谊兄弟上海影院管理有限公司著作权纠纷案中,原审法院认为,判断对他人作品

---

① 刘春田:《知识产权法》,中国人民大学出版社 2007 年版,第 122 页。

② 湖北省武汉市中级人民法院(2009)武知初字第 551 号民事判决书。

③ 最高人民法院:《关于充分发挥知识产权审判职能作用推动社会主义文化大发展大繁荣和促进经济自主协调发展若干问题的意见》,法发〔2011〕18 号,http://zzzy. chinacourt. gov. cn/article/detail/2013/01/id/1626944. shtml,2019 年 9 月 27 日。

的使用是否属于合理使用,应当综合考虑被引用作品是否已经公开发表、引用他人作品的目的、被引用作品占整个作品的比例、是否会对原作品的正常使用或市场销售造成不良影响等因素予以认定。法院判决,新影年代公司在电影海报中对"葫芦娃""黑猫警长"美术作品的使用属于《著作权法》所规定的合理使用。[①]

再如,王莘与北京谷翔信息技术有限公司等著作权纠纷案中,法院认为涉案信息网络传播行为并不属于对原告作品的实质性利用行为,尚不足以对原告作品的市场价值造成实质性影响,亦难以影响原告作品的市场销路。涉案片段式使用行为并未实质性地再现原告作品表意功能,且又在较大程度上实现了相应图书信息检索功能的情况下,这一行为已构成对原告作品的转换性使用,不会对原告对其作品的正常使用造成影响,亦不会不合理地损害原告的合法利益。最终法院认定被告实施的涉案信息网络传播行为属于对原告作品的合理使用。[②]

综上,最高人民法院的规定和两个判例已经说明,我国《著作权法》具备借鉴和移植的基本条件。现在关键问题是,如何在《著作权法》中把美国著作权法中合理使用制度的四要素体现出来。

二是与新闻传播有关的合理使用的条款如何融入美国著作权法的合理使用制度的基本精神和原则。我国《著作权法》第二十四条的合理使用条款与新闻传播紧密相关的有两条,前面在谈新闻聚合的时候,已经列举分析了两种情形。笔者在此基础上作进一步分析。《信息网络传播权保护条例》确认了这两种合理使用在网络环境中的适用。

第一种情形是,为报道时事新闻,在报纸、期刊、广播电台、电视台等媒体中不可避免地再现或者引用已经发表的作品。根据该条款内容,适用该项合理使用需满足以下要件:(1)主体适格,需是报纸、期刊、广播电台、电视台等媒体。(2)客体是已发表的作品。(3)使用行为的目的是报道时事新闻。(4)使用要在"不可避免"的限度以内。

除了第二条关于客体的要求容易判断外,其他三项在规定的具体实施中,都面临着法律解释的问题。并且在当前的学界,是存在争议的。包括"等

---

① 上海知识产权法院(2015)沪知民终字第 730 号民事判决书。
② 北京市第一中级人民法院(2011)一中民初字第 1321 号民事判决书。

媒体"的范围是什么？网络环境下，个人经营的自媒体能否纳入？"时事新闻"包括哪些？尤其是一些关注社会新闻的个人制作的具有新闻性的信息，是否属于"时事新闻"并适用合理使用？"不可避免"的限度在哪里？一些新闻报道中，用文字可以概括表述的，加上了引用作品的图片、视频进行丰富，是否超出了"不可避免"的限度？

在不同学者进行讨论的声音中，有人认为应当对上述要素进行进一步解释①，也有学者认为应当对法律条文的表述进行修订②。之所以出现问题后，首先想到从条文的内容入手，是因为我国合理使用采用了列举式规定，使得条文规定较为机械，一些个案无法得到更为合理的解释。而更为灵活的"三步检验法"或"四要素"在面对这类情况时更具优越性。

第二种情形是，报纸、期刊、广播电台、电视台等媒体刊登或者播放其他报纸、期刊、广播电台、电视台等媒体已经发表的关于政治、经济、宗教问题的时事性文章，但作者声明不许刊登、播放的除外。最初该项条文的设立是为了拓宽"时事性文章"的宣传渠道，扩大其影响力。但根据王迁教授对《伯尔尼公约》第 10 条之 2 第 1 款的研究，该项合理使用在公约修订的过程中，使用者使用的范围不断被限缩，报刊刊载作品的保护不断被加强，甚至一度出现了删除允许转载"有关经济、政治或宗教的时事性文章"的条款的呼声。③ 我国 1990 年《著作权法》也考虑到该项规定滥用的可能性，从而将该项合理使用的主体限制在报纸、期刊、广播电台和电视的范围。④

在当前的适用中，该项规定同样存在"等媒体"的范围划定问题。随着我国互联网发展，各类网络新闻平台、自媒体如雨后春笋。在此情况下，若完全拒绝网络中各类媒体的使用，则是在当前公众获取信息的主要途径上设置了障碍。但若一刀切地对所有媒体"刊登和播放时事性文章"进行授权和付酬的豁免，则可能会打破版权人与使用者之间的平衡，给部分以实地调研、原创内容为生的媒体以致命打击。如果可以引入一项较为弹性的制度，则或许能更好地实现公众获取信息和著作权人获取收益之间的平衡。⑤

① 陈志敏、刁飞：《新媒体环境下时事新闻报道合理使用的认定》，《中国出版》，2017 年第 2 期。

② 蔡浩明：《论新闻传播中新闻作品的合理使用：一个比较法的视角》，《中国出版》，2017 年第 13 期。

③ 王迁：《著作权法》，中国人民大学出版社 2015 年版，第 343—344 页。

④《中华人民共和国著作权法释义》，http://www.npc.gov.cn/npc/c2200/200207/516230c1aebe4ae88c1d22d0cfaccd71.shtml，2019 年 10 月 1 日。

⑤ 蔡浩明：《论新闻传播中新闻作品的合理使用：一个比较法的视角》，《中国出版》，2017 年第 13 期。

让我们欣慰的是,著作权法制定者也考虑到吸收柔性的合理使用理念。在最新的《著作权法》中,合理使用增加了第十三项其他情形的条款,并规定"以前款规定的方式使用作品,不得影响作品的正常使用,也不得不合理地损害著作权人的合法利益"。这实际上就限制了合理使用款项中可能出现的影响作品正常使用,损害著作权人经济利益的情况。而如何判断"影响作品使用"和"损害正当利益",则需要借助美国著作权法的"四要素"进行弹性的判断。这样的混合性立法技术有望给当前新闻报道相关的合理使用带来新的生命力。当然,不能指望废除我国《著作权法》第二十四条规定的合理使用制度的情形,完全替换为美国《版权法》第 107 条的规定,毕竟我国和美国著作权法体系决定了这种过度的创新是不可能的。目前,上述所讨论的"混合性立法技术"还是有可能做到的,做到这一点创新在媒介融合语境下已经很不容易。

第二节　基于媒介融合的版权法定许可制度释论与改进

一、法定许可的概念以及立法价值

法定许可是指法律明确部分作品的专有权利行使不需要事先获得著作权人许可,但在使用后应向权利人支付报酬。换言之,在符合法定条件的情况下,法律代替著作权人自动向行为人"发放"了使用作品的许可。[①] 从定义可以看出,法定许可制度和合理使用制度一样,减少专有权利的授权环节。合理使用制度既不需要著作权人许可,也不需要向其支付报酬。使用者的使用行为只要属于法定意义上的"合理",就免去了侵权行为的认定,从而发挥了"版权作为言论自由引擎"的制度功能。法定许可制度也省去了著作权人向使用者授权的环节,但与合理使用不同的是,付酬环节并没有被省去。简言之,使用者没有获取授权可以,但如果没有向著作权人付酬,仍然可以被认定为侵权使用行为。此外,如果著作权人声明不许使用的,则排除在法定可

---

① 王迁:《知识产权法教程》,中国人民大学出版社 2011 年版,第 123 页。

以使用的范围之外,即法定许可使用一般受到著作权人声明的限制,但合理使用行为则不受权利人的限制。①

在立法目标或价值取向上,法定许可制度是不是和合理使用制度一样,基于社会公众利益的需要,对著作权人专有权利的限制呢?德国版权法学者雷炳德(Manfred Rehbinder)把对著作权的限制分为基于个人使用目的方面的限制、为文化经济而进行的限制、为公众利益而进行的限制、著作权的时间限制。雷炳德把"法定许可"纳入"为文化经济而进行的限制"部分,而把"合理使用"纳入"为公众利益而进行的限制"部分。② 可见,在雷炳德看来,法定许可和合理使用的立法价值有所区别,合理使用制度的价值偏向于捍卫公众利益,法定许可制度的价值偏向于社会的文化经济。国内有的学者认为设立法定许可制度的目的主要在于鼓励作品的广泛传播。③ 也有学者认为要从几个方面来认识法定许可的立法价值:(1)多元利益平衡;(2)增进民主政治目标;(3)社会效用理论。该学者得出结论认为,通过采取著作权法定许可限制著作权人专有权,可以促进作品广泛快速传播,最终维护社会公益。④ 而有的学者从法定许可制度的起源来追溯其立法价值,认为法定许可制度是 20 世纪初美国社会在技术发展的背景下,为了平衡新旧产业主体的利益,同时保护行业发展,抑制垄断的产物,是一种具有妥协性和补充性的立法。⑤ 但我国官方坚持认为,著作权是私权,但不仅仅是私权,对"法定许可"制度进行了一些修改,使其与国际规定更加契合,也在保障了作者正当权利的条件下促进信息的传播。⑥

笔者认为,无论是雷炳德基于社会的文化经济来讨论法定许可的立法价值,还是国内学者认为的调和产业主体之间的利益分配以及抑制著作权市场的垄断,是一种权宜性立法,这些立法价值中都包含鼓励作品传播。没有著作权作品的广泛传播,社会的经济文化状况也就很难得到改善。前面在谈及

---

① Michael J. Madison, "A Pattern-Oriented Approach to Fair Use", *William and Mary Law Review*, Vol. 45, Issue 4, 2004, pp. 1525 - 1690.

② [德]M. 雷炳德:《著作权法》,张恩民译,法律出版社,2004 年 1 月版,第 7—8 页。

③ 丛立先:《转载摘编法定许可制度的困境与出路》,《法学》,2010 年第 1 期。

④ 张曼:《著作权法定许可制度研究》,厦门大学出版社 2013 年版,第 79 页。

⑤ 熊琦:《著作权法定许可制度溯源与移植反思》,《法学》,2015 年第 5 期。

⑥ 参见胡建辉:《著作权不仅仅是私权——国家版权局法制司司长王自强就著作权法修改草案热点答记者问》,《法制日报》,2012 年 5 月 3 日。

版权的社会功能时，特别强调了版权在促进社会的经济文化水平方面的价值。所以，雷炳德从经济文化角度谈法定许可，也就肯定了法定许可在促进作品广泛传播方面的立法价值。况且，"调和产业主体之间的利益分配以及抑制著作权市场的垄断"，也离不开版权作品的广泛传播。如果没有版权作品的广泛传播，作品必然集中于少数市场主体之间，必然造成著作权市场的垄断。总之，法定许可的根本立法价值在于促进版权作品的广泛传播，从而在更大范围内提升公众获取作品的机会。

强制许可（Compulsory License），一般理解为在对作品进行特定种类使用的特殊条件下，大多由主管当局（或另外通过作者组织）强制给予的一种特殊形式的允许。与法定许可依法直接授权而无须事先申请或通知不同，强制许可需要事先申请或正式授权许可，或至少事先通知著作权所有人。两个主要的多边著作权公约也准许授予这种许可。《伯尔尼公约》规定了对作者已授权录制的音乐作品的录制品进行制作的强制许可，或就播放作品采取强制许可的可能性；《世界版权公约》规定了文字作品首次出版 7 年后以本国通用语言翻译该文字作品的强制许可，只要这样一种译作在该期间未曾出版过。上述两个公约均规定了有利于发展中国家的特别强制许可，使他们能够通过适宜的声明来援用这些便利。这种许可可以在某些期间届满后并在符合其他某些条件的情况下授予。这些国家可以准许为教学、治学和研究目的，以本国通用语言的翻译出版形式，或为与系统教学活动相关的用途，以复制形式使用印刷的外国作品。强制许可应授予非专有权，这种权利应是不可转移的，而且效力仅限于授予国。作者或其他著作权所有人的合理报酬同样也是行使各种强制许可的一个条件，在某些情况下，这种报酬依照法规确定。[①]

二、　我国《著作权法》中的法定许可类型

在研究法定许可在媒介融合语境下的适用问题时，有必要对法定许可类型进行概括性的介绍。我国《著作权法》一共规定了四种"法定许可"的情形，2006 年《信息网络传播权保护条例》出台，又增加了一种"法定许可"。这五种法定许可依次为"报刊转载的法定许可""制作录音制品的法定许可""播放

---

① 世界知识产权组织编：《著作权和邻接权法律术语汇编》，北京大学出版社 2007 年版，第 50 页。

录音制品的法定许可""编写出版教科书的法定许可""制作和提供课件的法定许可"。①

（一）"报刊转载的法定许可"

《著作权法》第三十五条第二款规定，作品刊登后，除著作权人声明不得转载、摘编的外，其他报刊可以转载或者作为文摘、资料刊登，但应当按照规定向著作权人支付报酬。从条款规定看，该款是对著作权人文字作品"复制权"的限制。该条法定许可，1990年《著作权法》制定时就已确立。在2001年《著作权法》的第一次修订过程中，虽有人提出其应予修改但未被采纳。②

2014年《著作权法（修订草案送审稿）》对此条款作出了重大修改。第四十八条规定"文字作品在报刊上刊登后，其他报刊依照本法第五十条规定的条件，可以不经作者许可进行转载或者作为文摘、资料刊登。报刊社对其刊登的作品根据作者的授权享有专有出版权，并在其出版的报刊显著位置作出不得转载或者刊登的声明的，其他报刊不得进行转载或者刊登。"第五十条规定："（一）在首次使用前向相应的著作权集体管理组织申请备案；（二）在使用作品时指明作者姓名或者名称、作品名称和作品出处，但由于技术原因无法指明的除外；（三）在使用作品后一个月内按照国务院著作权行政管理部门制定的付酬标准直接向权利人或者通过著作权集体管理组织向权利人支付使用费，同时提供使用作品的作品名称、作者姓名或者名称和作品出处等相关信息。前述付酬标准适用于自本法施行之日起的使用行为。著作权集体管理组织应当及时公告前款规定的备案信息，并建立作品使用情况查询系统为权利者免费查询作品使用情况和使用费支付情况。著作权集体管理组织应当在合理时间内及时向权利人转付此条第一款所述的使用费。"

从2014年修改的内容看，报刊转载摘编的法定许可制度立法价值并未改变，仍然旨在保障作品的广泛传播，捍卫公众知情表达的利益。法律允许未经著作权人许可转载摘编他人作品，主要是使传播优秀作品的交易成本较少，从而大大增加优秀传播作品的数量。但在实际落实制度时，希冀的绩效并未得到。

---

① 王迁：《知识产权法教程》，中国人民大学出版社2011年版，第118页。
② 丛立先：《转载摘编法定许可制度的困境与出路》，《法学》，2010年第1期。

有学者这样评价,自1991年我国《著作权法》正式实施以来,报刊间转载摘编法定许可制度的实际执行效果并没有给著作权人带来多少实际利益,相反严重损害了著作权人的应有权益。[①] 法定许可是著作权各方利益妥协的产物,为了社会公众利益,著作权人在法定条件下失去对专有权利的控制,但著作权人本身著作财产利益不能被损害。法定许可制度关键就是要保障著作权人应得的财产利益。2008年我国成立了文字著作权协会,文字著作权协会是我国唯一的文字著作权集体管理组织,负责全国报刊和教材"法定许可"使用费收转工作的唯一法定机构。《著作权法(修订草案送审稿)》实质上就是通过法律规定的程序,强化文字著作权协会在保障著作权人财产利益方面的职责。丛立先教授曾认为,各国著作权法也罕有类似条款的规定。

其实不尽然,德国《著作权法》第49条第1款就是报刊转载的法定许可,即"本法允许,将单篇的广播电视评论、来自报纸和其他仅报道时事的新闻纸上发表的单篇文章及其附带发表的图片,涉及政治、经济、宗教时事,且未声明保留权利的,在其他类似报纸、新闻纸上复制与发行,或者公开再现。对于复制、发行与公开再现,应当付给著作权人适当报酬,除非将数篇评论文章或者文章做简短的摘要,并以概要的形式复制、发行或者公开再现。本报酬要求只能通过著作权集体管理组织主张"[②]。从条款内容看,报刊转载被纳入法定许可,而报刊摘编被纳入合理使用。

还应该注意的是,我国《著作权法》规定报刊转载摘编的是已发表的作品,没有具体到作品类型。而德国《著作权法》规定报刊转载摘编的是已发表的涉及日常的政治、经济和宗教事件的文章,而这些文章在我国的《著作权法》中被纳入合理使用范畴。

(二)"制作录音制品的法定许可"

《著作权法》第四十二条第二款规定,录音制作者使用他人已经合法录制为录音制品的音乐作品制作录音制品,可以不经著作权人许可,但应当按照规定支付报酬;著作权人声明不许使用的不得使用。

1990年《著作权法》没有该项规定,2001年修订《著作权法》时新增了该

---

① 丛立先:《转载摘编法定许可制度的困境与出路》,《法学》,2010年第1期。
② 《十二国著作权法》翻译组:《十二国著作权法》,清华大学出版社2011年版,第381页。

内容,意在对音乐著作权人的"机械复制权"专有权利进行限制。该条款是借鉴美国等发达国家立法及实施《伯尔尼公约》第 13 条第 1 款的结果。该条款起源于 20 世纪初,其立法目的是防止唱片公司对音乐的垄断。[①] 在当时的技术条件下,唱片很难像书籍、报刊那样被复制,唱片的出租市场也尚未形成,人们欣赏音乐的主要渠道就是从唱片公司购买正版唱片。如果少数有实力的唱片公司,借助与音乐出版商签订专有许可协议,成为唯一有权使用音乐作品制作录音制品的权利人,那么少数有实力的唱片公司,势必会借助市场的垄断,抬高唱片价格,从而损害的是唱片消费者的公众利益。[②] 总之,"制作录音制品的法定许可"的立法目的是防止唱片公司的市场垄断,从根本上是捍卫唱片消费者的公众利益,让他们有更多的渠道以更低的价格获取唱片。

就这点而言,和报刊转载的法定许可的立法目的是一致的。但是这一法定许可常遭诟病的地方是最后的"但书",即"著作权人声明不许使用的不得使用"。"但书"的设置仍然体现了著作权人意愿优先的原则,这可能弱化了公众使用音乐作品的权利。让音乐作品著作权人行使保留权,尤其是在许可第一家录音制品制作者进行录制以后行使这样的保留权,真有可能出现让第一家录音制品制作者垄断市场的情形。因为按照立法本意,一旦音乐著作权人第一次授权录音以后,他人以相当条件或合理条件来要求录音授权,著作权人不得拒绝。而按照我国的规定,只要著作权人第一次授权后作出了不许使用的声明,其他的录制者就不得使用。这在很大程度上又弱化了这类法定许可的意义。[③] 因此,反对"但书"条款的,主要是基于"制作录音制品的法定许可"原初立法目的。

但支持者认为,著作权人发表作品,表明其主观意愿为传播作品。特定情况下,规定法定许可,对权利人的影响不大。但也存在一些著作权人,由于其他原因,如作品水平不高,在发表作品后,不愿意作品进一步传播。基于对该种情况的考虑,该条在规定法定许可的同时,规定"著作权人声明不许使用的不得使用"。[④] 法定许可制度的设置,固然可以促进公开作品的广泛传播,

---

① 王迁:《论"制作录音制品法定许可"及在我国著作权法中的重构》,《东方法学》,2011 年第 6 期。
② 王迁:《论"制作录音制品法定许可"及在我国著作权法中的重构》,《东方法学》,2011 年第 6 期。
③ 李明德、许超:《著作权法》,法律出版社 2009 年版,第 105 页。
④ 胡康生:《中华人民共和国著作权法释义》,法律出版社 2002 年版,第 169 页。

但此项法定许可制度最根本的意义在于防止音乐作品被少数唱片企业垄断，而不仅仅是促进音乐作品的广泛传播。而"但书"的设置不但不可以促进音乐作品的广泛传播，还扭曲了设置该项法定许可制度的立法本意。

（三）"播放作品的法定许可"

《著作权法》第四十六条第二款规定，广播电台、电视台播放他人已发表的作品，可以不经著作权人许可，但应当支付报酬。我们知道，已经出版的录音制品包含音乐作品，如果广播电台、电视台播放已经出版的录音制品，可以不经著作权人许可，但应当支付报酬。当事人另有约定的除外。这均是对"广播权"的限制，只是分别适用于已经发表的作品和已出版的录音制品。从立法政策上看，这种"法定许可"是为了在不影响作者"发表权"和其经济利益的情况下，促进作品通过广播在更大范围的传播。[1] 该项法定许可曾经激起了很大的争议。争议的缘起，在于1991年《著作权法》对已发表作品的播放规定越来越不适应时代的发展。

1991年《著作权法》第四十条规定，广播电台、电视台使用他人已发表的作品制作广播、电视节目，可以不经著作权人许可，但著作权人声明不许使用的不得使用；并且除本法规定可以不支付报酬的以外，应当按照规定支付报酬。"本法规定可以不支付报酬的"指的是第四十三条的规定，即广播电台、电视台非营业性播放已经出版的录音制品，可以不经著作权人、表演者、录音制作者许可，不向其支付报酬。比较可以看出，在1991年，对已发表作品和已出版录音制品的"广播权"的限制，分别适用法定许可制度和合理使用制度。在1991年，鉴于广播电台、电视台商业化程度还很低，"非营业性播放已经出版的录音制品"还比较符合当时的现实。随着广播电台、电视台逐渐商业化，条款的合理使用日益受到质疑。

在当时，把已出版的录音制品内容规定为合理使用，只单向地考虑电台、电视台的公益性质，没有考虑到音乐作品著作权人乃至表演者、录音制作者的私权性质。版权的本质是利益平衡的产物，只有在保障著作权人私权的基础上，才能更好地实现公共利益的需要，而不是以社会的公共利益全面取代著作权人的私权。违反这一版权本质，那社会的公共利益也得不到保障。因

---

① 王迁：《知识产权法教程》，中国人民大学出版社2014年版，第240页。

此,在 2001 年《著作权法》修改的时候,制定者把已发表的作品以及已出版的录音制品放在同等的法律地位,这一修改符合各国的著作权制度和国际条约,改变过去那种以公共利益之名剥夺著作权人私有产权的状况。

国外许多国家把已发表的作品和已出版的录音制品纳入法定许可制度,但法定的程度有所区别。比如,日本《著作权法》第 68 条第 1 款规定,希望播放已经发表的作品的播放组织,请求与著作权人达成播放许可协议,但未达成协议或者无法进行协议时,经文化厅长官裁定,并且向著作权人支付文化厅长官规定的、相当于一般使用费的补偿金时,可以播放该作品。[①] 该条款也具有法定许可的性质,但法定的程度要弱许多,可以称此条款为前面我们论述的非自愿许可。

该条款规定电台、电视台使用已发表作品分为两步,即协议许可和非自愿许可。第一步是协议许可,只有协议许可不成,才能进行非自愿许可。也不是说协议许可不成,就可以直接从事法定许可了,使用者还必须要经过文化厅长官的裁定并付费才可以。可见,和我国的规定有很大区别。但日本的规定更有柔性,既充分考虑到著作权人的利益需求,也在法定程序的基础上保障公众的利益之需。韩国《著作权法》对已发表作品的广播和日本类似。和日本不同的是,韩国明确"以公益为目的"。

总之,我国对已发表作品和已出版的录音制品的法定许可还有待完善。我国对已发表作品和已出版的录音制品的法定许可没有保留柔性空间,要像日本和韩国那样在充分尊重著作权权益的基础上,再考虑法定的程序。而且在付酬机制上需要规定可操作的具体程序,要不要像韩国《著作权法》那样规定"以公益为目的",也是一个问题。

(四)"编写出版教科书的法定许可"

《著作权法》第二十五条第一款规定,为实施义务教育和国家教育规划而编写出版教科书,可以不经著作权人许可,在教科书中汇编已经发表的作品片段或者短小的文字作品、音乐作品或者单幅的美术作品、摄影作品,但应当按照规定支付报酬,指明作者姓名、作品名称,并且不得侵犯著作权人依照本法享有的其他权利。第二款规定,前款规定适用于对出版者、表演者、录

---

① 《十二国著作权法》翻译组:《十二国著作权法》,清华大学出版社 2011 年版,第 394 页。

音录像制作者、广播电台、电视台的权利的限制。教育事业是社会公共利益的重要组成部分，涉及每位公民的文化民主。通过对版权的法定许可，有助于实现版权的文化民主价值。

在 2001 年修订《著作权法》时增加了这一条款。第五种"制作和提供课件的法定许可"是和第四种类似的，都是基于九年制义务教育和国家教育规划考虑而设置的法定许可制度。第五种法定许可是第四种法定许可的"网络化"，但这一"法定许可"不是出自《著作权法》，而是出自 2006 年的《信息网络传播权保护条例》，其中第八条规定，为通过信息网络实施九年制义务教育或者国家教育规划，可以不经著作权人许可，使用其已经发表作品的片断或者短小的文字作品、音乐作品或者单幅的美术作品、摄影作品制作课件，由制作课件或者依法取得课件的远程教育机构通过信息网络向注册学生提供，但应当向著作权人支付报酬。这两种法定许可作品的类别较广，不仅包括文字作品、音乐作品，还包括美术作品、摄影作品。

在付酬机制上，我国出台了《教科书法定许可使用作品支付报酬办法》，对"作品片段或者短小的文字作品"作出了严格的规定和设置了具体付酬标准。将"编写出版教科书的法定许可"延伸至网络环境，并无太大的争议，鉴于远程教育在互联网时代对教育事业具有不可替代的作用，对已发表作品的法定许可使用具有正当性。但关键是，可以把《信息网络传播权保护条例》第八条纳入到《著作权法》第二十三条第一款中，这样以更高的法律阶位来保障公共文化教育机构促进公民教育的法律正当性。正如有学者所说，从实体规则来说，网络技术正深刻地形塑着我们的生活样态，网络支持的远程教育也将成为公共教育的一种方式，在此领域设定法定许可是必要的，其内容可以融入《著作权法》关于教育目的的法定许可中并予以保留。[①]

从上述对五种法定许可制度的论述可以看出，合理使用更偏重于为公共利益而对著作权的限制，而法定许可不完全是为了公共利益而对著作权的限制。因此，像德国《著作权法》就把以教育为目的的著作权的使用列为合理使用范畴，而不是放在法定许可范畴。[②] 合理使用的直接目的是捍卫公众获取信息自由和公众知情权，而法定许可的直接目的是简化著作权交易手续，促

---

① 管育鹰：《我国著作权法定许可制度的反思与重构》，《华东政法大学学报》，2015 年第 2 期。
② ［德］M.雷炳德：《著作权法》，张恩民译，法律出版社 2004 年版，第 7 页。

进作品广泛迅速传播。① 法定许可制度也具有宪法意义,但最根本的目标是服务于文化经济生活,它最初就是作为市场机制失灵的补救性措施而被提出的,但作品的广泛传播,毕竟为信息市场提供了数量众多且多元的信息,从而间接地服务于版权的宪法价值。版权法的价值目标是多元的,但实现社会正义的价值是最高价值,而法定许可就是实现这一价值的制度安排之一(见下图)②。

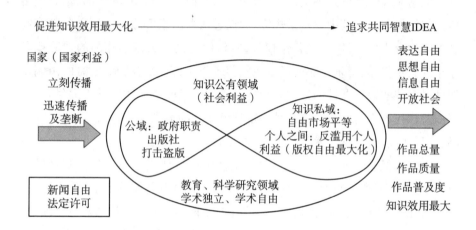

除此之外,合理使用和法定许可还有其他相同与相异之处。合理使用的版权客体可以是已发表的作品,还可以是未发表的作品,美国《版权法》的第107条就这点已经说明得很清楚;而法定许可的版权客体必须是已发表作品,实际上是作品的"二次使用"(Secondary Use)。和合理使用制度相比,这就大大减少了公众获取信息的数量和种类,因为未发表作品可能更具有价值。还有一点要注意,无论是合理使用还是法定许可,都可以为营利性目的而使用版权作品。前面我们论及的合理使用中的转换性使用,有时就是一种商业性的使用行为,不妨碍被认定为合理使用行为。而前面我们讨论的五种法定许可,前三种都不排除商业性使用行为。因此,是不是非营利性使用不是合理使用和法定许可的共有特征,是不是非营利性使用也不妨碍这两种制度发挥其应有的宪法价值。

① 吴汉东:《著作权合理使用制度研究》,中国人民大学出版社2013年版,第135页。
② 徐瑄:《知识产权的对价理论》,法律出版社2013年版,第211页。

三、 报刊转载法定许可制度是否延伸至网络环境的"一波三折"

近两年,官方多次强调对新闻作品要坚持"先许可,后使用"的原则。换言之,版权许可对新闻作品的财产价值的实现至关重要。2014 年,柳斌杰表示,国家准备建立总的许可平台,加强新闻作品版权保护[①];2015 年 12 月,蔡名照表示,新闻作品版权是媒体的核心资产。保护好新闻作品版权,才能将内容资源转化为版权资产。[②] 在传统媒体急剧衰落的全球背景下,官方强调新闻作品的"授权许可"有其政策合理性。但学者们对新闻作品的强保护提出了担忧。魏永征认为,版权法并非单纯保护版权,它还要保障公众的知情权、进行文化活动的权利等,实现两者的合理平衡。[③] 邵国松认为,我国目前对网络版权保护基本上采用了明示许可制,这看似加强了版权人的保护,但也有可能阻碍信息在网络世界的流通,延缓网络媒体的创新发展。[④] 戴昕认为,统一定价付费平台可能导致互联网传播创新的发生和传播服务的供给减少,这反过来又会减少新闻作品的传播力度,导致新闻作品社会价值降低。[⑤]

两种观点都可以从版权法中寻求正当性。新闻作品强保护论者,是考虑创作者和使用者的利益,特别是在媒介融合时代,使用者的成本降低。新闻作品强保护担忧者,是考虑创作者、使用者和消费者三方利益平衡。新闻作品的强保护,必然影响到消费者对新闻的知情表达。在探讨问题前,需要划定新闻作品的范畴。我国 2010 年《著作权法》第五条规定,时事新闻不受著作权保护。按照《著作权法实施条例》的解释,时事新闻指的是单纯事实消息。《著作权法》第二十四条第四款规定,政治、经济、宗教问题的时事性文章不受著作权保护,属于合理使用。本节中的新闻作品,是指除单纯事实消息和时事性文章外的新闻作品。我们从新闻作品使用饱受争议的网络转载切入,借用版权生态学视角,分析网络转载授权许可制度的历史由来,为新闻作品强保护论者提供历史依据;借用法哲学视角,分析网络转载政策制定价值

---

① 杨学莹:《研究传播立法终结媒体管理两个尺度现象》,《大众日报》,2014 年 11 月 27 日。
② 史克男:《依法加强对新闻作品版权保护力度》,《新华每日电讯》,2015 年 12 月 5 日。
③ 魏永征:《从〈今日头条〉争议说到新闻媒体维权》,《新闻记者》,2014 年第 7 期。
④ 邵国松:《新闻聚合的版权问题研究》,《南京社会科学》,2015 年第 5 期。
⑤ 戴昕:《产权话语、新闻生产与创新竞争——评"今日头条"事件》,《科技与法律》,2015 年第 2 期。

基础的变化,为新闻作品强保护担忧者提供历史依据。在各方都有历史依据的情况下,针对如何调和强保护论者和担忧者之间的冲突,笔者提出以创新版权许可制度作为必要的解决路径。

(一) 三个阶段与两种视角

我国对网络转载的法律规制,大致分为三个历史阶段:

1. 2000—2006 年,网络转载适用法定许可

2000 年,最高人民法院通过的《关于审理涉及计算机网络著作权纠纷案件适用法律若干问题的解释》(以下简称《解释》)第三条规定:"已在报刊上刊登或者网络上传播的作品,除著作权人声明或者上载该作品的网络服务提供者受著作权人的委托声明不得转载、摘编的以外,网站予以转载、摘编并按有关规定支付报酬、注明出处的,不构成侵权。但网站转载、摘编作品超过有关报刊转载作品范围的,应当认定为侵权。"

2. 2006—2012 年,网络转载进入无法律依据的模糊处理阶段

2006 年,最高人民法院对《解释》进行修订,这次修订唯一变动之处,就是删除了确立网络转载法定许可的第三条。

3. 2012—2015 年,网络转载适用授权许可

2012 年,最高人民法院发布《关于审理侵害信息网络传播权民事纠纷案件适用法律若干问题的规定》(以下简称《规定》),取代了以前反复修改的《解释》。《规定》第三条规定:"网络用户、网络服务提供者未经许可,通过信息网络提供权利人享有信息网络传播权的作品、表演、录音录像制品,除法律、行政法规另有规定外,人民法院应当认定其构成侵害信息网络传播权行为。"该条指出无论是网络用户还是网络服务者转载他人作品,必须要经过权利人的授权。

时间区隔	许可类型	法律依据
2000—2006 年	法定许可	《关于审理涉及计算机网络著作权纠纷案件适用法律若干问题的解释》
2006—2012 年	无明确	无法律依据
2012—2015 年	授权许可	《关于审理侵害信息网络传播权民事纠纷案件适用法律若干问题的规定》

我们借用版权生态学与法哲学视角,意在揭示三次历史变化的语境与本质。版权制度生态从制度发生学与发展史的角度,研究版权制度产生、变革与发展过程中各种因素之间的关系。[①] 版权制度生态还可以细分为版权制度之内和版权制度之外。[②] 版权制度之内(版权内部制度生态),就是版权之所以保护及如何保护的规范技术等,寻找其内在的规范规律。版权制度之外(版权外部制度生态),就是研究版权与政治、经济等外部环境的关联。版权生态学的缺点,在于无法揭示版权制度变迁的本质过程。为了完成这一任务,我们引进法哲学视角。法哲学的理论使命总体表现为,并不满足于仅仅描述千差万别、千变万化的现象,而总是试图把握内在的、稳定不变的"统一性原理"。[③] 法哲学视角意在揭示版权价值基础如何影响网络转载的许可制度。

(二) 内外部制度生态型构版权许可制度

1. 外部制度生态建构法定许可(2000—2006 年)

1990 年代,基于特殊国情,我国《著作权法》规定了报刊转载法定许可。网络时代来临后,网络版权能否直接移植报刊转载法定许可?在当时,不是没有争议,而是共识大于争议。时任最高人民法院知识产权庭庭长蒋志培就撰文说,司法实践部门多数支持网络转载适用法定许可,而版权行政部门多支持网络转载适用授权许可。综合考虑,法定许可最终被采纳。[④] 司法、行政部门经过权衡取得共识。学术界也是如此。2001 年,在学术研讨会上,复旦大学法学院等单位学者一致认为,法定许可是解决网络侵权的理性选择。[⑤] 大连理工大学知识产权学者陶鑫良连续发表三篇文章,呼吁网络转载适用法定许可。[⑥]

司法、行政和学界对法定许可的主观选择,受到外部多个环境因素的制约。网络海量作品,从过程主义审视,如果被转载作品都要经过授权,可以想

---

① 宋慧献:《版权保护与表达自由》,知识产权出版社 2011 年版,第 208 页。
② 徐瑄:《关于知识产权的几个深层理论问题》,《北京大学学报(哲学社会科学版)》,2003 年第 3 期。
③ 黄文艺:《法哲学解说》,《法学研究》,2000 年第 5 期。
④ 蒋志培、张辉:《依法加强对网络环境下著作权的司法保护——谈最高法院网络著作权案件适用法律的司法解释》,《人民司法》,2001 年第 2 期。
⑤ 王申:《网络著作权法律保护理论研讨会综述》,《法学》,2001 年第 5 期。
⑥ 陶鑫良:《网上传播国内一般作品应当适用"法定许可"》,《法学》,2008 年第 8 期;陶鑫良:《网上作品传播的"法定许可"适用探讨》,《知识产权》,2000 年第 4 期;陶鑫良:《网上作品传播的"法定许可"适用探讨(续)》,《知识产权》,2000 年第 5 期。

象，授权过程花费的人力与财力等交易成本将巨幅提高，"交易成本增加，交易数量将会减少"①，这样会把新生的互联网置于危险境地。从结果主义审视，针对授权许可制度，如果没有成熟的授权流程作为保障，会导致大量的侵权官司出现。在法定许可制度出台之前，网络转载已引发了较多的版权诉讼，如陈卫华案、《大学生》杂志社案等。倘若网络转载适用授权许可，只要使用者没有授权，就会被判定为侵权，那版权诉讼将犹如洪水般冲袭法院，法院将难以抵御。诚如蒋志培所说，如果简单地绝对禁止，不但社会各界、当事人一时不好适应，面对急剧增加的侵权案件，法院也难以承受。②

由此可见，网络技术、司法资源、经济结构等都决定着网络转载许可制度的选择。法定许可制度比授权许可制度，更有利于优化网络转载与外部制度生态的关系。

2. 内部制度生态引致的"无法律依据"（2006—2012 年）

到 2006 年，除了《著作权法》以及最高法的《解释》外，我国版权内部制度生态中又多了三部法规规章——《著作权集体管理制度》（以下简称《制度》）、《互联网著作权行政保护办法》（以下简称《办法》）和《信息网络传播权保护条例》（以下简称《条例》）。

之所以要废除网络转载法定许可，主要是由版权内部制度生态不协调引致的。这种不协调主要来自《解释》与《条例》对网络转载的双重制度冲突。一是《条例》"目的论"与《解释》"非目的论"的冲突。《条例》规定只有在发展教育和扶助贫困两种情况下③，才适用法定许可。《解释》规定网络转载法定许可，并不限定目的。盖因网络转载的目的可能是发展教育和扶助贫困，也可能是满足广大网民的知情表达需求。《解释》暗含的网络转载法定许可广义目的，与《条例》规定的发展教育和扶助贫困的狭义目的并不一致。二是《条例》的"国际化"与《解释》的"本土化"的冲突。《条例》的"国际化"体现为，既借鉴了《版权条约》和《表演和录音制品条约》等国际条约，也借鉴了欧美的《版权指令》和《数字千年版权法》。无论是国际条约还是欧美网络版权法，都

---

① ［美］罗纳德·H. 科斯：《企业、市场与法律》，盛洪、陈郁译校，格致出版社、上海三联书店、上海人民出版社 2009 年版，第 9 页。
② 蒋志培、张辉：《依法加强对网络环境下著作权的司法保护——谈最高人民法院网络著作权案件适用法律的司法解释》，《人民司法》，2001 年第 2 期。
③ 郑经：《合理限制信息网络传播权》，《中国改革报》，2006 年 5 月 30 日。

没有把法定许可纳入网络转载领域,《条例》显然也不会有。而《解释》的网络转载法定许可,直接移植报刊转载法定许可。鉴于互联网是全球性的发展事业,《解释》的"本土化"移植可能要服务于《条例》的"国际化"移植,这样我国的互联网才能与国际接轨。

删除法定许可的同时,为什么没有明确替代性制度,这就要联系此时的外部制度生态。在授权流程机制上,还没有依据《制度》建立起具有中介性质的集体管理机构。在司法资源配备上,还没有做好应对授权许可带来的"诉讼潮"。在媒体经济结构上,报刊的垄断开始受到网络的撼动,报刊先是以"宣言"的方式结盟,而后以版权的名义诉讼。[①] 但它们的关系基本上还能够维持,通常以和解或不了了之的方式结束。在外部制度生态没有发生根本变化的情况下,为了维持内部制度生态的和谐统一,删除法定许可是法律制定者的权宜之计。

3. 内外部制度生态合力促成授权许可(2012—2015 年)

到 2012 年,为什么法律明确网络转载的授权许可呢? 盖因网络转载的内外部制度生态悄然发生了变革。

先说外部制度生态。截至 2012 年 6 月底,网民数量达到 5.38 亿,其中手机网民达到 3.88 亿,较 2011 年底增加了约 3270 万人,手机网民的数量首次超越台式电脑网民的数量,意味着移动互联网迎来了高速发展的时期。[②] 网络的迅猛发展,带来了版权诉讼激增。2008 年至 2012 年 6 月,全国法院审结专利案 24644 件、技术合同案 2907 件、商标案 40370 件、著作权案 98801 件。[③] 网络转载适用授权许可,在本就激增的版权诉讼基础上,数量还会增加。随着知识产权法院的建立,司法资源与版权诉讼之间的落差可能会减少。在行政执法资源配备上,国家版权局也做好了网络版权诉讼增多的准备。近三年,国家版权局把网络转载纳入版权行政治理的对象。

再说内部制度生态。2004 年,在版权内部制度生态中,我国出台了规制网络版权授权流程的《制度》,但此后几年,一直没有依据《制度》成立相应的集体管理机构,特别是大量的文字作品的授权,从而使该制度处于"悬置"阶

---

① 鞠靖等:《先分是非,再谈利益,媒体版权十年战争》,《南方周末》,2014 年 6 月 12 日。
② 《第 30 次中国互联网络发展状况统计报告》,2012 年 7 月,http://www.cnnic.net.cn/hlwfzyj/hlwxzbg/hlwtjbg/201207/t20120723_32497.htm,2019 年 10 月 5 日。
③ 于呐洋:《探索研究建立知识产权专门法院》,《法制日报》,2012 年 12 月 26 日。

段。直到 2008 年,我国依据《著作权法》和《制度》成立了文字作品著作权集体管理机构——文字著作权协会,才使该制度终于"落地"。文字作品著作权协会代替版权人向作品使用者直接授权并收取使用费,然后再把使用费分配给版权人。这种"中介"功能避免了使用者花费巨大成本直接向版权人获取授权,科斯式的"组织替代合约"的方案舒缓了网络转载海量授权的压力。在内部制度生态中,2014 年,国家版权局联合其他部委发布新版的《使用文字作品支付报酬办法》,使转载付酬有了新的实践依据。

(三) 网络转载版权许可制度:法哲学的历史追问

以上表明,新闻作品的授权许可,是建基于一定的历史逻辑之上的,其合理性自不待言。下面我们将转向法哲学视角,对网络转载许可制度再分析,理清担忧论者担忧的合理性在哪里,以及其历史逻辑又是怎样的。通常,对版权的法哲学分析往往采取两大进路,即功利主义和自然权利。[①] 网络转载许可制度的历史逻辑表现为,选择功利主义还是选择自然权利作为价值基础的过程。

1. 两大法哲学进路

(1) 功利主义与传播效用最大化

功利主义的核心在于,行为或规则是否实现了"最大多数人的最大幸福"。[②] 现代功利主义学说更愿意把"幸福"解释为"效用",认为功利主义以效用最大化为基础。无论是美国的版权法还是我国的版权法,都体现了功利主义的价值取向。《美利坚合众国宪法》规定,国会有权力为促进科学和实用技术的发展,保护作者和发明人对他们各自的作品和发明在一定时期内享有排他权。[③] 美国版权法的根本目标是"促进科学和实用技术的发展",赋予创作者版权只不过是实现这个目标的"工具"。版权功利主义也常被称为版权工具论。同样,我国版权法也坚守了版权功利主义的价值,《著作权法》第一条开宗明义阐发立法目的,即为保护文学、艺术和科学作品作者的著作权,以及与著作权有关的权益,鼓励有益于社会主义精神文明、物质文明建设的作品的创作和传播,促进社会主义文化和科学事业的发展与繁荣,根据宪法制定

---

① 〔澳〕彼得·德霍斯:《知识产权法哲学》,周林译,商务印书馆 2008 年版,第 208 页。

② 何怀宏:《伦理学是什么?》,北京大学出版社 2011 年版,第 87 页。

③ 〔美〕劳伦斯·莱斯格:《代码:塑造网络空间的法律》,李旭译,中信出版社 2004 年版,第 165 页。

本法。让更多的作品被创作与传播应优先于作者的版权。

网络转载适用法定许可,既避开了创作者的授权,又可以防止作者的版权收益被非法掠夺,这样确保创作者获取利益的前提下,最大可能地通过使用者对版权作品的有效使用,扩大网络信息总量以及多元程度。吴汉东教授这样评价法定许可,即集"权利限制"与"报酬补偿"于一身的法定许可,在私益和公益博弈之中既能减缓授权许可之"刚",又能弥补合理使用之"柔",具备了不可替代的法律功能①,刚柔兼济中实现功利主义的价值目标。

(2) 自然权利与私有产权保护

自然权利,主要源于洛克对私有财产的论述。洛克在《政府论》第二篇第五章"论财产"中,集中讨论了个人何以可以拥有财产。洛克认为,对于上帝赋予的人类共有物,每个人通过劳动在共有物上添加了原来没有的东西,从而使共有物脱离了原始状态,那么在共有物上添加的东西就理所应当地归劳动者个人所有。之所以如此,因为劳动是通过每个人的身体进行的,而每个人对自己的身体拥有所有权。② 洛克借用"劳动"概念为私人在自然状态下获取财产权提供正当性。今天坚持版权自然权利论者,仍然从洛克那里寻求理论资源和道德支撑。

网络转载适用授权许可,其价值基础就是版权自然权利。作品是作者智力劳动的成果,作者为作品的创作呕心沥血,因而理应成为作者财产利益的一部分。只有把版权作为私有财产权,版权才可以进入市场和其他有形财物进行交换。如果他人未经作者授权就私自使用,那无异于把他人的有形财物占为己有,就要承担法律规定的侵权责任。我国《著作权法》规定人身权不可以市场交易,但财产权可以根据权利者的意思自治参与市场交易,从而实现版权作为私有财产的价值。③ 在现代社会,版权作为私有财产,要受到公共利益原则的制约。

2. 网络转载许可制度的价值基础:从功利主义转向自然权利

版权法专家戈斯汀(Paul Goldstein)说过,知识产权法在私人产权与公共领域之间的界线,是一种法律上的人为设定。这条界线的移动随着各个国

---

① 张曼:《著作权法定许可制度研究》,厦门大学出版社 2013 年版,第 2 页。
② [英]约翰·洛克.《政府论两篇》,赵伯英译,陕西人民出版社 2004 年版,第 144—158 页。
③ [澳]彼得·德霍斯:《知识财产法哲学》,周林译,商务印书馆 2008 年版,第 200—201 页。

家以及文化上的态度而变。① 我国网络转载许可制度的历史变迁,能够从整体上诠释政策制定者在功利主义与自然权利之间的"人为设定"。版权法的根本功能是协调作者、企业和消费者三方的利益,它通过创作、传播与知情发挥着文化、经济和社会三重目的。② 新闻作品的职务属性以及新闻生产、新闻转载的"准入"制度,决定着新闻作品版权主要属于传统媒体,而网络媒体主要是新闻作品的使用者。网络转载许可制度,实质上是在协调传统媒体、网络媒体以及消费者的利益。因而,我们将从传统媒体、网络媒体以及消费者三个维度,从法哲学视角对网络转载许可制度的三个阶段进行历史追问。

在 2000—2006 年间,网络转载适用法定许可。法定许可的根本目的,在于"简化著作权手续,促进已发表作品广泛迅速传播"③。显然,政策制定者是把功利主义作为价值基础。版权功利主义,既考虑传统媒体、网络媒体的产业利益,也重视消费群体的社会福祉。网络转载法定许可,可以协调好传统媒体、网络媒体和消费群体三方的利益。新世纪初,我国也有协调好三方利益的现实语境。就传统媒体与网络媒体的关系而言,两者"投桃报李""共度蜜月"。④ 传统媒体以强大的资本和内容生产优势,希望网络转载。曾有报社社长这样说道:"现在我恨不得新浪、搜狐天天用我的新闻,唯一的期望就是注明出处。"⑤网络媒体希望有丰富的内容来源,也愿意依靠传统媒体。就传统媒体与消费群体的关系而言,普通公众还是以传统媒体为消费对象。就网络媒体与消费群体的关系而言,硬件成本和网络接入制约着人们对网络媒体的消费。网络转载法定许可正契合以上描绘的语境。即使法定许可的付酬机制不完善,传统媒体也感觉无所谓。而真正得实惠的是消费群体,作品的广泛传播,增加了信息总量以及多元程度,从而满足公众的言论需求。

在 2006—2012 年间,随着信息网络传播权的确立,对网络转载的版权许可发生了变化。法律删除了法定许可,但又没有明确替代性的制度。对网络转载版权许可究竟是以什么价值基础作为指导的呢? 我们仍以传统媒体、网

---

① [美]保罗·戈斯汀:《著作权之道:从古登堡到数字点播机》,金海军译,北京大学出版社 2008 年版,第 10 页。

② 李雨峰:《著作权的宪法之维》,法律出版社 2012 年版,第 172 页。

③ 吴汉东:《著作权合理使用制度研究》,中国人民大学出版社 2013 年版,第 135 页。

④ 鞠靖等:《先分是非,再谈利益,媒体版权十年战争》,《南方周末》,2014 年 6 月 12 日。

⑤ 刘海明:《报纸版权问题研究》,中国社会科学出版社 2013 年版,第 72 页。

络媒体以及消费群体三个维度来分析。就传统媒体与网络媒体的关系而言，2005 年，传统媒体向网络媒体全面宣战。宣战的方式，先是传统媒体结盟，发布了《南京宣言》《发起全国报业内容联盟的倡议书》。[①] 结盟失败后，个别媒体拿起法律武器维权，如《新京报》。对于传统媒体而言，无论是相互结盟还是法律维权，与网络媒体的关系虽然紧张，但还是能勉强维持。对于传统媒体、网络媒体各自与消费群体之间的关系而言，人们越来越青睐网络媒体。官方没有旋即用授权许可取代法定许可，还是考虑维护普通公众对媒介的消费权利。对网络转载的版权许可仍然在坚守功利主义价值。学术界对网络公共领域投入的研究热情，就可以折射这一时期公众对网络媒介的消费参与。以"网络公共领域"为主题词在中国知网上搜索发现，2006—2012 年，网络公共领域的研究论文逐年增多，在 2012 年左右达到顶峰（如下图）。实际上，网络转载法定许可在这一时期"名废实存"。

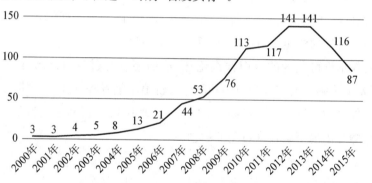

到 2012 年，立法者明确网络转载要授权许可。这种许可的价值基础是版权自然权利。我们仍然以上述三方的利益来分析。对于传统媒体与网络媒体的关系而言，移动媒体犹如一批"黑马"，介入本就不和谐的传统媒体与网络媒体之间。媒体的利益格局变得异常复杂。"硝烟弥漫下，'敌人'的面目远不如当初'一个联盟对抗另一个联盟'时清晰。"[②] 结盟本就不成，"受委屈"的媒体只能以信息网络传播权被侵害为由诉诸法律，如"今日头条"争议案。媒体利益被日益强化时，自然权利价值论甚嚣尘上，无论是都市媒体还是党媒，都以"劳动""资产"为修辞争利益。《广州日报》《楚天都市报》等媒体

① 鞠靖等：《先分是非，再谈利益，媒体版权十年战争》，《南方周末》，2014 年 6 月 12 日。

② 鞠靖等：《先分是非，再谈利益，媒体版权十年战争》，《南方周末》，2014 年 6 月 12 日。

诉"今日头条"使用的诉讼话语就可见端倪。不止立法与司法部门认同版权自然权利,版权行政部门也认同版权自然权利。2012年前,版权功利主义主导着立法、司法和行政部门的行动,对传统媒体与网络媒体的转载关系,这些部门以"法定许可""模糊态度"来处之。2012年后,版权自然权利主导着立法、司法和行政部门的行动。版权逐渐变成了媒体争利益的修辞,原有的三方"利益平衡术"逐渐变成了媒体间的"利益战争",公众利益在媒体的"利益战争"中被弱化了。

新闻作品强保护论者可从版权生态学的阐释中寻求正当性。倘若从法哲学视角出发,网络转载许可制度的价值基础,正从功利主义转向自然权利。以自然权利为价值基础的授权许可,突出了创作者和使用者的利益,矮化了普通消费者的利益,引起学者们的担忧。如何消解担忧?笔者看来,还是要创新许可制度,让我们重返功利主义时代。可以考虑废除目前的报刊转载法定许可制度,建议我国《著作权法》引进默示许可以实现制度创新之目的。至于广播电视播放法定许可制度,后面将会专门讨论。

对默示许可制度的专门详细论述,后面还会通过专章进行探讨。在这里,只是为了强调要实现版权的功利主义价值。笔者呼吁要尽可能在我国著作权法体系中引进默示许可制度,以重新实现版权的功利主义价值,从而实现媒介融合语境下版权许可制度的创新。

四、 基于媒介融合的播放作品法定许可制度研究

在媒介融合语境下,我国著作权法体系中的法定许可制度与媒介融合紧密相关的两项是报刊转载、摘编法定许可和广播电视播放作品法定许可。报刊和广播电视的融合是媒介融合的"主力军",这两类媒体如何在融合过程中使用已经发表的作品是事关媒介融合是否成功的关键。所以,基于媒介融合的实践,我们上文阐释了我国著作权法体系中的五种法定许可制度,此处只研究广播电视播放作品法定许可制度,报刊转载法定许可制度在之前谈及创新版权许可制度必要性的时候已经详细探讨过。

随着文化市场的繁荣发展,广电媒体和互联网媒体的深度融合,各地区电视台都在创新节目类型,争取更多地在网上传播流量。各大电视台涌现出一批制作优良的歌唱类综艺节目,如北京卫视《跨界歌王》、湖南卫视《我是歌

手》、浙江卫视《中国好声音》等。但在节目热度持续攀升的同时，一些电视台却因为歌曲使用问题卷入版权纠纷。例如，在《跨界歌王》节目中，参赛选手未经许可翻唱作品，就曾遭到音乐人高晓松在微博上的公开质疑。湖南电视台也曾因为节目嘉宾未经许可的翻唱行为，接到来自原作者的律师函。[①] 实际上，根据我国《著作权法》第四十六条第二款规定，广播电台、电视台播放他人已发表作品，可以不经作者许可，但应当支付报酬。据此，如果法律没有特别规定，广播电台、电视台在保证支付报酬的情况下，无须经过著作权人的许可，可以在各栏目中播放任何他人已经发表的作品。[②] 该项规定自 2001 年第一次制定，给广播电台、电视台使用作品提供了极大的便利，但在实践中却出现了一些损害作者合法利益的情况。中国文字著作权协会总干事张洪波曾表示："现在的实际情况是，除了音乐作品外，几乎没有权利人能够从广电组织拿到其已发表作品广播权的使用费。法律规定的权利人这类权利无法实现，造成了权利人与使用者间长期的利益不平衡。"[③]而即便是音乐作品，从中国音乐著作权协会近年的维权诉讼中看，大量电视台在使用作品时也存在着不署名不付酬的侵权问题。[④]

　　鉴于法定许可的实施现状，也因为当前的媒介融合语境的出现，第三次《著作权法》修改过程中出现了一些废除法定许可制度的声音。在《著作权法（修改草案第二稿）》中，立法者更是直接删除了播放作品法定许可的规定。尽管在之后的《著作权法（修订草案送审稿）》中，播放作品法定许可制度又予以恢复，但该过程暴露出立法者对此项制度存废与否的犹疑态度。因此，笔者希望通过对该项法定许可制度国际法渊源的探究，以及对我国播放作品法定许可制度的梳理，明晰该项制度在我国的立法价值，并综合当前学者对其存废的不同意见，对媒介融合语境下播放作品法定许可制度的存废和发展进行研究。

[①]《高晓松怒怼〈跨界歌王〉侵权　节目组发致歉信补救》，2018 年 5 月，http://www.sohu.com/a/231619025_114941，2019 年 10 月 8 日；《维塔斯发律师函禁止迪玛希唱〈歌剧 2〉》，2017 年 2 月，http://ent.sina.com.cn/z/v/2017-02-01/doc-ifxzyxmu8465590.shtml，2019 年 10 月 8 日。

[②] 我国广播电台、电视台播放作品法定许可中的作品，包括录制于已出版录音制品中的作品和其他已发表的作品。

[③] 张洪波：《著作权法修订应解决哪些"硬伤"》，《中国新闻出版广电报》，2018 年 3 月 1 日。

[④] 2015 年至 2018 年间，合肥广播电视台、济南广播电视台、江西广播电视台、南昌广播电视台、广西广播电视台、苏州广播电视台等多家电视台都曾因播放他人音乐作品（包括录音制品）未支付报酬的行为被中国音乐著作权协会诉至法庭。

（一）播放作品法定许可的国际法渊源及其价值考量

1. 国际公约中对广播权限制的规定

广播电台、电视台播放作品主要涉及作品作者的广播权。在 20 世纪初，情报通讯工具迅猛发展。1922 年，随着无线电在英国和法国的应用，被广播作品的版权保护问题——是否应授予艺术作品以独立的广播权，成为当时法律界探讨的课题。① 同时，由于广播在文化教育和信息传播方面所起到的重要作用，如何规定该项权利也成为讨论的重点。在 1928 年修订《伯尔尼公约》的罗马大会期间，以挪威、澳大利亚和新西兰为代表的"主限派"，建议对广播权的行使施以直接的强制许可，或规定特殊例外的方式进行限制；而以法国为首的"反限派"则主张公约采用绝对化的保护，来维护作者的权利。最终，会议总委员会在两种对立意见中达成妥协②，形成了《伯尔尼公约》（罗马文本）第 11 条之 2 的内容：

（1）文学艺术作品的作者享有授权通过广播向公众传播其作品的独占权利；

（2）本同盟成员国的国内立法有责任规定行使权利的条件，但这些条件的效力严格限于对此作出规定的国家。在任何情况下，这些条件均不应有损于作者的精神权利，也不应有损于作者通过主管当局获得公平补偿的权利。③

1948 年，布鲁塞尔文本对广播电台、电视台传播作品的行为进一步扩大并进行细分，相应的广播权限制也进一步扩展。具体来说，布鲁塞尔文本将有线、无线以及用扩音器或电视机等方式向公众传播无线电广播的作品纳入了广播权的范围。④ 该项规定最终为 1971 年《伯尔尼公约》巴黎文本所继承。在《伯尔尼公约》之后的一些国际条约中，也有对作者权利限制的条款规定。

---

① Stephen P. Ladas, *The International Protection of Literary and Artist Property*, Vol. 1: *International Copyright and Inter-American Copyright*, New York: The Macmillan Company, 1938, p. 470.

② ［澳］山姆·里基森、［美］简·金斯伯格：《国际版权与邻接权：伯尔尼公约及公约以外的新发展》，郭寿康、刘波林等译，中国人民大学出版社 2016 年版，第 728—729 页。

③ See Berne Convention (Rome Act, 1928), Article 11bis, https://wipolex. wipo. int/zh/text/278725, 2019 年 10 月 8 日。

④ See Berne Convention (Brussels Act, 1948), Article 11bis(1), https://wipolex. wipo. int/zh/text/278722, 2019 年 10 月 8 日。

除了《罗马公约》在第 15 条中限定了合理使用与法定许可的具体行为外，TRIPs 协议、WCT 以及 WPPT 都在承认《伯尔尼公约》权利限制规定的基础上，借鉴了《伯尔尼公约》第 9 条第（2）款针对复制权限制的"三步检验法"，作为著作权限制的普遍适用规范。

2. 国际公约中广播权限制的价值考量

对于权利限定的法理基础，《伯尔尼公约》中没有特别指出。一般认为，公共利益是公约中限制性规定的衡量要素。在促成《伯尔尼公约》缔结的谈判一开始的时候，努马·德罗茨就提醒各位代表注意对绝对保护的限制，应当由公共利益来正确界定。[1] 但由于各国历史、文化和社会情况的不同，对公共利益的理解，各国都有不同的判断。在广播权制定之初，立法者对广播权限制条款的立法价值期待，主要包括以下几点：

（1）避免权利垄断。在澳大利亚、新西兰、北欧等国家，国内集体管理组织掌控大部分音乐作品的表演权，排他性权利的规定使集体管理组织存在对作品专有权利垄断的可能，尤其是可能涉及新的广播媒体。为避免这种风险，这些国家主张对权利采取一般性的控制。[2]

（2）保证广播电视社会功能的实现。在英国、澳大利亚和新西兰，广播电视本身所具有的教育和信息传播的社会功能，通常是由政府或公共机构执行，或在其密切监督下由相关机构执行。相比于录音制作法定许可，广播电视播放有更多的公共利益来支持。[3]

（3）平衡利益冲突。由 WIPO 负责撰写的《伯尔尼公约指南》指出，该项限制的宗旨是在相互冲突的利益之间促成合理的平衡。使用作品的新技术方式不断产生，增加了作者行使专有权的困难，甚至可能使个人授权在实践中变得不再可行，因此为了给大量作品的使用提供保证，以及使作者能够通过合同或强制许可获得合理报酬，一揽子许可可能成为必然趋势。[4]

---

[1] WIPO：《保护文学和艺术作品伯尔尼公约指南》，刘波林译，中国人民大学出版社 2002 年版，第 57 页。

[2] WIPO：《保护文学和艺术作品伯尔尼公约指南》，刘波林译，中国人民大学出版社 2002 年版，第 57 页。

[3] WIPO：《保护文学和艺术作品伯尔尼公约指南》，刘波林译，中国人民大学出版社 2002 年版，第 57 页。

[4] WIPO：《保护文学和艺术作品伯尔尼公约指南》，刘波林译，中国人民大学出版社 2002 年版，第 57 页。

（二）我国播放作品法定许可的立法沿革与价值分析

1. 第一阶段：1990 年《著作权法》规定使用作品制作节目的法定许可

在 1990 年《著作权法》制定之前，我国在著作权领域的立法局限于对文字出版物的规定，缺少对其他权利的关注。长期以来，广播电台、电视台仅在使用未公开发表的作品时向著作权人支付报酬，使用已经发表的作品一般不向著作权人支付报酬。1990 年《著作权法》第一次对广播电台、电视台使用作品的行为进行规定，要求广播电台、电视台在使用他人已发表作品制作节目时，可以不经著作权人许可，但应当支付报酬，但著作权人声明不许使用的不得使用。

在当时的环境下，广播电台、电视台尚未形成向著作权人支付报酬的习惯，但作品是制作广播电视节目的源泉，只有保障作者的合法权利，充分调动著作权人的积极性，才能促进广播电视节目的繁荣。另外，广播电台、电视台的运营依赖于作品及时高效的输出，但当时相关的作品集体管理组织尚未成立，作者与使用者之间执行单独授权困难较大，所以不许可只付酬的方式更为可行。从这个角度来说，制定该项法定许可既是为了保障作者经济利益的实现，也是为了方便广播电台、电视台对作品的获取。这一立法目的与《伯尔尼公约指南》中有关利益平衡的论述有相似之处。

2. 第二阶段：2001 年《著作权法》规定播放作品法定许可制度

与 1990 年《著作权法》相比，2001 年《著作权法》将"制作广播、电视节目"的法定许可修改为"广播电台、电视台播放他人作品"的法定许可，同时删除著作权人可以声明排除法定许可适用的内容，进一步确认法定许可的效力。另外，《著作权法》还将"广播电台、电视台非营业性播放已经出版的录音制品"的合理使用修改为法定许可，在第四十三条规定："广播电台、电视台已经出版的录音制品，可以不经著作权人许可，但应当支付报酬。当事人另有约定的除外。"

相比于 1990 年，2001 年《著作权法》制定时期，中国音乐著作权协会已经成立，部分作品许可可以通过集体管理组织完成。同时，在 20 世纪 90 年代，越来越多的广播电台、电视台开始从非营利性的政府机关管理走向营利性的企业化管理道路，废除有关广播电台、电视台法定许可的声音开始出现。最终立法者基于我国电台、电视台所承担的任务和性质没有改变，以及设立法定许可的某些客观情况依然存在，在立法结果上，并未删除该项法定许可，而是以更符合国际公约规定的方式，将制作节目法定许可和使用录音制品的合理使用,统一修改为播放作品法定许可。所谓的"客观情况"是指单独授权所存在的困难,所谓的"任务和性质"可参考 1990 年《著作权法》制定时,我国广播电台、电视台作为各行政区垄断性广播电视资源合法主体,在宣传、教育和满足人民群众文化生活方面的重要作用进行理解。可以看到,此次修订中,立法者除了考虑到法定许可在降低授权成本上的作用,还强调了广播电台、电视台所承担的社会责任对适用法定许可的要求。

3. 第三阶段:《著作权法》第三次修改增加程序性条款和法律救济规定

2011 年 7 月,《著作权法》第三次修订启动。为了解决著作权人获酬权长期得不到实现的问题,《著作权法(修订草案送审稿)》增加了法定许可适用的程序性条款和法律救济规定,包括第五十条中对使用者在使用前申请备案、使用时指明作品信息、使用后及时支付报酬和报送相关信息的义务性规定。如果使用者不及时履行上述义务,著作权行政管理部门则可以根据《著作权法》第七十七条,对使用者施以行政处罚。另外,送审稿对播放作品法定许可的客体予以合并,不再区分作品和录音制品。

在《著作权法》最新修改中,立法者没有详细阐述保留播放作品法定许可的原因,而仅以"价值取向和制度功能符合我国的基本国情"概括了所有法定许可情形的合理性。对各项法定许可的价值取向、制度功能到底为何,以及如何与我国国情匹配都避而未谈,给各项法定许可的存废留下了很大的争议空间。但从增加法定许可的程序性规定以及法律救济的立法实践来看,立法者仍延续了利益平衡的价值考量。针对我国目前法定许可制度中,著作权人的精神权利和经济利益得不到保障的现状,制定一般性条款确保其权利的实现。

综上所述,我国播放作品法定许可的立法价值包括两点:其一,考虑到我国广播电台、电视台在教育、宣传等公共事务中起到的重要作用,需要对作者的专有权利进行一定的限制,确保其公共职能的实现;其二,设置法定许可制度既降低了大量作品使用的许可成本,又保障了作者经济利益,可以实现平衡作者与使用者利益的立法目的。

(三) 媒介融合语境下我国关于播放作品法定许可的存废讨论

在媒介融合发展前,在国际社会中,广播的非自愿许可规定曾面临着废除的风险。1996 年,WIPO 专家委员会在拟定 WCT 草案时,多个代表团就曾主张取消对作品进行广播的非自愿许可。① 虽然最终该提案未予通过,且我国代表团在当时旗帜鲜明地表达了反对删除该项规定的态度,但在国内,随着时间推移,立法背景发生变化,媒介环境也发生了变化,制度实践中产生的问题越来越突出,学界和实务界开始对该项制度的存废表达出不同的观点。

1. 媒介融合语境下,反对保留播放作品法定许可的观点

认为应当取消该项制度的观点,主要从媒介融合语境下广播电台、电视台的性质变化、实施效果以及替代法定许可的市场协商机制已经形成三个角度进行探讨。

(1) 媒介融合语境下,从政府拨款到企业主体,广播电台、电视台不应再享受法定"倾斜"。随着市场经济的发展,我国广电业已进入市场化改革阶段,逐步形成以公有制经济为主,多种经济成分共同发展的产业格局。广电的性质变化导致当前法定许可范围过宽。在这种情况下,赋予企业型广播电台、电视台过多的法定许可不符合国际标准,不利于著作权保护。②

(2) 媒介融合语境下,集体管理模式可以代替法定许可的应用。因为在定价方面,法定的交易环境可能会使定价标准滞后,作品价值无法得到充分实现。如果已经具备相应的集体管理组织,广播组织这类已经具备市场协商条件的领域,应当逐渐废除法定许可的适用。③

(3) 媒介融合语境下,法定许可制度实施效果不佳,无法保证著作权人获得报酬。从法定许可制度的实践实效来看,尽管法律规定广播电视应当及时向权利人支付报酬,但实际上在该制度实行的 20 多年的时间里,基本没有使用者履行义务,也很少发生使用者因为未履行付酬义务而承担法律责任,权利人的权利未得到切实保障,因此建议取消。④

2. 媒介融合语境下,支持保留播放作品法定许可的观点

媒介融合语境下,保留的观点一般会首先强调法定许可制度在降低交易成本、促进作品的传播、保障公众获得信息的权利、促进广播电视业的健康发

---

① 〔德〕约格・莱因伯特、〔德〕西尔克・冯・莱温斯基:《WIPO 因特网条约评注》,万勇、相靖译,中国人民大学出版社 2008 年版,第 587—588 页。
② 管育鹰:《我国著作权法定许可制度的反思与重构》,《华东政法大学学报》,2015 年第 2 期。
③ 熊琦:《著作权法定许可制度溯源与移植反思》,《法学》,2015 年第 5 期。
④ 《关于〈中华人民共和国著作权法(修改草案)〉的简要说明》,2012 年 4 月,http://news.hexun.com/2012-04-04/140069820.html,2019 年 10 月 10 日。

展等方面的重要作用。其次在替代路径的可行性上，有学者认为，在运行良好的应然层面，集体管理组织与强制许可可使权利人的合理酬劳得到保证，但同样，权利人在付酬标准协商中的地位仍然是边缘化的。就目前我国情况而言，集体管理机制还存在一些问题，强制许可将可能带来纠纷处理成本和差别待遇风险。相比之下，法定许可更具合理性。[①] 在作者获酬权得不到保障的问题上，支持保留法定许可的观点将法定许可制度的制度配置的实施效果与价值选择予以区分，认为不应当因为目前播放作品法定许可制度的实施现状而否认该制度的存在价值。[②]

关于媒介融合语境下的这一问题，笔者访谈了 SMG 版权资产中心副主任姚岚秋[③]和原中央人民广播电台版权资产事务处王昆仑[④]。姚岚秋认为，我国法定许可制度是广播电台、电视台与集体管理组织的合作之基。目前与其签订的一揽子协定也是在法定许可付酬机制的基础上，根据《广播电台电视台播放录音制品的付酬办法》确定的。删除法定许可，可能会给业已形成的平衡造成破坏。对此，原中央人民广播电台版权资产管理处王昆仑也表达了类似的观点，并提出由于广播电视播放具有琐碎性和临时性的特点，当前的著作权集体管理组织由于缺少延伸性集体管理作为保障，无法涵盖广播电视播放所涉及的所有作品，将会给电视台带来侵权风险。

（四）对媒介融合语境下播放作品法定许可制度创新的思考

1. 媒介融合语境下广电的营利性不影响法定许可的适用

媒介融合语境下，广电服务于公众需要，是广电媒体自诞生以来就被赋予的社会功用。根据我国 2017 年修订的《广播电视管理条例》第三条的规定，广播电视事业应当坚持为人民服务、为社会主义服务的方向，坚持正确的舆论导向。该要求自 1997 年《广播电视管理条例》第一次制定，20 年中没有发生任何变化。从国家广播电视总局发布的部门规章来看，我国广播电视在日常运营中需要完成国家要求的各类宣传任务，包括公益广告的播放、普法

---

① 刘银良：《我国广播权法定许可的国际法基础暨修法路径》，《清华法学》，2019 年第 2 期。
② 胡开忠：《广播电台电视台法定许可问题研究——兼论我国〈著作权法〉的修改》，《知识产权》，2013 年第 3 期。
③ 2019 年 4 月 15 日，微信电话访谈 SMG 版权资产中心副主任姚岚秋。
④ 2019 年 4 月 16 日，微信电话访谈原中央人民广播电台版权资产事务处王昆仑。

教育宣传和社会政策宣传等。据2018年全国广播电视行业统计公报显示，我国广播电视的新闻咨询类节目、专题服务类节目以及公益广告播放时长，约占到总节目制作时长的二分之一。[①] 在社会角色上，广播电视依旧是党与政府的喉舌和传统舆论阵地，承担的新闻功能、宣传功能、舆论功能、教育功能和服务功能不可忽视。从这个角度来说，尽管电视台的组织形式和经济结构发生较大变化，但我国广播电视仍在满足公众信息需求、促进信息传播和社会公益服务等方面承担着不可或缺的责任。

另外，从《伯尔尼公约》的规定来看，不需版权人同意但须支付报酬的特点决定了无论是在英美法系还是大陆法系，都主要适用于对作品的商业性使用。[②] 但是也有国家作出相反规定，如美国《版权法》第118条规定，公共广播播放非戏剧性音乐作品、图片、图像和雕塑作品，可以适用法定许可条款。[③] 与我国通常依地域设置电视台的模式相区别，美国广播根据资金来源与营利属性的不同，分为商业广播和公共广播。而二者更为关键的区别在于，与商业广播相比，公共广播更多地承担了社会教育和文化传播的功能。在节目播放上，商业性广播一般播放智力测试、游戏、体育等节目，而公共广播更多地播放原创节目，如介绍音乐史、艺术史和摄影的内容，其中涉及大量的版权材料。虽然商业广播和公共广播存在营利性的分别，但法定许可的适用并非单纯依此为标准，而是更多地考虑到公共广播公司无障碍完成其公益节目任务的需要，以及在没有法定许可的情况下，可能对公共广播、著作权人和更为重要的美国公众的利益的损害。[④]

目前，我国广播电视尚未区分公益广播频道和非公益广播频道。如果仅依据广播电台经营模式的改变而否定法定许可制度的适用必要性，则首先会

---

① 《2018年全国广播电视行业统计公报》，2019年4月，http://www.wenming.cn/bwzx/dt/201904/t20190424_5090545.shtml，2019年10月10日。

② 李永明、曹兴龙：《中美著作权法定许可制度比较研究》，《浙江大学学报（人文社会科学版）》，2005年第4期。

③ 公共广播指非商业性教育广播电台，以及从事非商业教育功能的任何非营利性机构或组织。这里的"教育"是广义概念，主要指为教育和文化而设计的节目。Robert J. Blakely, *To Serve the Public Interest: Educational Broadcasting in the United States*, Syracuse University Press, 1979, p.187.

④ Eric H. Smith, James F. Lightstone, "The New Copyright Law, Public Broadcasting, and the Public Interest: A Response to Public Broadcasting and the Compulsory License", *Comm/Ent L. S.*, 1980, Vol.3, p.33.

对广播电台中涉及大量作品使用的公益节目造成影响。特别是在农村农业、新闻资讯、纪录片、公益广告等类型节目播出时间占比稳步提升的今天,对于仍旧扮演各省市宣传窗口和承担大量社会责任的广播电台来说,不能仅因其营利性而将其等同于美国的商业性广播。因此,在广播电视领域,继续适用法定许可对平衡作者权利和社会公共利益依旧重要。但若今后,广播电台、电视台根据播放内容的娱乐性、教育性、公益性等进行了区分,则可以对该项法定许可制度的适用范围作进一步探讨。

2. 媒介融合语境下完善付酬机制保障权利人经济利益的实现

保护权利人利益实现与保障信息的传播,对于法定许可制度立法价值来说如同鸟之双翼,偏袒了任意一边都将对该制度的实践效果造成伤害。而无论是通过法定许可授权还是通过集体管理组织授权,这两种方式都切断了权利人与使用者之间的直接联系,权利人的经济利益都需依靠一套完整成熟的付酬机制予以保障。在没有规定延伸性集体管理的情况下,相比于集体管理模式,法定许可制度可以最大程度满足广播电视的播放需求。但有权利就有义务,一直以来,法定许可制度被广为诟病的一点就是无法保障权利人经济利益的实现。如果广播电台、电视台播放后不付酬,著作权人就需时时密切收听、收看电台播音和电视节目,为此著作权人需要支付巨大成本,包括机会成本。[①] 因此为避免作品海量使用中,作品使用信息的获取和监督困难,在法定许可制度的程序设计中,应当首先在作品使用到收取费用的各个环节,保障权利人的知情权。

在我国的著作权法领域,该问题长久以来一直没有得到重视。直到此次《著作权法》修订,立法者增加了使用程序的规定,要求使用者在首次使用前向相应的著作权集体管理组织申请备案,然而这一规定却引起了电视台方强烈的不满。从制度设置来看,该规定忽视了广播电视台使用作品的特殊性,大幅增加了电视台方的传播成本。但不可否认的是,备案信息的公布以及著作权集体管理组织查询系统的开通,将极大程度增加作品使用信息的透明度,平衡法定许可中权利人的被动地位。并且适度地增加成本,有利于督促广播电台、电视台通过与作者协商的方式,获得作品的授权使用。

对于广播电台、电视台来说,根据目前的规定,使用者在使用前和使用

① 王清:《著作权限制制度比较研究》,人民出版社 2007 年版,第 287 页。

后,需要分别以备案和使用报告的形式,两次向集体管理组织提供使用信息。根据《著作权法》的最新修订,权利人不得以声明保留的方式排除法定许可的适用。即使权利人通过备案制度知晓作品使用情况,也无法阻止广播电视的使用。因此事先公布备案信息对于作品使用来说意义不大,建议删去针对播放作品法定许可的备案要求,仅需以月为单位向集体管理组织提供使用报告并支付报酬,这样也可以解决作品的"临时使用"的问题。同时为了便于对信息的监督,广播电台、电视台内部还应当建立使用报告的留存制度,以便公众查阅。对于集体管理组织来说,作为作品使用信息的"中转站",应当尽快构建信息公开平台,通过完善技术服务来降低双方信息交流成本,实现使用报告的线上登记和实时公开。同时作为使用费用的收取人,集体管理组织还应设置配套的信息监管和使用信息通知机制,并将信息及时通过信息公开平台,通知已在集体管理组织注册的会员,充分保障信息公开的准确性和有效性。

3. 媒介融合语境下避免播放作品法定许可适用情形的不合理扩张

在当前媒介融合语境下,有关我国播放作品法定许可制度适用情形的扩张,学界也多有讨论,主要包括两个方面,一是播放行为的扩张,二是播放主体的扩张。

在行为上,本条法定许可中的播放,是指广播电台、电视台以无线或者有线的方式进行的首播、重播和转播。在媒介融合语境下,广播电台、电视台也开始开展网上业务。其中,就广播电视的网络直播和转播行为属于作者哪项权利的规制范畴尚有争议,根源在于确定播放中的"有线"方式是否包括互联网传播。依照《伯尔尼公约》中的狭义解释,有线传播与无线传播特指通过有线广播电视、无线广播电视的传播,显然无法涵盖互联网、电信网上的传播行为。但有学者认为,按照体系解释,我国《著作权法》中"有线方式""无线方式"的表述已不限于《伯尔尼公约》中的解释,而是涵盖计算机互联网、固定通信网、移动通信网等信息网络。[①] 如果按照这一观点,广播电台、电视台在其所设置的网站上播放作品的行为也应当属于有线传播的范畴。另外从实际效果上来说,与传统途径相比,网络同步播放只不过是改变了广播信号的承载和传播形式,它所播送的内容仍然是广播组织以无线信号方式所播送的广

---

① 王昆仑:《广播电视网络同步播放中的版权问题研究》,《中国广播》,2014 年第 9 期。

播节目,呈现内容上并无差别,应当被纳入有线传播的范畴。

在主体上,我国播放作品法定许可制度规定在《著作权法》第四章第四节关于广播组织的规定。在当时《著作权法》制定的背景下,广播组织主要指电台、电视台。随着媒介技术的发展,传统媒体加速向网络延伸,传统广播方式向数字化媒介发展。除了原有的广播电台、电视台,各种网络媒体、数字电视、手机应用等都开始从事广播活动。因此有观点认为,区别对待广播电台、电视台与其他广播媒体,有违市场公平竞争,应当一并赋予满足"异地同时"获取节目的媒体以法定许可。[①] 但就目前的情况来看,将网播组织纳入法定许可不利于作者权利保护。与其他媒体相比,我国的广播电台、电视台由国家广播电视行政部门负责审批管理监督,在《广播电视管理条例》的规制下,广播电视人员配置的专业性和资金来源的稳定性可以得到保证。而网络环境下出现的各类网络媒体和手机终端应用,准入资格和监督管理上尚缺乏相应规定。在播放作品法定许可中的作者权利尚未得到完善保护时,盲目引入网络主体,可能会是对作者权利保护的又一重击。另外从我国设立播放作品法定许可制度所基于的立法价值来看,大部分网播组织在内容定位和播放任务上,无须承担传统广播电台、电视台在教育、宣传等事项上的职责和义务。如要延伸该项法定许可至网播组织,则需要对该项法定许可的立法价值作进一步的阐释。

此次《著作权法》修订,立法者也考虑到媒介融合发展的现状和趋势,将广播权修改为播放权,适用于定时播放、网络直播这类非交互式传播。如何解释这里的播放和播放作品法定许可的播放,还留待立法者进一步阐明。但不管怎样,对法定许可适度适用范围的扩张应当综合考虑法定许可制度的立法价值以及配套实施制度是否成熟。在符合法定许可制度的立法价值的基础上,对法定许可制度范围的扩张应当适度合理且不以牺牲作者经济利益为代价。

第三节　基于媒介融合的版权授权许可制度释论与改进

授权许可,是我国媒介融合语境下新闻作品主要的许可方式,已经得到

---

① 曾琳:《著作权法第三次修正下的"限制与例外"制度应用研究》,中国政法大学出版社2016年版,第185—186页。

了官方明确的承认。本节主要从版权实践,特别是针对新闻作品的版权实践出发,对授权许可进行批判性研究。鉴于已经有专著从授权合同的角度讨论授权许可机制、授权许可过程中不当行为的规制、专有授权许可公示制度等①,笔者接下来主要围绕新闻聚合以及新闻作品的授权许可与新闻传播之间的关系进行一番考察。

一、授权许可概念界定以及弊端

授权许可,或称许可使用,或称授权使用,即著作人授权他人以特定方式对作品进行使用。著作权的授权许可是一种重要的法律行为,可以在许可人与被许可人之间建立权利义务关系。它是一种具有设定权利意图的表意行为,授权许可行为依当事人的意思表示内容而发生效力。② 许可人与被许可人双方产生的法律行为的事实依据是拟定并签约许可协议,许可协议是一种在未转让所有权的情况下,转移著作权中的财产权的合同。③ 授权许可是充分发挥合同法在解决版权利益冲突中的重要作用。在解决版权利益冲突的时候,我们有一种错误的观念,认为著作权法是一种"灵丹妙药",可以"包治百病",可以解决现实生活中一切的版权利益冲突。有学者在讨论信息生产者如何"限制"复制行为时,综合考量了以下四个因素,即产权型保护、合同型保护、最新技术的限制和基于特殊目的的技术限制。④

产权型保护实质上就是著作权法保护,它赋予作者一种对世权,不管侵权者是谁,只要是未经作者许可使用了作品,也未落入著作权法中合理使用和法定许可范畴,那侵权者就侵犯了作者的专有权利,作者就可以利用著作权法所赋予自己的对世的专有权利来捍卫自己的版权利益。在李某与中国互联网新闻中心侵害作品信息网络传播权纠纷案中,李某享有涉案图片"清华大学西校门"的著作权,他人未经许可不得擅自使用涉案图片。本案中,被告未经李某许可,在其运营管理的中国网上三次使用李某享有著作权的涉案

① 杨红军:《版权许可制度论》,知识产权出版社 2013 年版,第 74 页。
② 吴汉东:《著作权合理使用制度研究》,中国人民大学出版社 2013 年版,第 127 页。
③ 〔美〕德雷特勒:《知识产权许可(上)》,王春燕等译,清华大学出版社 2003 年版,第 2—3 页。
④ 〔美〕朱莉·E. 科恩、〔美〕莉蒂亚·P. 劳伦、〔美〕罗斯·L. 欧科迪奇、〔美〕莫林·A. 奥洛克:《全球信息经济下的美国版权法》,王迁、侍孝祥、贺炯译,商务印书馆 2016 年版,第 10 页。

图片,未为李某署名,其行为侵害了李某对涉案图片享有的署名权、信息网络传播权。被告应对其侵权行为承担停止侵权、赔礼道歉、赔偿损失的法律责任。[①] 李某案就是利用著作权法来解决版权利益冲突的典型。

合同型保护是除著作权法以外重要的解决版权权利义务冲突的方式。美国版权法实务中越来越多地使用著作权许可使用合同的指导原则有以下几点:(1)许可使用须在著作权有效期限内,也就是说许可合同的签约必须是在著作权有效的全部期间或其中某一特定期间,如果超过了这个保护期,其许可无效;(2)作品的许可使用权一般须由受让人本人行使,权利未经著作权所有人的同意,被许可人不得将作品使用权再许可给第三人;(3)许可使用的权利仅涉及约定的著作财产权,所许可的权利以合同约定的范围为限度;(4)许可使用合同一般采取书面形式,可以是出版合同、广播合同、商演合同、电影合同等;(5)许可使用合同需要包括必要条款,这些必要条款要么是法律规定,要么是载明于著作权主管部门制定的标准合同中。[②] 授权许可的优势在于,能够以合同的方式保障著作权人的财产利益,通过双方协议,明确了许可人与被许可人的权利义务关系。正是因为有了这种法定的权利义务关系,所以从法律上很容易认定侵权行为的发生。授权许可固然有其明确的优势,可以解决多数版权作品的争议,但也存在着一定的弊端。下面就以新闻作品为例谈授权许可的弊端。

一是许可协议的方式无法满足新闻时效性。当突发新闻发生时,传播往往是迅雷不及掩耳之势。版权法中的"热点新闻"原则就是考虑到新闻时效问题。虽然时效性并不决定着新闻作品的版权性,但倘若要求每条新闻作品的传播都要通过授权许可的方式,那必然大大降低新闻的时效性。尤其是,在移动互联网时代,传播者参与性程度越来越高,有些传播者传播新闻往往并未考虑到版权问题。对于该作品的再次使用者来说,在短暂的时间内找到新闻作品的生产者和传播者并非易事。因此,通过协议许可的方式,不仅阻碍极具时效性新闻的传播,而且也破坏了公民参与传播的文化景观。

二是许可协议的方式无法满足数字新闻信息的海量性。数字传播时代,与模拟传播时代相比,最大的不同就在于信息传播的海量性。正是这种海量

---

① 北京市西城区人民法院(2016)京 0102 民初 19770 号民事判决书。
② 吴汉东:《著作权合理使用制度研究》,中国人民大学出版社 2013 年版,第 131 页。

性的在线新闻,极大地改变了人们消费新闻的方式。这些海量性的新闻信息,通过新闻链接和聚合传播的方式,使人们方便快速阅读。在"用户创造内容"时代,这些链接与聚合有的是网络机构的传播行为,而有的则是用户驱动网站,像 reddit. com 和 digg. com 等。① 网络机构比较容易和传统媒体签约一揽子许可协议,这样就会免于被指责侵犯新闻作品的复制权、发行权和网络传播权等。而用户驱动型网站的主页新闻都是由用户自行链接到某篇新闻报道,并且通过消费者的投票在主页进行排行。用户在设置链接的时候,往往不会去寻求或者可能也在短时间寻求不到授权者许可。按照著作权法的规定,用户未经授权私设链接的行为可能会被法院认定为侵权。

　　三是许可协议的方式与新闻的公共属性相悖。新闻学者迈克尔·舒德森(Michael Schudson)在《新闻的力量》(*The Power of News*)中从七个方面详细讨论新闻的公共属性价值:(1)新闻媒体应当提供给公民公正而全面的信息,这样公民才能作出作为一个公民的合理的决定;(2)新闻媒体应当提供条理分明的框架来帮助公民理解复杂的政治世界;(3)媒体应当成为社会中各种群体的观点的共同承载者;(4)新闻媒体提供新闻的质量与数量应当如人所愿;(5)媒体应该代表公众并为公众利益代言,以保持政府是负责的;(6)新闻媒体应当唤起共鸣,并提供对事物深层的了解;(7)新闻媒体应当为公民之间的对话提供一个论坛。② 新闻作品的授权许可,固然以保护著作权人的财产利益为目的,但如果所有的新闻作品(不受著作权保护的单纯事实消息毕竟是少之又少)都要经过授权许可,那无形之中形成了对新闻作品的事前审查,那么舒德森所说的七个面向的新闻公共属性将无从谈起。

　　上文讨论了新闻作品的授权许可对新闻业造成的负面影响,这也说明了美国版权法一直以来不太愿意承认新闻作品的可版权性的原因。前面已经述及,美国法院在遇到新闻作品的版权纠纷时,往往借助的是普通法的"热点新闻"原则,从反不正当竞争的角度对新闻作品予以保护,而避开了对新闻作品可版权性的讨论。在其他国家,包括我国,为了保护传统媒体的市场竞争地位,往往借助的还是版权保护,而不是"热点新闻"原则。下文以四个国家

---

① Ray Hashem, "Barclays v. Thefly: Protecting Online News Aggregators from the Hot News Doctrine", *Northwestern Journal of Technology and Intellectual Property*, 2011, Vol. 10, No. 2, pp. iv - 56.

② 〔美〕迈克尔·舒德森:《新闻的力量》,刘艺娉译,华夏出版社 2011 年版,第 28 页。

为例,讨论新闻作品的授权许可激起的争议。

二、 基于媒介融合的版权授权许可制度实践及争议

前文已经述及,面对传统媒体的新闻版权急剧受到挑战,西班牙通过修改版权法来保护新闻作品。新《知识产权法》的主要目的是打击盗版,确保新闻从业者版权权益得到实现,具体包括：一是谷歌搜索结果中的新闻内容相关链接所属的媒体机构,可以向谷歌主张名为"新闻内容制造权"的费用。换言之,该法律为对发布未授权内容的网站进行罚款提供了法律依据。二是西班牙盗版横生,因此,即使一些网站仅提供盗版内容链接,而未从中获利,也将面临罚款处罚。[①] 可以推测,西班牙通过采取严格法律措施保护传统媒体版权的决心,可能会得到世界其他国家的效仿。

在德国,联邦政府也通过改动版权法来保护传统媒体版权。法令对新闻出版商作出补充性的版权保护。法令要求使用者在线使用新闻出版商的新闻要交纳许可费。法令明确规定搜索引擎以及在线新闻聚合索引其他站点的新闻要经过许可并支付许可费。也就是,谷歌和新闻出版商需要在双方达成协议的基础上,出版商的新闻才有可能被谷歌的新闻引擎收录。对于被称为"snippet(片段)"的新闻,无须支付任何费用。[②] 该法令引起了谷歌新闻的抗议,为了避免不必要的麻烦,谷歌官方在 2013 年 8 月宣布,在德国把谷歌新闻变为一个需要双向认证的服务,决定改变新闻引擎收录方式,要求德国新闻出版商若是有意向谷歌新闻引擎提供内容的话可以主动告知。在这种情况下,出版商上门找谷歌要钱就变得不大可能了——更何况谷歌新闻还是个免费的服务。谷歌宣布双向认证后,已经有许多德国出版商与谷歌达成了协议,毕竟没人想丢掉这免费的点击量。[③]

在法国,谷歌新闻业面临着同样的许可困境。法国政府也在对搜索引擎付费法案进行考量。法国政府认为谷歌通过搜索结果页面中的新闻头条及

---

① 李立娟：《西班牙新〈知识产权法〉明年施行》,《法制日报》,2014 年 11 月 11 日。

② Nicole Marimon, "Shutting Down the Turbine: How the News Industry and News Aggregators can Coexist in a Post-Barclays v. Theflyonthewall. com World", *FORDHAMINTELL. PROP. MEDIA & ENT. L. J.*, Vol. 23, p. 1441.

③ 《谷歌新闻德国版因版权问题产生微妙变化》,2013 年 6 月,http://www. tuicool. com/articles/FVba22,2019 年 10 月 13 日。

文章中的部分引用内容获得了大量广告营收。与此同时，新闻机构的广告收入却越来越少，因为读者在谷歌搜索结果页面看到文章标题或者内容摘要后通常不会继续点击进入。谷歌表示无法接受类似条款，这将导致法国网站内容将不会再在谷歌搜索结果中出现。谷歌坦言平均每月将用户导向至法国网站的次数超过 40 亿次，遵守法案将对谷歌的运营产生巨大威胁。谷歌认为，像法国和德国政府推出的类似法案将严重威胁到互联网的健康发展。①

在我国，近两年来，官方多次强调要保护新闻作品版权，对新闻作品要坚持"先许可，后使用"的原则，同时表明要通过传播立法以及技术手段对新闻作品的版权侵权"亮剑"。2014 年 11 月，柳斌杰表示，国家准备建立总的许可平台，加强新闻作品版权的法律保护，"网络喝免费牛奶，谁来养活奶牛"②。2015 年 12 月，蔡名照表示，新闻作品版权是媒体的核心资产。保护好新闻作品版权，才能将内容资源转化为版权资产。③ 2015 年 4 月，国家版权局也作出了政策回应，出台了《关于规范网络转载版权秩序的通知》，并在第二条第二款中明确规定了网络转载要经过授权许可。在此前的"今日头条"争议中，国家版权局已经声称要加强对新闻作品的授权许可。国家版权局连续几年开展"剑网"行动，特别是近两年来，把新闻聚合的版权侵权作为国家行政保护重点打击的对象。国家对网络版权保护的强调，得到了《新京报》《南方都市报》的支持，这些报刊定期地发布反侵权公告，以警告那些侵权的网站或移动客户端。

比如，《南方都市报》的反侵权公告内容为："不少移动客户端、微博、微信、网站等平台违反《著作权法》《信息网络传播权保护条例》等法律法规，未经书面许可，擅自转载本报社作品，涉嫌侵犯著作权人合法权益。为规范转载行为，制止非法侵权转载，本报社郑重公告：（1）任何单位或个人，在任何公开传播平台上使用著作权归属于南方都市报社及其员工的原创内容的，必须事先取得书面授权；（2）对侵犯自身著作权益的违法行为，本报社将采取一切合法措施，追究行为人的侵权责任，包括但不限于公开谴责、向国家版权行政

---

① 《法国欲推新闻付费法案，谷歌威胁将封杀法媒》，2012 年 10 月，http://tech. qq. com/a/20121019/000105. htm,2019 年 10 月 13 日。
② 杨学莹：《研究传播立法终结媒体管理两个尺度现象》，《大众日报》，2014 年 11 月 27 日。
③ 史竞男：《依法加强对新闻作品版权保护力度》，《新华每日电讯》，2015 年 12 月 5 日。

管理部门举报、提起诉讼等。"①

　　《新京报》的反侵权公告内容如下："对网站、无线客户端、微博和微信公号等新媒体违反《著作权法》《信息网络传播权保护条例》《互联网信息服务管理规定》等法律、法规，未经《新京报》许可与授权，擅自转载《新京报》及新京报网上刊发的版权作品，已涉嫌违法，并严重侵犯了著作权人的合法权益。为规范网络转载行为，制止非法侵权转载，《新京报》要求：（1）任何单位及个人，凡在互联网、无线客户端、微博和微信等平台上使用《新京报》拥有版权的作品及新闻信息，须事先取得《新京报》的书面授权后方可使用和转载。（2）任何单位及个人，未经书面授权擅自使用《新京报》版权作品及新闻信息的，《新京报》将予以警告，并定期在《新京报》和新京报网上公告侵权人及其侵权行为。（3）对警告无效者，《新京报》将采取包括但不限于向国家版权行政主管部门举报，向人民法院提起侵权诉讼等多种措施以维护著作权人的合法权益。届时产生的一切后果由侵权人承担。（4）对于未经许可的各类非法转载行为，任何单位及个人均有权予以举报，《新京报》将对举报者的相关信息予以严格保密。举报信息一经查证属实，《新京报》将给予一定的奖励。"②

　　财新传媒法律部的反侵权公告内容如下："财新网所刊载内容之知识产权为财新传媒及/或相关权利人专属所有或持有。未经许可，禁止进行转载、摘编、复制及建立镜像等任何使用。"财新网每期反侵权公告列出具体的侵权媒体以及侵权形式。财新网的反侵权声明中，四大门户网易、新浪、搜狐、凤凰分别上榜多次，人民网、光明网、中国网、新华网等国字号也毫不避讳。一些知名微信公众号也在财新的维权范围内。③ 财新除了定期公布反侵权公告外，还动用司法资源予以起诉。例如，2015 年 4 月，财新网起诉搜狐、新浪、凤凰和讯四家网站侵权。

　　可见，面对数字技术的冲击，各大传统媒体机构都借版权保护为由，维持自己的市场地位，要求获得版权许可收益。尤其是在新闻聚合的技术之下，

---

① 南方都市报：《反侵权公告「第三号」》，2015 年 8 月 28 日，http://www.oeeee.com/nis/201508/28/383994.html，2019 年 10 月 13 日。

② 《新京报反侵权公告（第十六期）》，2016 年 1 月，http://news.sina.com.cn/o/2016-01-11/doc-ifxnkkuv4325607.shtml，2019 年 10 月 13 日。

③ 财新网：《财新传媒反侵权公告（第 31 号）》，2016 年 1 月 18 日，http://www.caixin.com/2016-01-18/100900802.html，2019 年 10 月 13 日。

无论中外,传媒媒体的主流市场地位将不复存在。但是各国在强化传统媒体版权保护的同时,也遭遇到新媒体企业以及各国学者的极力抗议,他们总体认为,过分强化传统媒体的授权许可,背离了各国版权法的主要目标,阻碍了新闻信息的自由流通,进而损害了公民的知情表达。况且,诸如新华社、中央电视台这样的国家新闻机构,依据《宪法》第二十二条的规定:"国家发展为人民服务、为社会主义服务的文学艺术事业、新闻广播电视事业、出版发行事业、图书馆博物馆文化馆和其他文化事业,开展群众性的文化活动。"它们要承担发展国家文化事业的义务。如果这些国家新闻机构都把新闻版权看作自己的资产的话,何谈它们为国家文化事业服务的义务和责任呢? 新闻作品的版权授权许可与新闻信息的自由传播之间的悖论确实是一个问题。

三、 媒介融合语境下版权授权许可制度与新闻信息的自由传播

每当《广州日报》《长沙晚报》《新京报》等传统媒体以"今日头条"未经授权就使用它们的新闻作品为由,动用司法资源起诉之时,"今日头条"都严正声明或反驳。国家版权局官员认定,权利人投诉的部分新闻作品及相关图片均由该网站存储和传播,而非链接跳转方式,"今日头条"构成侵犯著作权人信息网络传播权。[①] 但该官员又话锋一转,倒向了"今日头条",即"该公司积极整改,迅速删除了所有侵权作品,并主动全面与媒体洽谈使用作品的版权采购事宜"[②]。实际上,国家版权局官员的表态是含糊的,语焉不详,对两方都支持。形成鲜明对比的是,"今日头条"对国家版权局的侵权认定并不承认。创始人张一鸣表示,"今日头条"不是转载,也不侵权,而只是导流,但也承认部分做法"有争议"。"我们承认确实有未经告知抓取纸媒网站内容的情况,但用户在我们客户端上总点击量的七成都是直接跳转到原始网站。这块我没有看到法律风险。另外一些点击量跳转到的是我们优化和转码之后的页面,但我们保留了原始网站的品牌。这块是有争议的。"[③]对于传统媒体的争相维权,创始人张一鸣揶揄道,传统媒体通过要版权来维持自己市场地位,不但无助于提高自己的市场地位,反而让"今日头条"等新媒体得到了营销,扩

---

① 刘小珊:《国家版权局拍板:"今日头条"构成侵权》,《南方周末》,2014年9月16日。
② 刘小珊:《国家版权局拍板:"今日头条"构成侵权》,《南方周末》,2014年9月16日。
③ 刘小珊:《国家版权局拍板:"今日头条"构成侵权》,《南方周末》,2014年9月16日。

大了"今日头条"的影响力。①

　　"今日头条"未经授权的使用行为,得到了部分学者的支持,他们主要从公民的信息消费视角对传统媒体要版权予以批判。传媒法学者魏永征,对"今日头条"事件中的传统媒体维权提出告诫,版权法并非单纯保护版权,它还要保障公众的知情权、进行文化活动的权利等,实现两者的合理平衡。版权制度的根本目的,乃在促进而不是限制信息和文化的传播,这才有利于文化和科学事业的发展和繁荣②;按照功利主义版权价值观,后者才是最终的目标,因此,魏教授认为就版权说版权,全然忘记了版权法中的功利主义价值的面向。新闻学教授邵国松和魏永征教授类似,认为我国对网络版权保护基本上都是采用的明示许可制。这看似加强了版权人的保护,但也有可能阻碍信息在网络世界的流通,延缓网络媒体的创新发展。③ 法律学者戴昕认为,(对新闻作品的)统一定价付费平台导致互联网传播创新的发生和传播服务的供给因此可能减少,这反过来又会减少新闻作品的传播力度,导致新闻作品社会价值降低。④

　　笔者认为,上述学者提出的批评很温和,他们基于社会公共利益的总体视角,对传统媒体过分强调版权的动机进行批评,认为公民对新闻信息的知情表达权利,应该比媒体的版权更重要。况且,要版权的媒体,很多时候并不拥有新闻作品的版权,而版权往往属于作者。例如,搜狐起诉"今日头条"侵犯了自己的版权,但是在门户网站不具有新闻采访权的情况下,它的新闻作品往往并不属于自己,而是属于作者。传统媒体维权,采取的修辞往往是,新闻报道花去了报社人力财力,新闻聚合侵犯了报社的劳动成果。报社一般都会以与记者编辑签订劳动合同为由,把所有记者编辑的劳动产品无形中转移到报社。按照我国《著作权法》,固然有职务作品一说,但现在记者编辑与报社的关系很微妙,签订的劳动合同也不一定都是合法的。2015 年 4 月,就有记者爆料,《三晋都市报》三十余名无辜记者被解聘,三十余名记者在报社工作了三年多,才知道报社并未与他们签订合同。他们要签订合同必须要完成

① 张一鸣:《版权风波扩大了今日头条影响力》,2014 年 8 月,http://tech. huanqiu. com/per/2014-08/5103001. html,2019 年 10 月 13 日。

② 魏永征:《从〈今日头条〉争议说到新闻媒体维权》,《新闻记者》,2014 年第 7 期。

③ 邵国松:《新闻聚合的版权问题研究》,《南京社会科学》,2015 年第 5 期。

④ 戴昕:《产权话语、新闻生产和创新竞争——评"今日头条"事件》,《科技与法律》,2015 年第 2 期。

一定的指标,如你要订购多少份报纸,要购买多少瓶报社顶账回来的酒。① 因此,笔者对所有的以签订劳动合同为由可以理直气壮地转移记者编辑的版权是保持怀疑的。

传统媒体认为的版权要经过授权许可,还可以从报业经济学角度去批判。报业经济来源可以分为两个方面,一是报纸的发行量带来的收入,二是报纸广告带来的收入。后者是大部分报纸生存的经济基础,发行收入在报纸的经济结构中所占比例极小。报纸要获取经济增量,必须通过报纸的流通获取更多的广告收益。报纸受到新媒体冲击,最重要的原因就是广告锐减。《2015 年 1~9 月中国报纸广告市场分析报告》显示,与电视广告、广播广告、户外广告和杂志广告相比,报 纸 广 告 的 降 幅 最 为 严 重,降幅扩大到34.5%。② 可见,报纸依靠版权收益是挽救不了自己衰落的命运的。这也是报纸要版权受到诟病的原因之一。

和在国内一样,新闻聚合工具在西方也是备受争议性的前沿问题,围绕新闻聚合未经授权的使用行为明显分为两个派别。一方痛斥新闻聚合未经授权的使用行为,如新闻集团默多克把新闻聚合斥责为"贼"。学者 Bill Keller 撰文称新闻聚合的使用行为完全是"搭便车"行为③;相关学者呼吁要加大对新闻聚合未经授权使用行为的法律治理力度,针对究竟如何治理,他们提出了种种策略。例如,法官理查德·波斯纳认为美国现行的版权法在保护新闻作品上力度不够,建议要修改版权法以保护传统媒体版权④;媒体法学者 Andrew L. Deutsch 建言"热点新闻"原则不能只停留于州法,为了挽救新闻业,保护新闻作品免于被非法窃取,必须把该原则纳入到联邦立法中⑤;联

---

① 孙丽雯:《新闻民工维权? 请给〈三晋都市报〉记者一个说法》,http://www.jzwcom.com/jzw/6b/ 9555.html,2019 年 10 月 11 日。

② 《2015 年 1~9 月中国报纸广告市场分析报告发布》,2015 年 11 月,http://www.chinairn.com/ news/20151111/143217767.shtml,2019 年 10 月 13 日。

③ Bill Keller, "All the Aggregation That's Fit To Aggregate", *N.Y. TIMES MAG.* (Mar. 10, 2011), http://www.nytimes.com/2011/03/13/magazine/mag-13lede-t.html,2019 年 10 月 13 日。

④ Richard Posner, "The Future of Newspapers", THE BECKER-POSNER BLOG. (June 23, 2009), http://www.becker-posner-blog.com/2009/06/the-future-of-newspapers—posner.html, 2019 年 10 月 13 日。

⑤ Andrew L. Deutsch, "Protecting News in the Digital Era: The Case for a Federalized Hot News Misappropriation Tort", 2010, *1003 PRAC. L. INST*, p.511.

邦贸易委员会在 2010 年提出强制许可以及合理使用的法定限制,等等。与新闻聚合诉讼相关的司法判例不多,判例多是聚焦于个案,无法提供一般性规则乃至可供跨国借鉴的经验,美国法院长久以来也未就新闻聚合的合法性给出定论,直到 2013 年的美联社诉融文集团案才认定涉案的搜索类聚合不适用"合理使用"。①

另一方支持新闻聚合对传统媒体新闻报道的未经授权的使用行为。Lesley Chiou & Catherine E. Tucker 通过经验性研究发现,传统新闻媒介和新闻聚合之间的关系是复杂的,并不是像人们想象的那样,是新闻聚合平台掠夺了传统媒体的广告收入。实际上,聚合者未经授权复制新闻报道的部分内容,是在帮助传统媒体分发它们的新闻报道给新的受众,增加新闻报道的流通量。② 还有学者批评,扩张版权法对传统媒体的版权保护,势必会影响到其他传统媒体想借助新闻聚合提高媒体生产与流通能力,传统媒体对新闻聚合的使用是欢迎还是拒斥,态度并不一致。还有学者认为,采集和报道新闻,是启发民智,让大众每天能自由讨论当天之事,扩展版权法限制公民接近新闻的权利,禁止了公共讨论,侵害了公民言论自由的权利。③ 也有学者认为,对新闻的过度版权法保护成本太大,实际上,新闻组织和作者,包括报纸、广播、专栏作者和其他评论者,通常在写作上都是相互借用。对热点新闻的保护必然限制从消息来源处对事实未经授权的借用,根本上提高了新闻内容创作者二次使用的成本,从而阻碍了所有新闻组织,不只是新闻聚合的日常新闻实践。④

对于传统媒体以版权为由限制新闻聚合的未经授权的使用行为,中美学者批判基于的理据是相似的,都是从公民表达权受限制的角度,对版权法可能对新闻组织的信息生产与自由传播带来负面影响进行了合理的想象。尽管中美新闻管理制度以及言论自由程度不同,但就新闻聚合领域中的新闻版

---

① 戴昕:《产权话语、新闻生产和创新竞争——评"今日头条"事件》,《科技与法律》,2015 年第 2 期。

② Lesley Chiou, Catherine E. Tucker, *News, Copyright, and Online Aggregators* (Mar 16, 2017), http://arrow. hunter. ctmy. edu/media-economics-workshop/conference-papers/chiou%2oand%2otucker%2onews. pdf,2019 年 10 月 13 日。

③ "Potential Policy Recommendations To Support the Reinvention of Journalism", *FED. TRADE COMM*,(2010), http://www. ftc. gov/opp/workshops/news/jun15/docs/new-staFF-disa1ssion. pdf,2019 年 10 月 13 日。

④ "Potential Policy Recommendations To Support the Reinvention of Journalism", *FED. TRADE COMM*,(2010), http://www. ftc. gov/opp/workshops/news/jun15/docs/new-staFF-disa1ssion. pdf,2019 年 10 月 13 日。

权授权而言,对言论自由的阻碍,确实是一个值得重视的问题。尤其是,在我国对网络媒体的新闻登载权有较严格的准入制度的情况下,以版权为由限制新闻聚合的未经授权的使用,会进一步强化原有的新闻审查制度。从这个意义上,关注新闻聚合中的版权问题,在我国现时的语境下,不仅是网络产业发展议题,更是政治问题。

四、财产抑或责任：媒介融合语境下的版权授权许可制度再探讨

以上只是对中美学者就新闻聚合未经授权许可的使用争议进行了梳理并评析。深入地分析此争议问题,还需要借助理论进行更深入的探讨。在下文,笔者借用前耶鲁法学院院长,后被任命为联邦上诉法院法官的卡拉布雷西(Calabresi)在 1972 年提出的"财产规则和责任规则"理论,进一步分析对传统媒体版权的过度保护,势必会影响新闻聚合在新闻信息流通中所扮演的重要功能。

新闻聚合工具法律争议反映了产权保护与互联网创新竞争的矛盾。在当前较严格的新闻生产准入制度下,产权规则主要保护的是传统媒体的生产性资源,而互联网创新主要争夺和分割的是传统媒体的分配性资源。在传统媒体时代,生产性资源和分配性资源是集于报刊一身的,而新媒体时代,像"今日头条"这样的移动媒体主要分流和争夺的是分配性资源。而公众表达自由的实现,实质上主要依赖的是分配性资源的多寡。如果分配性资源多,公众获取的言论资源以及言论多元性程度就高,反之亦然。因此,在媒体市场中,到底采取"先许可,再使用"的财产规则,还是"先使用,再付费"的责任规则,是一个值得深思的理性选择。财产规则,是指对权利人享有的权利采取"未经许可,不得强取"的保护方式,他方如想获取该项权利,只有通过自愿交易和授权的方式,擅自攫取的企图将受到法院禁令的阻止。责任规则,是指如果他方在未经授权的情况下自行从权利人手中获得相关权利,法律对权利人的保护仅采取要求侵权方对权利人给予相应赔偿的方式,而不会通过禁令方式强行阻止侵权行为的发生。① 对某种法律权利应以财产规则还是责任

---

① Guido Calabresi, Douglas Melamed, "Property Rules, Liability Rules, and Inalienability: One View of the Cathedral", 2007, *Harvard Law Review*, Vol. 85, p. 1089.

规则加以保护,固然取决于特定语境中有效率交易发生的交易成本高低,但市场交易成本可能影响法律权利的宪政价值,所以在选择哪种规则对法律权利加以保护之时,不仅要考虑市场的交易成本高低,也要考虑法律权利的宪政价值实现。而在"今日头条"事件中,财产规则占优,忽视了责任规则附加的宪政价值,因而引起了诸多学者的批评。

财产规则究竟如何对整个社会福利产生负面影响的? 前面谈到财产规则的具体内涵时,已经谈到法院会对未经授权许可的使用行为发出禁令,那么这种禁令就相当于对版权作品的事前限制。在新闻聚合的诉讼实践中,已经产生了相关判例。在巴克莱资本公司诉窃听者案中,联邦地区法院发禁令禁止被告在上午十点以前复制原告的股市信息。虽然该案针对的是股票市场的信息,但也有可能延及其他类别的新闻信息。回顾美国的媒体法制史,事前限制在美国是一项普通法原则,在布莱克斯通时代,就是被禁止的行为。布莱克斯通在《英国法释义》(*Commentaries on the Laws of England*)中写道:"言论(报刊)自由确实是自由国家的基本性质,但这包含对言论规定事前限制的禁止,而非言论之后免受刑事追究的自由。"[1]事前限制违反了宪法保护的言论自由、出版自由这些公民基本权利。因此,鉴于版权导致的事前限制制度对宪法保护的言论自由、出版自由的侵害,有学者建议,遭遇非法挪用的新闻出版商诉讼成功以后,可以在聚合者和原创者之间强加授权许可协议。[2] 在我国,司法虽然没借用非法挪用规则,但《反不正当竞争法》可以应用于媒体市场之间的竞争。新闻作品的可版权性以及大批量的新闻作品转载,造成了我国新闻聚合市场中还没有出现司法案例。这个时候,可以借用《反不正当竞争法》来规制媒体之间的竞争,并强加授权许可协议,而不必修改版权法来规范新闻聚合市场。

如果通过技术手段来实现授权许可,如柳斌杰先生透露的建立统一付费技术平台,势必造成由技术手段带来的对信息传播的阻碍。况且,通过技术手段强化新闻作品版权的授权许可,可能带来反规避技术案的增多,而我

---

[1] Simon Stern, Blackstone William, *Commentaries on the Laws of England*, Clarendon Press, 1769, Vol. 4, pp. 151 - 153.

[2] Nicole Marimon, "Shutting Down the Turbine: How the News Industry and News Aggregators can Coexist in a Post-Barclays v. Theflyonthewall. com World", *FORDHAM INTELL. PROP. MEDIA & ENT. L.J.*, Vol. 23, pp. 1441.

国目前的《信息网络传播权保护条例》在反规避条款上又极不完善,也没有分清楚是规避"获取控制"技术还是"权利控制"技术。根据美国版权法,只有规避数字版权作品的"获取控制"技术(控制未经授权者对版权作品进行阅读、收听或观看行为),才违反了"反规避条款",而规避其"权利控制"技术(控制使用者对已获取的版权作品进行复制、公开播放等传统版权权利所覆盖的行为)并不违法,但权利人经常混淆"获取控制"与"权利控制",所以合法使用者规避"权利控制"技术的行为也可能被视为规避了"获取控制"技术而受到侵权指控。[①] 我国的反规避条款不明晰,导致技术手段实现的授权许可,可能从侧面阻碍了人们获取版权作品的方式,把正当的获取合法作品的行为误以为是规避技术措施的行为。如果要对新闻作品建立统一的付费技术平台,《信息网络传播权保护条例》以及《著作权法》中的反规避技术条款必须区分规避"获取控制"技术还是规避"权利控制"技术,这样才能避免对社会福利造成负面伤害。技术手段是把双刃剑,我们不妨利用技术手段来实现我们版权许可制度的创新,让技术手段真正实现既保护新闻版权,又让新闻信息自由传播的双重目标。

五、 媒介融合语境下版权授权许可制度具体创新路径

根据调研发现,我们目前媒介融合的实践中,新闻媒体更多使用的是合同型的版权授权许可制度。笔者调研的中央电视台、中央人民广播电台、宁波日报报业集团、浙江日报报业集团普遍反映在新闻作品的版权交易中采取的是一揽子的版权许可,这种许可交易主要是新闻媒体单位之间签订合同。比如,宁波日报报业集团每年实现 600 万的版权收益,其中 10%—20% 的比例是通过诉讼的收入,其他都是通过版权谈判、和解的收入,具体是指宁波日报报业集团与其他单位签订的版权授权合同,即其他单位每年支付一定的费用以使用相应的信息。[②] 再如,哔哩哔哩公司既有大规模的版权购买,也有针对 up 主的单向的版权采购。常规流程一般是运营部门评估视频内容的价值,之后交由专门的采购部门进行采购。如果是购买电影电视剧之类的视频

---

① Rebecca Tushnet, "I Put You There: User-Generated Content and Anticircumvention", *Vanderbilt Journal of Entertainment and Technology Law*, 2010, Vol. 4, pp. 889 - 946.
② 2019 年 11 月 25 日,调研访谈宁波日报报业集团版权处景致主任。

版权,会与版权方进行协商,如要购买华纳的电影视频就会去与华纳进行谈判,谈好费用之后走合同程序。如果是个人制作上传的视频,会关注一些视频内容优质、原创性较高的 up 主,根据粉丝量等标准对 up 主进行评估,最后进行签约和采购。^①针对新闻文字作品、新闻视频作品以及音乐作品等版权授权许可实践,可从如下几个方面在目前的实践基础上作出创新:

(一)合同型授权许可仍然占据主流

新闻作品的授权和影视类、体育赛事类等其他作品类型的不同之处在于新闻作品数量大,每一件作品所获得的许可收益相对较少。所以,新闻媒体机构如果每一件新闻作品都在通过合同授权的话,那将要签订的版权授权许可合同将"堆积如山"。新闻作品一旦涉及侵权,那将是大批量的,最典型的案例就是《新京报》诉浙江在线案。

在《新京报》诉浙江在线版权侵权案中^②,审判法院要求《新京报》把要诉的标的分开起诉。如果分开起诉的话,《新京报》要打 7000 多个官司,那对于《新京报》来说将不堪重负。7000 多个官司不仅成本不允许,时间也不允许。假设《新京报》和浙江在线通过合同型授权许可确定双方之间的版权法律关系,对于《新京报》来说,也不至于要打 7000 多个官司。对于新闻作品的授权来说,"一揽子"的合同型授权许可仍然是关键,目前新闻媒体机构也基本上采取这一授权许可模式。合同型授权许可带来的好处是,第一,以合同的方式确定了新闻媒体机构之间的版权法律关系,当遇到版权侵权问题时,诉讼者就可以依据相关的合同条款进行起诉。目前的新闻媒体机构的版权维权其实很多时候是促使版权授权的,换言之,就是媒体机构之间并没有相应的版权许可合同,最终通过版权维权来实现版权授权。宁波日报报业集团版权处景致主任如是说,通过维权,让更多的自媒体机构重视版权;没有维权,很多自媒体机构是不重视版权的,也就不会签版权合同协议。^③所以宁波日报报业集团的版权处既重视版权维权,也重视版权授权。"今日头条"被多家媒体起诉后,开始重视与传统媒体机构签订授权许可合同,包括与澎湃新闻、

---

① 2019 年 12 月 6 日,调研访谈了哔哩哔哩法务处刘楠总监。
② 胡钰:《纸媒维权尴尬〈新京报〉告浙江在线需起诉 7706 次》,《华夏时报》,2010 年 6 月 5 日。
③ 2019 年 11 月 25 日,调研访谈了宁波日报报业集团版权处景致主任。

《三联生活周刊》、《华西都市报》、《广州日报》等媒体签订版权许可协议。① 中国版权保护中心提供的版权法律服务就包括版权授权、版权管理和版权合同等。可见,合同型版权授权仍然是重要的一种版权许可类型。

当然,合同型授权许可主要解决的是在未经版权权利人或权利转授者许可授权而又不符合合理使用、法定许可的条件下使用作品引起侵权诉讼的情形。对于那些不直接提供版权内容而提供平台服务的网络服务提供者,是不需要合同型授权许可的。对于那些作品上传者来说,如果涉及对他人作品的使用,倒是需要合同型授权许可,但是在今天媒介融合语境下,很多上传者在使用他人作品时,往往找不到作品权利人进行授权,也可能认为自己是在合理使用而无须找权利人签订合同。尤其是在 UGC 时代,临时使用作品的使用者较为常见,合同型授权许可具有一定的滞后性,使用一件作品如果找权利人签订合同,那显得过于麻烦了。所以,对于这种情况,合同型授权许可往往对版权保护来说效果不彰。版权法考虑到此种情况的发生,才设计了直接侵权和间接侵权的区分情况,把一些版权侵权责任转移到平台服务商。像哔哩哔哩这样提供平台服务的网站,十分注重版权的审核义务,就是因为预料到合同型授权对于一些版权使用者来说,不起效果。正如哔哩哔哩法务处刘楠总监所说,不可能说单独的案子一个一个地去评价,因为毕竟每天上传的视频内容量那么大,需要耗费大量的人力物力资源,只能靠把合规收紧,从审核程序就把根本性的问题进行预防了。②

(二) 在保持合同型授权许可的基础上创新技术型授权许可

在媒介融合语境下,合同型授权许可可以解决的是一揽子授权计划。对于那些使用量很小,临时使用作品的使用者来说,合同型授权许可就难以确保使用的作品得到合同授权。为此,在保持合同型授权许可的基础上,创新技术型版权授权许可是必然趋势。所谓技术型版权授权许可,就是使用先进的技术手段保障版权权利者与使用者之间顺利的版权交易。相较于合同型版权授权许可,技术型版权授权许可更方便、更利于小规模的版权交易。从性质上讲,美国人发明创办的 CC 许可就是技术型版权授

---

① 石潇宇:《试析今日头条的版权战略》,《试听》,2019 年第 6 期。
② 2019 年 12 月 6 日,调研访谈了哔哩哔哩法务处刘楠总监。

权许可的典型代表。CC许可是由著名法律学者莱斯格等人，于2001年在美国成立非营利性组织知识共享（Creative Commons）时提出的一种著作权许可方式。

不同于传统著作权中"保留所有权利"（All Rights Reserved）或"不保留任何权利"，即"公有领域"（Public Domain），CC许可试图在两者中间的灰色地带保有弹性，使得创作者可以与大众分享其创作，授予其他人一定条件下再发布版权作品的权利的同时，"保留部分权利"（Some Rights Reserved）。[1] CC许可被认为是信息时代下，符合网络世界的公开性与匿名性，可以有效保护创作者版权内容的许可方式。

CC许可具体内容是指，通过在协议中对四大授权要素排列组合（署名、非商业性使用、禁止演绎、相同方式共享）[2]，为创作者提供六种便利使用的公众授权条款（署名、署名—非商业性使用、署名—禁止演绎、署名—相同方式共享、署名—非商业性使用—相同方式共享、署名—非商业性使用—禁止演绎）[3]。创作者可以挑选出最合适自己作品的授权条款，通过简易的方式，自行标示于其作品上。使用者在标示代表的限制范围内，可以不向作者告知，复制并传播作品。

由于CC许可协议起初是依据美国法律撰写的，各国在使用CC许可协议时，需经历依据本国版权政策将之本地化的过程。为鼓励CC许可在全球范围内的普遍使用，Creative Commons不断修改并相继推出CC 2.0、3.0与4.0版本。其中CC 4.0在最大程度上实现了各个司法区的使用，从4.0版本起，CC协议无须本地化即可被各国直接使用。

至今CC许可协议已在多国、多种平台被付诸实践，如欧洲南方天文台发布黑洞照片时，选择使用CC协议中的"署名—相同方式共享"的授权条款；谷歌使用"署名"条款发布数据集；我国"CC中国大陆项目组"也已经对CC 3.0协议进行了本地化，并已与中国科学院国家科学图书馆、新摄影网以及互动百科等多个平台建立合作。

CC许可协议原理和技术完全可以通过改造，适用于我国国内的版权保

---

[1] 杨敏、夏翠娟：《开放数据许可协议及其在图书馆领域的应用》，《图书馆论坛》，2016年第6期。

[2] 《许可协议说明》，http://creativecommons. net. cn/licenses/licenses_exp/，2020年2月6日。

[3] 《知识共享许可协议文本》，http://creativecommons. net. cn/licenses/meet-the-licenses/，2020年2月6日。

护,一些博客主就使用 CC 许可来许可使用者对博文的使用。例如,著名传媒法学者魏永征教授的博客就是使用了 CC 许可协议,博客的右边明确标明"本作品采用知识共享署名—非商业性使用—禁止演绎 2.5 中国大陆许可协议进行许可"①。既然一些博客平台使用 CC 许可协议,一些社交媒体平台为什么不可以使用 CC 许可协议呢? 除了 CC 许可协议这样的技术型版权授权许可外,建立在线平台、合同数字化、嵌入标识符等数字化技术也将在版权授权许可中扮演重要角色。

1. 数字化在线授权平台

就版权许可而言,建立数字化在线授权平台是其中的一个重要版权交易手段,如北京版权资源信息系统、美国版权结算中心(Copyright Clearance Center)、欧洲出版商理事会(European Publisher Council)推动建设的"相关内容同盟"(Linked Content Coalition)、全球曲目数据库(Global Repertoire Database)等在线平台。在此基础上,近些年随着区块链技术的不断发展和成熟,有学者期待将区块链技术作为版权交易平台的构架基础进行实施。区块链是一种通用技术,它既是一个数据库,又是一个可编程平台。作为数据库,区块链可以以分散方式更新信息,可以直接存储也可以链接到数据。作为编程平台,它可以参与到智能合约的建立。区块链在版权许可领域的实施前景包括精确识别数字资产,同时促进透明和去中介化的交易。② 作者可以在区块链上发布作品,创建一个初始所有权的准不变记录,并对"智能合约"进行编码,以授权作品的使用。③ 另外,区块链独有的时间戳有助于追溯交易状态,避免多方授权或者重复授权等问题。将交易规则代码写入区块链也有助于实现 IP 产业链条单一媒介形式或者解决 IP 文本名称、故事情节、人物角色等微版权授权问题。④ 目前,杭州日报报业集团、封面传媒等新闻媒体机构都在使用区块链技术加大版权授权许可创新力度。

---

① 参见魏永征教授的博客: http://yongzhengwei.com,2019 年 10 月 5 日。

② Michèle Finck, Valentina Moscon, "Copyright Law on Blockchains: Between New Forms of Rights Administration and Digital Rights Management 2.0", *IIC-International Review of Intellectual Property and Competition Law*, January 2019, Vol. 50, Issue. 1, pp. 77 – 108.

③ Balazs Bodo, Daniel Gervais, "Joao Pedro Quintais, Blockchain and smart contracts: the missing link in copyright licensing?", *International Journal of Law and Information Technology*, 2018, Vol. 26, pp. 311 – 336.

④ 陈维超:《基于区块链的 IP 版权授权与运营机制》,《出版科学》,2018 年第 5 期。

2. 版权集成中心

"版权集成中心"(Copyright Hub)是英国在 2010 年政府提出建设"在线版权交易平台"战略背景下,逐步建立的作品集成服务中心,目的是将国内的版权交易平台进行整合,通过一个入口,可以获取各平台的作品信息,克服了过去版权交易组织的专业化和区域化的局限。使用者和权利人可通过一个平台实现各平台版权作品的许可和转让。此外,集成平台还囊括了"公有领域"作品、"孤儿"作品以及权利人放弃版权作品。[①] 国内也有相关的"版权集成中心"——"公司宝","公司宝"在版权登记、版权维权、版权交易和许可等业务上集中利用一个平台,在一个平台上完成了一体化的版权法律服务。[②] 类似的版权授权交易平台是"八戒网"。"八戒网"打造互联网+知识产权一站式服务平台,拥有高水准的专业化服务团队上千人,免见面提供全在线知识产权服务。版权授权交易只是其中一项子服务。[③] 这些版权集成中心完全可以运用于新闻作品等比较特殊的作品类型的交易许可,但目前还是缺少这样的网络服务平台。特别是对像新闻聚合平台这样大批量的使用作品的,更需要这样一体化的版权法律服务。

3. 数字版权管理技术(Digital Right Management)

DRM 是指定义、保护和管理访问与使用数字内容规则的软件和硬件,其设计目的是让权利人在自我实施的相关访问、使用条款中对数字内容进行尽可能广泛的控制。权利人将政策和商业模式体现在许可协议中,协议条款和条件被转化为 DRM 架构,该架构具体定义了内容如何被第三方使用,并相应地限制了使用的可能性。DRM 通常包括一个业务模型和技术组件,用于管理要保护的内容,创建和管理制定内容使用规则的许可证;跟踪内容的使用情况以确保其符合许可规则,并提交打包的内容以供体系结构管理。[④] 比如,2018 年,爱奇艺凭借其自主研发的数字版权管理系统成为中国首个获得 ChinaDRM 实验室认证的互联网视频平台,力求通过该系统监测和防止视频

---

① 季芳芳、于文:《在线版权交易平台的创新趋势及评价——以英国"版权集成中心"(Copyright Hub)为例》,《编辑之友》,2013 年第 7 期。

② 公司宝版权法律服务,https://www.gongsibao.com/st/sbbq/index.html#h02qzzzqdd8 * 1-zyzc。

③ 八戒知识产权,https://shanghai.ipr.zbj.com。

④ Michèle Finck, Valentina Moscon, "Copyright Law on Blockchains: Between New Forms of Rights Administration and Digital Rights Management 2. 0", *IIC-International Review of Intellectual Property and Competition Law*, January 2019, Vol. 50, Issue. 1, pp. 77-108.

内容的盗版转发。同时,市场上也出现了一些企业,专门向著作权人提供DRM加密保护服务。

4. 作品标识性技术

比较早期的标识性技术是统一资源定位符(Uniform Resource Locator, URL),后发展为由国际数字对象识别号基金会(International DOI Foundation,IDF)管理的数字对象唯一标识符(Digital Object Unique Identifier,DOI)。DOI 的优点是为每一个数字化对象提供全球通用管理的数字对象唯一标识符。我国也有自主开发的数字版权唯一标识符体系(Digital Copyright Identifier, DCI)。DCI 体系的基础是给登记的数字作品提供嵌入式码,提供以版权登记、费用结算、监测取证为核心的多项服务,达到作品快速分发、收益快速分享、权利全速维护等目标。并且,由于标识码的唯一性,它还可以对作品的使用过程进行跟踪,从而更准确地确定使用费用。权利人可通过这一途径,更加快速准确地了解使用信息。[①] 2019 年 3 月,DCI 标准联盟落地,微博、京东、阿里巴巴口碑等多家互联网企业作为首批成员加入其中。[②]

以上所谈的几种技术型授权许可已经在国内外数字化环境中使用,将来可能也会在新闻媒体机构中广泛使用,这些技术的出现将是创新技术型版权授权许可的重要技术手段。中央电视台版权和法律事务室主任郑直谈了他的设想,即在未来的版权保护上启动区块链技术进行版权许可,将极大地便利大批量的版权交易。

第四节　基于媒介融合的版权默示许可制度释论与改进

前文已经几次提及默示许可制度,而且已经对该制度进行了较为详细的讨论。本书之所以比较早地对该制度进行呈现,是因为笔者在申报国家社科基金时就认为该项制度对媒介融合语境下的媒体版权保护至关重要,在研读文献和调研过程中发现该项制度确实是媒介融合语境下版权许可制度创新

---

① 付继存:《网络版权授权的模式选择》,《中国出版》,2018 年第 15 期。
② 《中国数字版权唯一标识(DCI)标准联盟链正式落地》,http://www.sohu.com/a/304905711_817267。

的重要组成部分。本节将对版权默示许可的概念以及制度实践和相关的国内外案例进行评析。

对于默示许可的含义，国内外并无统一的定义，但是学者们基本都依循合同法的路径来理解默示许可的含义，这是无可置疑的。在下文中，笔者试举版权法专家 Nimmer 和德雷特勒对默示许可的定义。

一、默示许可概念

版权法专家 Nimmer 认为，需要明确的是书面形式的要求只是针对版权移转这一法律行为而言，非独占性版权许可并不要求这一形式，其成立可以是口头上的约定，也可以是出于行为上的默示。根据司法中的实践，我们可以认为，当许可双方的行为一致地表明他们有意愿达成协议，那么这种非独占性许可就是成立的。这一司法原则在 1909 年的美国《版权法》中就可以找到踪迹，它可以被用来证实口头或者默示许可的成立。① Nimmer 是从独占许可和非独占许可的区分来理解默示许可。言下之意，独占性许可中并不存在默示许可情形，默示许可只存在于非独占性许可。Nimmer 是从当事人的行为认定默示的，依照常识，当事人应该作为，但事实上并没有作为，这种不作为就被推定为默示。

版权许可研究专家德雷特勒认为，不是所有的许可都是以明示的方式作出，也有可能是默示。默示许可既可以根据书面条款和所在情形而产生，也可能是与书面条款结合产生，总之，版权许可在理论上也可以通过特定情形或者协议内容而得以推定。② 德雷特勒对默示许可的理解与 Nimmer 不同，德雷特勒认为可以从两个方面推定默示许可。一是特定情形，"特定情形"用语很模糊，据笔者推测，很大程度上指的是当事人在当时情境下所采取的行为。如果是这样理解，就和 Nimmer 一致。二是从当事人协议内容，这点是Nimmer 没有提及的。德雷特勒可能意指，从合同中推定的默示许可，主要来源于合同并没有列举的法律事实、法律规定以及习俗惯例。法律事实、法

---

① Melville B. Nimmer, David Nimmer, *Nimmer on Copyright*, Matthew Bender&Company, Inc, 2003，Chapter10.03A，pp. 10 – 50.

② ［美］德雷特勒：《知识产权许可（上）》，王春燕等译，清华大学出版社 2003 年版，第 183 页和第 227 页。

律规定以及习俗惯例,可能与当事人的意志并不一致,但这些内容无法容纳于当事人拟定的合同中。如果当事人的行为是合同以外的情形,我们就可能从法律事实、法律规定以及习俗惯例推定默示许可。德雷特勒可能认为,从协议内容推定默示许可,意味着要超越协议文本本身来推定。

Nimmer 和德雷特勒把默示许可看成对版权的限制和非自愿许可的一种类型。国内有学者认为默示许可仍然属于自愿许可的范畴,因为其依然建立在对版权人内在意思尊重的基础之上,只是该意思是通过行为而非言语的形式表现了出来。退一步讲,默示许可即使被看作对版权的"限制",也只能是版权人的"自我限制"。[①] 笔者在谈版权许可的时候,就已经把默示许可列为自愿许可的范围。虽然是通过版权人的行为和其他特定的情形推定许可,但前提是要尊重版权人的内在意思。就像作为版权限制手段的合理使用,也不是完全违背版权人的意思自治,也要考虑到版权作品是否发表,也要考虑到版权作者的精神权利不受伤害。梅术文针对网络空间的默示许可进行界定,他认为,信息网络传播权的默示许可,是指权利人虽没有明确表示将作品在网络空间传播,但是可以从其行为或是根据法律规定,推定其不反对使用,从而认定经由许可而使用作品的许可方式。概括而言,默示许可具有以下特征:(1)默示包括任何非明示的表示行为;(2)默示许可表现为以行为构成的许可;(3)默示许可只能发生于特定的情形。[②] 梅教授提出了网络空间中默示许可的两种情形,即依据权利人的行为进行推理,或者依照法律规定进行推理。他也还没有脱离合同法的语境来理解默示许可。

总之,国内外学者对默示许可内涵的理解,都是在合同法语境中来理解默示许可的。他们并没有跳出合同法,把默示许可上升到一种开放性的标准,如合理使用制度一样,作为对版权的限制原则。基于合同法语境来理解默示许可,会带来的问题就是,媒介融合语境下版权作品的使用,很多时候并不是基于合同协议的方式。在此种情形下,如何去认定默示许可呢?下文笔者将转向对默示许可历史发展的基本回顾,这样可以管窥脱离合同法语境下默示许可的新含义。

---

① 赵莉:《质疑网络版权中默示许可的法律地位》,《电子知识产权》,2003 年第 12 期。

② 梅术文:《信息网络传播权默示许可制度的不足与完善》,《法学》,2009 年第 6 期。

二、默示许可的传统实践：权利穷竭原则以及版权合同解释

从发展源头上来说，默示许可最早来源于合同法。合同中默示条款的产生源于英美契约制度，是契约自由和意思自治原则相对衰落的产物。合同默示条款的显著特征是双方绝对意思自治不再视为必不可少的要件，表现在合同条款内容与合同当事人意志的一定偏离性。[①] 因此合同中默示条款为了保障法律的公平正义，条款内容有时并不遵循当事人的意志。合同中默示条款制定的依据主要来源于法院认定的法律事实、具体法律的制定以及交易上的习惯与惯例。也就是，在审视合同默示条款内容时，不仅要顾及当事人的意志，也要顾及法院、法律以及习惯惯例对合同内容的影响。

合同中默示条款的制度功能表现为两个方面：一是确保合同公正且合理履行。默示条款在尊重与保护合同双方意思自治的前提下，充分实现公正与诚信，通过将习惯上的合理性、事实上的必要性以及法律上的强制性融入合同内容的推断过程，确保合同上的权利义务关系能更加符合公平正义之要求，达到利益平衡的目的。二是促进交易高效进行。合同中默示条款存在着大量商业与行业惯例及习俗，这些因素都形成于市场交易过程中，将这些因素引入到默示条款中，进而补充至合同内容，使得合同当事人可以自然地适用市场运行所普遍接受的规则，依照市场交易的基本规律从事交易活动。[②] 合同法中的默示许可制度，必然要受到合同法的制约，所以理解默示许可制度，最不应该忘记的是默示许可的合同法性质。

具体到知识产权领域，默示许可制度最先在 19 世纪应用于专利法领域。在专利法领域，对专利权限制的重要原则就是"权利穷竭原则"，也被称为"首次售卖原则"。依照通常的许可制度，购买者购买专利产品，只是获得专利产品的物权法上的所有权。专利购买者如果再行使使用权和销售权，必须再经过专利权人的许可，方可以使用和销售专利产品，否则就被认为是侵犯专利权。

"权利穷竭原则"意味着，当专利产品使用者以合法的方式获取了专利产

---

① 郭威：《版权默示许可制度研究》，中国法制出版社 2014 年版，第 28 页。
② 郭威：《版权默示许可制度研究》，中国法制出版社 2014 年版，第 28 页。

品以后,他就可以以合理的和可期待的方式支配使用、许诺销售、销售和进口该专利产品,无须再经过专利权人的授权许可。对专利权限制的目的,是防止专利权人对专利产品形成事实上的垄断。专利法授予专利权人使用权、销售权等,目的是让专利权人获得报酬。如果专利产品本身就是经过专利权人许可或通过其他合法途径而在市场上流通的,则专利权人一般已经从许可制造和销售专利产品中获得了报酬。此时如果再允许专利权人限制买受人使用或销售其购得的专利产品,就偏离了专利法的立法目的,而演变为允许专利权人对他人的所有权和有形财产的合法流通加以干涉了,这有悖于允许合法商品自由流转这一市场经济赖以存在的基本原则。①

专利产品购买者首次以合法方式购买产品时,专利权人并未就产品的使用作出任何限制,专利产品使用者就可以推定专利权人默示他具有使用或销售该产品,而无须再经过专利权人的授权许可。也就是,如果专利权人或其许可人对专利产品第一次合法出售没有进行限制,则推定购买者获得了任意使用或者转售该产品的默示许可。② 对专利权的这一限制,也被学者称为"专利权用尽原则"。从"专利权用尽原则"可以看出上述所说的法定默示许可的身影。专利产品的使用者在使用、销售专利产品时,可以根据"专利权用尽原则"的法律规定,推定专利权人对专利产品使用权、销售权的默示许可,因而使用者不再担心自己的使用、销售行为违法。

同样,在版权法领域,也存在着"首次售卖原则"或"权利穷竭原则"。只不过这一原则在版权法领域限制的是版权人的发行权,也称"发行权一次用尽原则"。这一原则主要是协调有形物的所有权与版权的发行权之间的冲突,如书籍或唱片的所有权人意欲在市场上公开出售该书籍或唱片时,出售合法购得的作品原件或复制件属于对所有权的行使,而该行为又构成对作品的发行行为,受发行权的控制。同一种行为同时涉及所有权与发行权,不免会发生冲突。

除了协调两种权利之间的冲突外,该原则在版权法领域也同样具有防止版权所有者垄断市场的功能,确保书籍、唱片等商品的市场自由流通。具体地说,只要版权所有者以合法的方式出售了某种版权产品,那么购买者就有

①　王迁:《知识产权法教程》,中国人民大学出版社 2014 年版,第 341 页。
②　尹新天:《专利权的保护》,知识产权出版社 2005 年版,第 65 页。

权利来使用或销售该产品,而不被起诉侵犯版权,因为按照法律规定,版权者在移转该产品时就默示他放弃了版权使用权和销售权等权利。当然,在版权领域,只能是发行权被应用于"权利穷竭原则"。对于唱片或软件来说,如果这些产品的出租权被穷竭,那就无法达到激励唱片制作者和软件开发者的目标,因为这些产品主要靠出租权获取收益。

美国最高法院在 1908 年的 Bobbs-Merrill Co. v. Straus 案中最早接受了"发行权一次用尽原则"。在该案中,法院认为,版权所有者在销售书籍时夹带公告,以限制书籍购买者以低于 1 美元的价格再次出售该书。此种限制再次销售的方式并不具有法律效力。书籍购买者的再次销售权不应该受到限制,因为在版权所有者和购买者之间没有直接的具有约束效力的合同。反之,版权所有者出售了该书,就默示购买者具有转售该书的权利。[①] "发行权一次用尽原则"和"专利权用尽原则"一样,在原则的设计过程中,都带有明显的默示许可的意思表示。当然,并不是说默示许可就是指"发行权用尽原则"和"专利权用尽原则"。默示许可在使用上比"发行权用尽原则"和"专利权用尽原则"要宽泛得多。它最初诞生于民事的合同法,在版权法领域,我们也还是要回到合同法语境来理解默示许可。

在版权法领域,以合同法语境来理解默示许可,就可以将其理解为除了明示合同关系外的决定版权所有者和转移者权利的补充性架构。[②] 前面我们所述的授权许可原则,依靠的是明示合同关系,在这种合同关系下,许可人和被许可人之间的关系是清晰的。理想的情形是,被许可人在行使合同授权的权利时,并不需要考虑合同关系以外的权利授权。但在实践中,在一些情形下,明示合同关系并不能解决许可人和被许可人之间所有的权利义务关系,合同中并没有说明的法律关系,需要借助人们的理性推理,通过这种理性推理,得出权利人与受让人之间有默示许可的关系。例如,一份录制音乐作品的许可合同,人们会有理由推理,被许可人也会获得发行和销售该录音制品的权利。因为如果只许可录制,而不允许发行和销售,那录制合同本身也失去了意义。

---

① Bobbs-Merrill Co. v. Straus, 210 U. S. 339(1908).

② Afori, Orit Fischman, "Implied License: An Emerging New Standard in Copyright Law", *Santa Clara Computer & High Technology Law Journal*, 2008-2009, Vol. 25, Issue. 2, pp. 275-326.

在 Effects Associates. , Inc. v. Cohen 案中，法官 Kozinski 评论道，Effects Associates 在邀请下将创作作品给予被告，是希望被告可以复制发行该作品。如果说 Effects Associates 移交制作镜头给被告时，并未授权其使用，那么 Effects Associates 则未给电影提供有价值的帮助，这与其接受来自被告的酬劳是相矛盾的。所以，我们认为 Effects Associates 默示许可自己的作品可以在整部电影中使用。[①] Kozinski 的评论说明，双方拟定的创作合同，虽然没有言明作品使用的权利关系，但如果只是为他人创作作品而不允许他人使用作品，那他人要求创作作品本身还有什么意义呢？因此，默示许可作为对明示合同关系的补充至关重要。但我们要进一步追问的是，默示许可仅仅是作为明示合同关系的补充而运用吗？也就是，默示许可是不是只能受制于合同法的语境，在合同解释的框架下才能发挥其制度功能？如果是这样，就大大地窄化了默示许可的适用范围。

三、突破了合同法基于公共政策考量的默示许可

对于默示许可来说，Foad Consulting Group, Inc. v. Musil Govan Azzalino 案是一个转折，突破了合同法语境来理解默示许可。在 Foad Consulting Group 案中，原告 Foad Consulting Group 在 1995 年受 GenCom 的委托，为一家购物中心设计工程蓝图。工程蓝图完成后，被 GenCom 采纳并受市政府批准。此后，GenCom 又将工程蓝图的相关权利转让给 Claire Enterprises。1996 年，Claire Enterprises 雇用了 Hawkeye Investments 作为工程的开发人，而 Hawkeye Investments 则雇用了 Musil Govan Azzalino 进行设计施工。在设计施工中，Musil Govan Azzalino 复制和使用了 Foad Consulting Group 的设计图纸和相关文件，于是 Foad Consulting Group 对 Musil Govan Azzalino 提起了版权侵权诉讼。

Foad Consulting Group 认为委托合同是和 GenCom 公司签订的，所以设计图纸只能由 GenCom 使用，当时签订的合同中并没有授权其他人，包括 Musil Govan Azzalino 对图纸的使用，因此 Musil Govan Azzalino 侵犯了其

---

① Effects Associates, Inc. v. Cohen, 908 F. 2d 555 (9th Cir. 1990).

版权。[1] 原告 Foad Consulting Group 与被告 Musil Govan Azzalino 之间并没有什么合同关系，原告只是与 GenCom 之间拟定了委托合同。合同法语境中的默示许可，无法适用到此案的原被告，也就是原被告之间很难通过合同的主客观意图来推理是否存在默示许可。因此，案件的判决导致了法官们左右为难，默示许可如果通过州合同法解释获取合理性，此案不具有合同关系；如果通过联邦版权法解释获取合理性，联邦版权法中又没有默示许可的相关规定。法官要用默示许可制度给予本案使用者使用的合理性，必须要寻找其他的判定理由。

法官 Kozinski 在协同意见书中就解释道，多数人会认为，凡是被称为合同的东西——包括默示合同——必须都要受到州合同法的管理。但实际上，不是每项默示合同都具有合同的性质。确实，一些默示合同属于州法管理，这些合同属于真正的合同，它们是各方之间真正的协议，尽管可能有不完美的表述。多数人说的就是指这类合同。但是也有其他一类的默示合同，该类合同仅经过同意创造，没有表示约定的词语或行为。这样的默示合同不完全是合同，它是一种法律强加给各方的义务，各方并没有实际的协议，但它是一种版权交易，因此受到联邦版权法的管理。

Kozinski 在解释后类默示合同时，完全是将其于非合同语境之下。在 Effects Associates 案中作出重要判决意见的 Kozinski 法官，对 Foad Consulting Group 案中的默示许可赋予新的解释，有学者把这类默示许可，如合理使用原则一样，称为开放性标准（open standard）。[2] Kozinski 法官解释道，默示许可不应仅仅在合同法的传统语境中被理解，而是应该被看作干预契约自由的一项灵活的原则，为了促进政策考虑，诸如市场中商品的自由流通、消费者保护、限制垄断等。然而，如果把默示许可制度理解为法律修辞，把它发展为一个像"合理使用"一样的更精致的开放标准——意味着要从传统的合同法中剥离出来——原则的运行不必追溯到版权人的意图（是明示还是暗指）。该原则的应用会导致使用者认为版权人在适当的情形下进行了默示同意，甚至是在面对明确声明的情况下。

---

[1] 郭威：《版权默示许可制度研究》，中国法制出版社 2014 年版，第 88—89 页。

[2] Afori, Orit Fischman, "Implied License: An Emerging New Standard in Copyright Law", *Santa Clara Computer & High Technology Law Journal*, 2008 - 2009, Vol. 25, Issue 2, pp. 275 - 326.

按照 Kozinski 的理解，默示许可可以发展成为一项限制版权人权利的原则。在合同法语境中理解默示许可，更多是基于版权人的意思表示。在版权法语境中来理解默示许可，更多是基于公共利益作为适用该原则的标准。就网络领域而言，确保网络信息的自由流通、消费者自由获取信息，防止版权所有者对信息的垄断，在这些情况下，都可以使用默示许可限制版权人的权利。所以，版权法语境中来理解默示许可，更有助于发挥默示许可在保障公众表达权上的利益。

从上述对默示许可的历史回顾可以看出，版权领域的默示许可可以从两个领域来得到证实。一个是"权利穷竭原则"。在"专利权穷竭原则"与"发行权穷竭原则"中，都可以看出这两个原则嵌入了默示许可。另一个是版权合同领域。版权合同中的默示许可，来源于合同法中的默示条款。所以，判断此种情况下的默示许可，往往不是版权法中的相关原则或规范，而是依赖于合同法中的相关条款。但是往往还有一种情况，原被告双方既不涉及"权利穷竭原则"，也不存在拟定的版权合同，那么是不是就意味着不可以判定原被告之间存在着默示许可关系了呢？答案是否定的。在 Foad Consulting Group 案中，法官跳出了上述两种情形来阐释默示许可，把默示许可看作是一种对版权限制的开放的标准。从这一角度阐释默示许可，有助于扩充默示许可在捍卫公共利益上的功能或价值。下文将针对互联网环境下的新闻聚合，论述默示许可对公民表达权的拓展。

四、 媒介融合语境下新闻聚合版权默示许可制度

在美国，有学者几年前就提议对新闻聚合立法，来制约它对传统媒体版权的侵害，但批评者认为这一立法行为很难经得起美国宪法第一修正案的检验，对新闻聚合立法，可能会限制媒体的新闻自由以及公民个人的表达自由。[①] 虽然《千禧年数字版权法》针对的是网络时代的版权规制，但所有的条款对于新闻聚合而言无用武之地。所以，在美国，新闻聚合使用最多的抗辩理由就是版权法中的合理使用。通过对合理使用的论述，我们已经认识到合

---

① Alfred C. Yen, "A Preliminary First Amendment Analysis of Legislation Treating News Aggregation as Copyright Infringement", *Vanderbilt Journal of Entertainment and Technology Law*, 2010, Vol. 12, Issue 4, pp. 947 - 976.

理使用是新闻聚合者违法侵权最重要的抗辩理由。随着媒体技术的发展,新闻聚合者也采取其他的抗辩理由,其中之一就是默示许可制度。默示许可抗辩,和合理使用抗辩相比,尽管还没有得到版权法的承认,但越来越多的聚合者已经认识到默示许可在保护他们使用版权作品上的价值。

我国对新闻聚合的法律规制,虽然没有激起那样热烈的讨论,但在现实实践中,新闻聚合已经显露出对我国现行版权法的挑战。新闻聚合涉及的一些基础性规则,在"今日头条"事件中出现。我国的网络著作权制度已经明确了搜索和普通链接的合法性,在司法实践中也逐步建立了"服务器标准"等判断规则。在这些规则的支持下,国家版权局才会在通报时明确指出,"今日头条"对部分第三方新闻和图片作品的使用借助了自己网站服务器进行"存储和传播,而非链接跳转方式",构成侵权。① 尽管在司法实践中,我们还没有出现新闻聚合的司法判决,但其中已经显露了我国著作权法体系中没有具体规范的问题,如转码②、加框链接③。这些问题都是新问题,从而引起学术界的研究兴趣。接下来笔者并不打算探讨这些具体的法律侵权问题,笔者想探讨的是新闻聚合的许可制度问题,一些评论家预测,默示许可对网络时代知识产权权利的分配至关重要。④ 具体到新闻聚合领域,除了我们前面已经探讨的合理使用、法定许可、授权许可外,默示许可在新闻聚合中能不能适用? 它对保护新闻聚合的版权作品使用权具有多大的价值,进而能不能够拓宽新闻消费者的知情表达权利?

在传统版权法中,"选择—进入"(opt-in)模式符合媒体传播和信息流通的特点,版权人的权利都是法定的,版权法赋予权利者享有版权作品的专有权(exclusive rights),权利专有或排他,就意味着使用者未经许可不得使用版权作品。在互联网诞生之前,版权人很容易控制作品的使用,专有或排他的权利易于实现。人类社会进入互联网时代,IP 协议是开放的网络,使用者可以自由地浏览网站,而无须经过任何的授权许可,除非网站主人采用技术措施阻止使用者接近,如需要注册用户账号或密码,或封锁具体的 IP 地址。互

---

① 戴昕:《产权话语、新闻生产和创新竞争——评"今日头条"事件》,《科技与法律》,2015 年第 2 期。
② 关于转码的一般争议,参见王迁:《"今日头条"著作权侵权问题研究》,《中国版权》,2014 年第 4 期。
③ 崔国斌:《加框链接的著作权法规制》,《政治与法律》,2014 年第 5 期。
④ John S. Sieman, "Using the Implied License To Inject Common Sense into Digital Copyright", *North Carolina Law Review*, 2007, Vol. 85, Issue 3, pp. 885 - 930.

联网技术带来的这种自由浏览特性就是典型的"选择—退出"(opt-out)机制。使用者可以自由地浏览各种网站,而不需要经过任何人的授权许可,除非网站主人使用技术手段把相关内容选择退出开放的网络社区。

新闻聚合就是基于"选择—退出"机制,利用技术手段创新新闻传播的一种方式。它使用网络爬虫(web crawler)技术自动抓取各种网站内容,数字化地扫描和复制网站内容,然后按照一定的顺序索引排列,并设置链接。如果网站主人不愿意自己的内容被抓取,就可以通过技术手段或者在网站上设置提示不让新闻聚合抓取自己的内容,从而保护自己网站内容的版权。就搜索引擎而言,为了保护网站用户的个人信息安全与隐私,网站主人可以创造robots. txt 文件,也称"机器人排除协议"(Robots Exclusion Protocol),这种文件对于网络内容抓取者来说是可视的,对于网络内容浏览者来说是隐藏的。创置 robots. txt 文件的网站主人可以具体设置哪些内容可以被搜索引擎抓取,哪些内容不可以被抓取。搜索引擎能够大大减少人们获取自己所需要的信息的成本,其技术合理性已经被人们完全认定,但也不能以这种技术合理性为由来肆意侵犯网络用户的隐私。为了实现搜索引擎对社会公共利益的促进作用,又不至于以伤害用户的个人利益为代价,允许网站主人设置"机器人排除协议",那么搜索引擎就会根据协议把相关网站排除出开放的网络社区。

计算机专家庄越挺对"机器人排除协议"进行了形象的比喻。互联网网站页面,就像一个宽阔的菜园,如果主人没有任何标志,则来客游览并无大碍,但若主人立有界碑,声明未经允许不得入内,虽然没有法律效力,但人们会普遍遵守,因为其背后代表着规则和道德。Robots 协议就是这样一块界碑,同样,违反 Robots 协议,等同于违背了搜索引擎的行业规范,以这种方式获取资源是一种不道德的竞争。①

就责任分配而言,"选择—进入"模式意味着侵权的举证责任落在使用者身上,使用者必须拿出证据证明自己是合理使用或者是已经过版权权利者的授权,否则就会被判定为侵权。和"选择—进入"模式相比,"选择—退出"机制把举证责任移转给版权所有者,要求版权所有者通过"机器人排除协议"或

---

① 南都网:《学界热议:违反 robots 协议将损害互联网整体声誉》,2012 年 9 月 6 日,http://www.cena. com. cn/infocom/20120906/8520. html,2020 年 2 月 21 日。

者在网站上设置提示告知使用者,他或她能否使用该作品。相反,在缺乏这样告知的情况下,版权使用者就会认为版权人已经默示授权可以使用该作品。谷歌搜索引擎自动扫描所有的网页,但同时它也设置了"网页爬虫除外"。在这种情况下,版权所有者若不想他们的版权内容被扫描和索引,就可以在他们的网络服务器上设置告示,提醒自动搜索引擎不要索引他们网站的内容。[①]

新闻聚合也是利用搜索引擎技术,可以自动(或人工)抓取其他所有媒体网站的内容。除此之外,还可以根据数据算法,根据受众的阅读喜好,向受众自动推送新闻信息。所以,新闻聚合抓取索引版权内容,就必然对版权内容复制。版权法赋予版权所有者复制权,意味着未经许可复制网站的内容就是侵权。在这种情况下,新闻聚合抓取索引网站内容,就会侵犯版权所有者的复制权。[②] 正因为新闻聚合建立在搜索引擎技术的基础上,下文笔者将以案例的方式先探讨搜索引擎的默示许可,然后再探讨新闻聚合的默示许可。

五、 媒介融合语境下版权默示许可制度案例析解

(一) Field v. Google 案

原告(Blake Field)是内华达州的一位律师兼作家。2004 年 4 月 6 日,Field 对谷歌提起版权侵权诉讼,认为 Google 未经许可复制和发行了刊登在他的个人网站的作品《好茶》(Good Tea)。2004 年 5 月 25 日,原告又重新修改了诉讼,声称谷歌侵犯了他个人网站上的另外 50 部作品。Field 要求法院发布禁止版权侵权的禁令,并支付 255 万美元的法定赔偿金(5 万美元/部)。[③] Google 为了使用户能搜索到成千上万网站,使用了 Googlebot 程序。Googlebot 程序能够缓存网站内容,并呈现在搜索结果中。当使用者点击缓存网站的链接,用户就能浏览网站内容。网站主人可以在 HTML 中加入简单的代码禁止 Googlebot 索引网站内容。相反,Field 如果没有采取措施,就

---

① Afori, Orit Fischman, "Implied License: An Emerging New Standard in Copyright Law", *Santa Clara Computer & High Technology Law Journal*, 2008 - 2009, Vol. 25, Issue 2, pp. 275 - 326.

② Jasiewicz, Monika Isia, "Copyright Protection in an Opt-Out World: Implied License Doctrine and News Aggregators", *Yale Law Journal*, 2012, Vol. 122, Issue 3, pp. 837 - ix.

③ https://en. wikipedia. org/wiki/Field_v. _Google,_Inc.

等于是让 Google 索引和提供缓存网站的链接。联邦区域法院法官判定如下：(1)Google 没有直接侵犯作者的版权作品；(2)作者授予了搜索引擎默示许可以显示链接到含有他的版权作品的网页的快照；(3)基于"禁止反言"，作者不能针对搜索引擎主张版权侵权；(4)"合理使用原则"保护搜索引擎对版权作品的合理使用；(5)搜索引擎适用《千禧年数字版权法》(DMCA)规定的安全港条款。①

法院认为，获得许可是抗辩侵犯版权的理由之一，当版权人的行为足以使他人恰当地认为版权所有人同意其使用的情况下，默示许可就产生了。并且，同意他人使用自己的作品并不必须明确表示，可以在沉默的时候推定得出，但需要权利人知道该使用并鼓励之。② Field 授予 Google 默示许可通过系统缓存复制和发行 Field 的版权作品。Field 在自己创建的网站上公开其版权作品时，没有在网站上公开声明以提醒 Google 未经许可不要缓存他的网页。而且，Field 控诉 Google 侵犯版权，当 Google 接到 Field 的投诉以后，迅速撤除对 Field 所有网页的缓存链接。③ 法庭发现，网站所有者已经意识到 Googlebot 的"机器人排除协议"机制，但是并没有利用该机制来保护自己的作品。实质上，Field 是在鼓励 Googlebot 索引他的内容。简言之，法院认为，Field 的默示许可表现为自己意识到谷歌在使用他的作品，对 Google 使用行为的默示实质上相当于在鼓励谷歌使用。④ 法院把 Field 未能使用 robots.txt 文件的被动行为，改造为授予使用者默示许可的积极行为。在 Field 案中，网站主人明知自己如果不设置 robots.txt 文件，自己网站的内容就会被 Google 抓取，网站的开放并没有设置 robots.txt 制止，说明网站主人是鼓励 Google 索引的，索引的复制也被认为是得到网站的默示许可。在本案中，美国法院认可了默示许可原则的适用，采取了两个标准：(1)知晓使用；(2)鼓励使用。该案的重要意义是法院第一次认定版权领域的"选择—退出"机制有效，在未采用知晓的"选择—退出"措施时构成默示许可。⑤ 但是，在该案中，法院只是空泛地提及"知晓使用"和"鼓励使用"这两个标准，具体究竟

---

① Field v. Google Inc., 412 F. Supp. 2d 1106,(D. Nev. 2006).
② 吕炳斌：《网络时代版权制度的变革与创新》，中国民主法制出版社 2012 年版，第 122 页。
③ Field v. Google Inc., 412 F. Supp. 2d 1106,(D. Nev. 2006).
④ Field v. Google Inc., 412 F. Supp. 2d 1106, (D. Nev. 2006).
⑤ 吕炳斌：《网络时代版权制度的变革与创新》，中国民主法制出版社 2012 年版，第 122 页。

应该以什么要素来衡量这两个标准,法院并没有明确阐释。正如有论者所说,可惜的是,法院的分析没有明确区分"知晓使用"和"鼓励使用"这两个因素,满足要素的条件也不甚清晰。①

(二) Google 数字图书馆案

2004 年末,Google 与多所著名大学的图书馆开展合作,启动数字图书馆计划。该计划宣称将采用数字技术把大学图书馆的馆藏图书扫描制作成电子版权,并存储于 Google 的数据库中,以供读者免费检索。若是扫描公有领域的作品,Google 会向读者提供这些图书的完整内容或者图书摘录。② 该计划甫一公布,便遭到了图书作者以及出版商的强烈反对与质疑。对于处于公共领域的作品,社会公众几无质疑,但对于处于版权保护期内的作品的扫描复制,社会公众认为 Google 的扫描复制行为就是赤裸裸的侵权行为。在社会公众的纷纷质疑下,Google 不得不在 2005 年 8 月宣布暂停对仍处于版权保护期限内的图书进行扫描,并宣布了在该计划中拟采用在 Field v. Google 案中被法院所认可的"选择—退出"机制的设想。③ 由于"选择—退出"机制已经得到了法院的认可,所以 Google 就认为建立在此机制上的使用行为应该是合法使用。Google 就要求被扫描的出版商于 2005 年 11 月以前,提交一份不同意被扫描的图书清单,这样 Google 在扫描的时候就排除这些不同意被扫描的图书,从而使这些书籍不进入数字图书馆。但是这个举措没有获得美国出版界的满意。④

2005 年 9 月,美国作家协会与部分作家联合向联邦地区法院提起诉讼,起诉 Google 公司的图书馆计划侵权;10 月 19 日,以 McGraw-HillGos 为首的五家出版公司集体向同一法院提起类似侵权诉讼,要求法院判决 Google 图书馆计划侵权,并颁发法庭禁令禁止该扫描行为。2008 年 10 月,在历经三年诉讼之后,Google 与相关图书出版商及作者达成了和解协议。⑤ 根据该协

---

① John S. Sieman, "Using the Implied License To Inject Common Sense into Digital Copyright", *N. C. L. REV.* 2007, Vol. 85, p. 885 - 890.
② 宋海燕:《中国版权新问题——网络侵权责任、Google 图书馆案、比赛转播权》,商务印书馆 2011 年版,第 71 页。
③ 郭威:《版权默示许可制度研究》,中国法制出版社 2014 年版,第 103 页。
④ 吕炳斌:《网络时代版权制度的变革与创新》,中国民主法制出版社 2012 年版,第 123 页。
⑤ 郭威:《版权默示许可制度研究》,中国法制出版社 2014 年版,第 103 页。

议,Google 原先的默示许可提议并没有在该案中得到体现,法院也拒绝 Google 使用默示许可制度,法院认为该制度与美国的版权法的根本目标相悖。美国版权法让未经授权许可的使用者承担主要的举证责任,而默示许可制度让版权所有者承担保护自己权利的义务,如果自己没有履行这个义务,使用者不经过版权所有者的授权就可以使用,而这种使用合法。这可能对版权所有者过于苛刻。在搜索引擎领域,谷歌的默示许可抗辩得到了法院承认,而在数字图书馆领域,谷歌的默示许可抗辩被法院否定。有学者分析了法院否定数字图书馆领域的默示许可抗辩的两种原因:(1)数字图书馆与搜索引擎存在着较大的事实差距。网络搜索引擎行业采纳元标签代码以标识网页被搜索的范围的做法,是业已存在的行业惯例。如果不采取"选择—退出"机制,网络搜索引擎服务乃至互联网基本的信息流通功能将大受影响。对于数字图书馆领域,并不存在行业惯例,不采取"选择—退出"机制,也不会对社会公共利益产生较大影响。(2)Google 的商业巨头身份一定程度上阻碍了计划实施。从版权法的角度看,图书馆对作品的利用往往涉及重要的公共利益,版权法对这一领域进行权利限制往往是公益视角的。数字化时代,Google 商业性的操作大大抵消公益上的便利。[1] 数字图书馆领域,Google 的默示许可抗辩遭到法院否决。当 2005 年法新社诉 Google News 时,Google News 既不是搜索引擎领域,也不是数字图书馆领域,而是新闻聚合领域。对于这样的领域,Google News 坚持认为自己的使用是经过法新社的默示许可的。它遵循的是开放的、已取得共识的因特网标准,包括"机器人排除协议"标准。如果法新社不想谷歌新闻搜索索引自己的内容,完全可以选择退出谷歌新闻。[2] 因为法新社明明知道在网络空间中有选择排除技术而不去使用,谷歌认为其对法新社内容的使用是被默认的,是默示而不是明示。[3] 经过两年的诉讼拉锯战后,Google News 最终与法新社达成和解协议,默示许可抗辩并没有得到讨论。

---

[1] 郭威:《版权默示许可制度研究》,中国法制出版社 2014 年版,第 104 页

[2] Google, Inc. 's Answer and Counterclaims at 28 - 29, Agence France Presse v. Google, Inc. ,No. i: o5 - cv - oo546 (D. D. C. May 19,2005).

[3] Google, Inc. 's Answer and Counterclaims at 28 - 29, Agence France Presse v. Google, Inc. ,No. i: o5 - cv - oo546 (D. D. C. May 19,2005).

（三）AP v. Meltwater U.S. Holdings 案

在谈到合理使用以及版权司法的时候，笔者已经探讨了该案涉及的相关内容，但是并没有过于详细介绍本案案情，尤其是该案中涉及的默示许可制度。在此先详细介绍本案案情，然后再具体谈论本案中涉及的默示许可。Meltwater U.S. Holdings 是美国的一家提供新闻聚合服务的网站，根据付费用户搜索，提供新闻内容的个性化服务，一般搜索结果是相关文章的部分内容。如同法新社，美联社也是老牌的提供原创新闻和图片的通讯社，其主要的收入来源是使用其刊载内容的媒体机构缴纳的订阅费。在该案件发生前，至少有 33 篇来自美联社的内容被 Meltwater 所用，提供给付费用户。[①]

2012 年 2 月，美联社向美国联邦地区法院提起诉讼，宣称 Meltwater 未经许可复制其新闻侵犯其版权。Meltwater 在对抗美联社的诉讼中，提出了两个主要的抗辩事由，一是合理使用抗辩，二是默示许可抗辩。前文已对合理使用有所详述，接下来主要谈默示许可。Meltwater 认为，美联社的许可者并没有使用"机器人排除协议"禁止聚合使用，就说明美联社通过行为默认并授予 Meltwater 非独占性许可以转发版权作品。法院裁决认为美联社并没有对 Meltwater 授予默示许可，因为美联社的行为并不满足默示许可的三个必要条件。默示许可的三个必要条件为：（1）被许可人需要进行作品的创作；（2）许可人付出了独特的工作，并允许被许可人使用；（3）许可人意欲被许可人复制和发行他或她的作品。法院认为新闻聚合的使用并不符合这三个必要条件，以第一个条件来看，新闻聚合者并不是直接需要创作作品，根据这种需要，许可人允许使用作品。法院进一步认为，即使满足了这些必要条件，基于实践和政策的考量，也会否定默示许可的抗辩。[②] 法庭不认可默示许可抗辩的主要政策理由是基于这样的事实，即如果认可了，它会把举证责任移转给版权所有者，而这种举证责任倒置是与版权法的基本原理相悖的。法院也基于许多其他的实践性理由来驳回 Meltwater 的默示许可抗辩。第一，似乎没有办法区分基于合理使用对内容的抓取和非法使用的抓取；第二，强迫美联社以及所有被许可者不断更新"机器人排除协议"是不现实的，因为美联社所有被许可者的清单是不断变化的。除了未能满足必要的三个条件外，法院

① 邵国松：《新闻聚合的版权问题研究》，《南京社会科学》，2015 年第 5 期。
② Dylan J. Quinn, "Associated Press v. Meltwater: Are Courts Being Fair to News Aggregators", *Minn. J.L. Sci. & Tech.* 2014, Vol. 15, p. 1189.

也发现美联社与 Meltwater 之间缺乏合意。[1]

但评论者逐一对法院在 Meltwater 案提出的否定默示许可理由进行反驳。[2] 第一，针对让版权所有者承担举证责任违背版权法原则的说法，反驳者声称版权所有者在以前就一直承担举证责任。例如，版权所有者仍然需要到美国版权办公室登记作品，并且要把版权作品存放到国会图书馆，这是提起版权侵权诉讼的前提条件。可见，版权登记以及寄存作品就是版权所有者一直以来的责任。第二，针对新闻聚合者无法区分哪些内容允许使用、哪些内容不允许使用的说法，反驳者声称 robots. text 文件的作者能够具体指出哪些内容可以被聚合、哪些不可以被聚合。如果 robots. text 文件的作者一味地禁止聚合网站去使用内容，那可能妨碍了非盈利的聚合者或者搜索引擎使用版权内容。第三，针对需要不断更新"机器人排除协议"来指出哪些新闻聚合者可以使用内容提供者的版权内容的说法，反驳者声称"机器人排除协议"不是要指出哪些版权内容可被允许使用，而是要指出哪些版权内容不被允许使用，这样就可以让更多的版权作品得到传播，从而培育出更明智的公民共同体。

上述三个案例分属于搜索引擎领域、数字图书馆领域以及新闻聚合领域，尽管它们之间在技术上有共同之处，但法院在判决的时候，只承认了搜索引擎领域的默示许可，数字图书馆领域和新闻聚合领域，法院都驳回了被告的默示许可抗辩。在三个案例中，被告提出的默示许可，并不是建立在"权利穷竭原则"或者是合同法语境的基础之上的。被告脱离了合同法语境，在更宽泛的意义上来理解默示许可，这种默示许可是建立在"选择—退出"机制之上的。"选择—退出"机制是搜索引擎运行的核心原理，是已经达成的共识性原则，它符合互联网的开放性特征。就新闻聚合领域而言，新闻聚合是新闻传播技术的又一次飞跃，人们使用聚合传播技术，不仅获取信息的成本大大减少，而且能够根据自己的兴趣或喜好主动选择信息种类，因此新闻聚合对信息的民主化和多元化作出了一定的贡献。

在美联社诉 Meltwater U. S. Holdings 案中，法院作出了对新闻聚合的

[1] Dylan J. Quinn, "Associated Press v. Meltwater: Are Courts Being Fair to News Aggregators", *Minn. J. L. Sci. & Tech.* 2014, Vol. 15, p. 1189.

[2] Dylan J. Quinn, "Associated Press v. Meltwater: Are Courts Being Fair to News Aggregators", *Minn. J. L. Sci. & Tech.* 2014, Vol. 15, p. 1189.

不利判决。对新闻聚合提出的合理使用以及默示许可抗辩，都予以驳回。法院驳回 Meltwater 的抗辩理由，是基于三个必要的条件。且不说三个必要条件对新闻聚合是否完全适用，更重要的是，法院漠视了新闻聚合对人们参与社会的民主价值。如果过分抑制新闻聚合的发展，公众能够交换、获得及讨论信息的利益就受到干预，而公众交换、传播和交流信息是民主发展的根本之路。① 法院判决确实保护了新闻提供者的版权，但严重阻碍了人们对新闻信息的获取，而这与美国版权法的根本目标是不一致的。所以，当 Meltwater 案的判决公布以后，就受到了美国学界的批评。批评的着力点，就是对新闻聚合的判决，没有充分利用技术的力量，反而抑制了技术对社会所发挥的功能与价值。按照莱斯格的观点，网络本身就是公共资源，版权法应该是更好地服务于人们使用这种公共资源，而不是以个人财产权的名义抑制人们对公共资源的获取与使用，而他认为，美国正在走向这一抑制趋势。②

六、我国学界关于在媒介融合语境下是否引进默示许可制度的论争

具体到我国著作权法体系中是否要引入默示许可制度，对于这个问题，我国学术界其实早在媒介融合发展前就探讨这一问题。早在 1999 年，有法官就认为默示许可应该与合理使用、法定许可并列构成网络环境中的版权权利限制。由于网络是一个充分开放的过程和载体，著作权人将自己的作品置于网络环境中，应当认为其对作品在开放环境下的一些使用行为是明知或应推定为默示同意的。因为环境本身的开放性，作品的传播范围及获得的读者数量都是不能确定的。在此环境下，作者将作品上载、传输以及其他将作品置于网络中的行为，可以充分表明权利人的意思表示，应当推定其对作品传输的默示许可。③

有知识产权学者对网络传播中的默示许可提出更详细的制度设计，认为对于一般作品，不如反向打造依托互联网的"著作权网上主动声明之授权许

① ［澳］彼得·达沃豪斯、［澳］约翰·布雷斯韦特：《信息封建主义》，刘雪涛译，知识产权出版社 2005 年版，第 4 页。
② ［美］劳伦斯·莱斯格：《思想的未来》，李旭译，中信出版社 2014 年版，第 11—15 页。
③ 蒋志培：《论网络传播权设定》，《科技与法律》，1999 年第 3 期。

可新模式",其中包含两个方面,即"授权许可上网声明"与"不上网声明即视为默示许可"制度。对于"授权许可上网声明"制度,他举例说:"好比我写的文章发表后,通过相关机构在网上发布声明,声明中明确:任何人想使用这篇作品都必须经过我的授权。这个声明中需要带有丰富的信息:比如我和助手,以及委托代理人或集体管理组织的联系方式。"他提出,对于这一制度,可以制定相关规范,例如,如果著作权人主张授权许可,必须上网声明;同时依靠互联网技术支持与政府资源,建立大数据信息平台,建成全面覆盖的统一数据库,以方便使用人查找、检索相关作品的权利信息,让使用者可以与作者直接联系。而对于未上网声明的作品,则可以直接适用默示许可,相关机构以及相关组织可推出指导性价格,并依法合理建设多元调解、诉讼与仲裁机制。①

张今教授对授权许可制度占主流地位提出了质疑,她认为,从现实出发,现行立法这种"谨慎的肯定"已经远远无法满足作品传播和使用的现实需求,在现行的"先授权,再使用"的授权许可模式下,著作权人和使用人之间达成对作品的授权使用协议往往需要花费大量的谈判成本,严重地阻碍了作品的广泛传播和使用。作品海量授权带来的巨大成本所导致的后果,在 Google 数字图书馆案中已经展现出来。在当前环境下,作品快速流通的需要和传统授权方式的矛盾日益尖锐。因此,在现有的制度基础上,我们要更进一步地构建起完善的著作权默示许可使用制度,将这一授权许可模式全面引入著作权法,特别是对网络环境下作品的传播。通过著作权默示许可,建立起创作者、使用者、表演者等一系列主体利益分享的平台,从而促使整个社会效益的最大化。②

还有知识产权学者结合现行的著作权立法指出了我国在默示许可上的发展方向,将默示许可作为一项独立的许可制度规定在《著作权法》中。在《著作权法》最新的修改草案送审稿中,就采用了法定许可和默示许可分离的立法模式。对此应当坚持,将默示许可同其他许可和使用方式一起,作为一项独立的制度,共同形成完整的作品使用制度体系。③ 另外,也有学者从六个方面阐释了信息网络传播权默示许可符合现实的制度需求。他把默示许可

---

① 方圆:《技术创新 呼唤有效授权机制》,《中国新闻出版报》,2014 年 7 月 16 日。
② 张今、陈倩婷:《论著作权默示许可使用的立法实践》,《法学杂志》,2012 年第 2 期。
③ 冯晓青、邓永泽:《数字网络环境下著作权默示许可制度研究》,《南都学坛》,2014 年第 5 期。

有助于促进网络信息的自由传播放在六个理由中的首位。他认为,网络上的发表行为可以推定作者愿意网络传播作品,所以允许网络服务商、消费群体和特定机构在一定条件下,按照默示许可获得授权,既可促进信息的流通与传播,也符合技术发展与权利设计的基本原理。[①]

从上述支持我国引进默示许可制度的学者给出的理由看,他们大部分是基于默示许可更符合互联网信息传播的特点,更有助于公民言论表达的角度来论证的。他们并不是否定互联网环境下授权许可存在的必要性,而是认为在授权许可的基础上要引进默示许可制度,完善互联网环境下版权许可制度体系。从互联网诞生起,就有学者建言我国著作权法体系中要引进默示许可,十多年过去,我国已经在《信息网络传播权保护条例》第九条中引进了默示许可制度(下文将要详细讨论),这与学者的呼吁是分不开的。

也有学者对我国著作权法体系中引入默示许可提出批评,他们认为照搬国外的默示许可制度,而不对其进行本土化,可能水土不服,不利于我国互联网产业的发展。上述有的学者认为把默示许可看成是对版权权利的限制是一种错误的理解,默示许可只是对自我版权权利的部分让渡,以换取作品更大范围的传播。因此,该学者建议,在我国著作权相关法律的实施或立法活动中,默示许可需要从理论上加以深入研究,而不宜过早地在法律条款中给予明确的地位。[②]

也有学者针对 Field v. Google 案中,Google 提供快照的行为被认为是得到 Field 的默示许可,提出了批评的意见,他认为,在一般情况下,权利人在知晓他人可能或已经进行侵权行为之后,出于某种考虑,没有采取警告或诉讼等积极行动加以制止,并不代表权利人就此许可他人的相关行为。例如,作者已经在作品发表时声明"不得转载",那么尽管他明知作品在网络环境下可能会被大量引用转载,但不能就此认为其默示许可这些行为。当然,在法律有明确规定的情况下,当然可以认定"默示许可"。搜索引擎所使用的 Robots 协议是为了达到互联网的互联互通,是一种约定俗成的共识。但通过某种约定俗成和广为认同的习惯推定默示许可,在认定上必须十分谨慎。他最终得出结论认为,Field 案中对提供快照行为已获取默示许可的认定,不

① 梅术文:《信息网络传播权默示许可制度的不足与完善》,《法学》,2009 年第 6 期。
② 赵莉:《网络环境下默示许可与版权之权利限制分析》,《网络信息安全》,2009 年第 2 期。

应被我国法院所借鉴。①

　　部分学者反对我国盲目引进默示许可,并不是反对我国在立法中引进默示许可,而是批评我国学者对默示许可含义的理解有误,以及建议我国司法不要借鉴 Field 案中的默示许可判决,他们也并不反对我国在《著作权法》或者《网络信息传播权保护条例》中引入默示许可制度。王迁教授尤其强调默示许可一定要通过立法的方式来明确规定,根据某种习惯推定默示许可的情形,需要我们谨慎对待。可以看出,反对者对默示许可制度存在批评的意见,也只是针对某个方面,而不是对我国引进默示许可制度全盘否定。

　　综上,我国在立法中引入默示许可已经基本达成共识。在媒介融合语境下,版权制度的设计要充分考虑新闻作为共享资源以及互联网的开放的特征。新闻的公共属性,体现为卡尔·雅斯贝斯把新闻报刊创造的知识称为"生活知识",这种知识能充分实现群众文化的可能性,以区别于内行才能读懂的"专业知识"。开放的互联网具有哈耶克所说的"自生秩序"或者哈贝马斯所说的"理想的说话状态"②,信息乌托邦赋予生活主体一定的权能,人们希望借用互联网来参与公共事务讨论。我国对网络转载实施授权许可制度的强硬立场,破坏了人们对信息乌托邦的畅想。对网络新闻转载的授权许可,就有学者以相似的理由提出尖锐的批评,即遏制未经许可的网络新闻转载活动以保护数字新闻市场有序竞争的立法意图无疑具有正当性,但同时也要警惕这一遏制意图对数字公民及时获取新闻资讯与积极参与公共事务讨论的行为所可能产生的负面影响。鉴于"新闻"资讯自身所具有的重大民主价值以及新闻生产与传播在网络 2.0 时代所具有的参与式特征,相关立法机构应当反思取消网络新闻转载法定许可制度以及合理使用规定的强硬立场。③

　　笔者认为,立法机构取消法定许可制度不是受批评的重点所在,而是在取消法定许可制度以后,立法机构明确声明新闻作品的网络转载适用授权许可,因为授权许可必然影响新闻资讯的民主价值的发挥,这一点才是受批评的焦点。现在的问题是,如何才能弥补授权许可的不足,真正发挥新闻资讯

---

① 王迁:《搜索引擎提供"快照"服务的著作权权问题研究》,《东方法学》,2010 年第 3 期。

② [美]凯斯·R. 桑斯坦:《信息乌托邦:众人如何生产知识》,毕竞悦译,法律出版社 2008 年版,第 4 页。

③ 尤杰:《网络新闻转载规制的正当性边界——以〈关于规范网络转载版权秩序的通知〉为例》,《新闻记者》,2016 年第 4 期。

对促进公民参与以及政治民主作出贡献,应该是需要着力考虑的。不然,借由民主来批评许可制度,但又提不出现行合适的许可制度,批评的力量将大打折扣。通过以上对默示许可制度的论述,我们可以看出,默示许可可以很好地弥补授权许可的不足。

七、 媒介融合语境下我国引进版权默示许可制度正当性分析

在我国现行媒体体制和版权制度下,有以下三个重要的理由,可以说明我们目前在立法中可以引进默示许可制度。

一是我国版权法体系中已经有默示许可的立法例和司法例。《信息网络传播权保护条例》第九条使用的是默示许可制度,该条规定:"为扶助贫困,通过信息网络向农村地区的公众免费提供中国公民、法人或者其他组织已经发表的种植养殖、防病治病、防灾减灾等与扶助贫困有关的作品和适应基本文化需求的作品,网络服务提供者应当在提供前公告拟提供的作品及其作者、拟支付报酬的标准。自公告之日起 30 日内,著作权人不同意提供的,网络服务提供者不得提供其作品;自公告之日起满 30 日,著作权人没有异议的,网络服务提供者可以提供其作品,并按照公告的标准向著作权人支付报酬。网络服务提供者提供著作权人的作品后,著作权人不同意提供的,网络服务提供者应当立即删除著作权人的作品,并按照公告的标准向著作权人支付提供作品期间的报酬。依照前款规定提供作品的,不得直接或者间接获得经济利益。"公告期满结束,著作权人没有异议的,就表示著作权人默示许可其作品可以通过信息网络传播。该条在司法实践中也得到了应用。在黑龙江金农信息技术有限公司与北京三面向版权代理有限公司与哈尔滨朗新科技发展有限公司侵犯著作权纠纷案中[①],被告之所以败诉,关键是未按《信息网络传播权保护条例》第九条规定,举示证据证明其在提供涉案作品前作出了公告及向权利人支付了报酬和其没有直接或者间接获得经济利益。初审法院和二审法院都认定黑龙江金农信息技术有限公司败诉。此案中如果被告作出公告,并且达到了 30 日,著作权人没有异议的,就表示著作权人默示授权被告可以转载涉案作品。法院判决的理由,就是被告没有作出公告,因此要对

[①] 黑龙江高级人民法院(2008)黑知终字第 4 号民事判决书。

此承担侵权责任。有学者就指出："我国《信息网络传播权保护条例》第九条规定的基于扶助贫困之许可既是一种制度创新,也是我国著作权法律对默示许可的首次确认。"①

此条款的默示许可,虽然不是像搜索引擎中使用技术来达到许可人和被许可人之间的默示,但该条款是通过法律规定的明确程序来实现许可人与被许可人之间的默示,比版权法中的授权许可操作起来容易,而且也符合互联网的传播特点。尽管此条款的默示许可,立法目的并不是直接拓宽公民的言论表达,而是为了扶助贫困,但贫困地区较之于发达地区所存在的"信息鸿沟"(digital divide),会影响知情权、参与权的享有或行使,使得一部分人在很大程度上被排除在公共事务的讨论和决定过程之外。② 在此意义上可以说,为了扶助贫困设定的默示许可也是为了缩小人们之间的"信息鸿沟",进而让更多人参与到公共事务的决策中。

二是与我国"创新、协调、绿色、开放、共享"的网络发展理念不谋而合。"开放、共享"是互联网传播最鲜明的特征。自互联网诞生起,IP 协议就是开放的网络,使用者可以自由地浏览网站,而无须授权申请,除非网站主人采用技术措施阻止使用者接近,如需要注册用户账号或密码,或需要封锁具体的IP 地址。互联网技术本身所具有的自由浏览特性就是典型的"选择—退出"机制。使用者可以自由浏览各种网站网页,而无须经过任何人的授权许可,除非网站主人采用技术手段把相关内容选择退出开放的网络社区。③ Field的默示许可分析就是建立在此机制基础上的。"选择—退出"机制把侵权的举证责任转移到版权所有者身上。也就是说,如果版权所有者认为权利受到侵犯,必须拿出证据证明自己是采用技术手段把版权作品移出了开放的网络社区。而授权许可制度所坚持的是"选择—进入"机制。在此机制支配下,版权所有者的权利都是法定的,版权法赋予权利者享有版权作品的专有权(exclusive rights)。权利专有或排他,就意味着使用者未经许可不得使用版权作品。而这种机制与互联网的"选择—退出"机制是格格不入的。

因而,建立在"选择—退出"机制之上的默示许可制度,比建立在"选择—

---

① 梅术文:《信息网络传播权默示许可制度的不足与完善》,《法学》,2009 年第 6 期。
② [美]凯斯·R. 桑斯坦:《信息乌托邦:众人如何生产知识》,毕竞悦译,2008 年 10 月版,第 3 页。
③ Afori, Orit Fischman, "Implied License: An Emerging New Standard in Copyright Law", *Santa Clara Computer & High Technology Law Journal*, 2008 - 2009, Vol. 25, Issue 2, pp. 275 - 326.

进入"机制之上的授权许可制度,更能适应我国当前的网络发展理念。前面已经论述,默示许可制度经历了三次发展历史阶段,基于政策考量的默示许可制度,已经脱离了合同法语境的默示许可。就网络新闻转载而言,很多时候创作者与使用者之间并没有签订合同协议,但也完全可以为了拓宽数字公民的言论表达空间这一公共利益的需要,在创作者和使用者之间适用默示许可制度。当然,在适用默示许可的时候,法律要明确规定具体的法律规则与操作程序,《网络信息传播权保护条例》第九条的条文内容就比较具体,实践中也容易操作。鉴于新闻作品的民主价值以及公共参与属性,我国《网络信息传播权保护条例》或者是《著作权法》可以规定类似第九条的新闻作品网络转载的默示许可制度,以减少授权许可对新闻信息传播带来的阻碍。

三是减少机构媒体和自媒体维权成本的现实需求。在国家版权局举办的"中国网络版权保护大会"上,多数媒体从业者以及法务人员都反映媒体维权的成本太高。《新京报》总编辑说道:"侵权者复制粘贴一秒钟就可以偷走内容,我们就不能凭搜索和盗版截屏打赢官司,取证公证并证明这个稿件是自己原创的复杂程度可以吓退 99% 的维权者。"[1]再如,澎湃新闻常务副总编辑讲述道:"我们安排 4 个人整理侵权稿子。耗时近 3 个月,我们才整理出3000 余篇某门户网站在半年内的侵权转载文章目录,而这些仅仅是重要的澎湃新闻稿件,远不是全部的侵权转载文章。当然,我们也尝试过将此过程通过技术外包的方式完成,但外包的费用直接将我们吓退。"[2]在现实媒介生态中,不仅机构媒体维权成本太高,自媒体维权也遭遇同样的困境。例如,自媒体"光谷客"发表原创新闻《武钢分流 5 万人背后,一个普通钢铁家庭的命运沉浮》被数个门户网站和自媒体病毒式传播。自媒体作者也只能发发牢骚,维权几乎不可能。[3] 又如,百名自媒体人发出《联合维权公开信》,控诉新闻资讯应用"一点资讯"严重侵犯版权的行为。自媒体人也只能通过联盟以

---

① 卢梦君:《网络版权遭侵权怎么办? 中国多家媒体老总齐呼加大惩罚力度》,2016 年 4 月,http://www.thepaper.cn/newsDetail_forward_1461780,2019 年 10 月 25 日。
② 卢梦君:《网络版权遭侵权怎么办? 中国多家媒体老总齐呼加大惩罚力度》,2016 年 4 月,http://www.thepaper.cn/newsDetail_forward_1461780,2019 年 10 月 25 日。
③ 《从武钢稿看传媒生态——抄无可抄,新闻已死》,2016 年 3 月,http://blog.sina.com.cn/s/blog_14ecb7c940102w8hv.html,2019 年 10 月 25 日。

公开信的方式在世界版权日讨伐"一点资讯"。① 既然机构媒体和自媒体维权不成,维权成本也太高,为什么不通过技术手段来创新新闻版权的许可制度呢? 我们可以充分利用互联网技术的开放特性,在新闻转载领域引进默示许可制度,这样既可以减少机构媒体和自媒体的维权成本,也便于其他机构媒体和自媒体使用新闻作品,实现版权所有者和使用者之间的利益平衡。所以,像《新京报》《南方都市报》、财新传媒、澎湃新闻等机构媒体,以及其他一些自媒体,应该在维权的同时,致力于推动我国的版权许可制度创新,呼吁我国版权法体系在涉及新闻转载的时候,引进默示许可制度,而不是耗费大量的人力财力维权,取得的效果既不显著,也延误了我国版权法对许可制度的革新,以适应数字媒体时代的技术变革。

上述笔者仅是列举了三个我国需要引进默示许可制度的理由。其实,还有其他的一些理由,如《著作权法》的第三次修改;再比如,我国学界已经达成了在《著作权法》中引进默示许可。学界既然已经达成共识,由于网络新闻转载涉及各类媒体之间的生存竞争以及大众信息获取的总量及质量,应是首先要考虑引进默示许可制度的领域。在面对许多传统机构媒体抗议新闻聚合媒体侵权时,国家版权局等不要强硬地一刀切施行所有新闻转载都要经过版权人的授权许可,这样毕竟增加了授权人的负担,更未充分考虑数字公民的宪法权利。所以,在新闻转载领域,我国在坚持授权许可的同时,势必要引进默示许可,从而实现新闻传播中版权许可制度的最终转向。

八、 媒介融合语境下我国版权默示许可制度的具体设计

目前,我国《著作权法》并无默示许可制度,只有《信息网络传播权保护条例》第九条被多数学者称为默示许可的条款,但也有如王迁教授等把该条款称为"准法定许可"。但笔者认为,在媒介融合语境下,应在我国《著作权法》中体现默示许可制度,来切实解决网络转载的版权问题。《信息网络传播权保护条例》第九条的立法目的是扶助贫困,传播作品的方式是通过网络向农村地区的公众免费提供作品,作品的类型是与种植养殖、防病治病、防灾减灾

---

① 蒋肖斌:《国家版权局回应自媒体人联名维权》,2016 年 4 月,http://news. sina. com. cn/c/2016-04-28/doc-ifxrtvtp1523527. shtml,2019 年 10 月 25 日。

等与扶助贫困有关的作品和适应基本文化需求的作品。该种许可实际上不是完全的默示许可。一是有一定的期限限制。网络服务提供者在使用作品前先公告。公告 30 天内，著作权人不同意的，网络服务提供者就不可以使用；公告超过 30 天，则可以使用，但要支付一定的报酬。二是主动权仍然在著作权人，而不是在使用者。网络服务提供者自公告之日起 30 日内，著作权人不同意提供的，网络服务提供者不得提供其作品；自公告之日起满 30 日，著作权人没有异议的，网络服务提供者可以提供其作品，并按照公告的标准向著作权人支付报酬。30 日以后，著作权人发现自己的作品被使用要求网络服务提供者删除的，网络服务提供者必须删除已使用的作品。可见，著作权人随时都有要求使用者删除作品的权利。设定 30 天的期限，实际上是赋予使用者法定的使用权利。

如果说《信息网络传播权保护条例》第九条可以被称为默示许可的话，那我们前面谈到的美国的默示许可和这一条的默示许可并不是一回事。美国的默示许可制度并不存在时间限制的问题，另外，美国的默示许可制度更多是赋予使用者的权利，而著作权人并不是任何时候都有要求删除作品的权利。美国默示许可的核心是著作权人如果事先没有说明未经许可不得使用作品的话，使用者就默示其可以使用作品。一般的著作权法都采取的是明示许可制，而默示许可制是例外。明示许可制把更多的责任推给了作品使用者，而默示许可制把更多的责任推给了作品著作权人。我们弄清楚这些内容后，就发现《信息网络传播权保护条例》第九条确实不是真正意义上的默示许可制度。

笔者认为，要真正解决报刊转载、报刊和互联网转载问题，必须要在《著作权法》中设计默示许可制度。目前我国报刊转载实行的是法定许可制度，报刊和互联网转载不适用法定许可制度，无论是报刊转载互联网内容，还是互联网转载报刊内容，都必须经过著作权人的授权。正如前文所论述的，细究起来，报刊之间的转载和报刊与互联网之间的转载，实际上除了载体的区别外，其他没有任何实质性的区别。所以，报刊之间的转载和报刊与互联网之间的转载的版权许可方式应该是一致的。

为了达成两者之间的统一，笔者建议修改《著作权法》中的报刊转载、摘编的法定许可，使之变成默示许可，这样就可以把两者统一起来。《著作权法》的这一条款修改后，国家版权局出台的《关于规范网络转载版权秩序的通知》规定报刊和互联网转载的授权许可制度就可以取消了。

目前《著作权法》第三十三条第二款的内容是,作品刊登后,除著作权人声明不得转载、摘编的外,其他报刊可以转载或者作为文摘、资料刊登,但应当按照规定向著作权人支付报酬。笔者建议后面附加一个条款,具体的内容是,作品通过信息网络出版后,除著作权人声明不得转载,或者采取技术措施不让转载外,其他信息网络可以转载,但转载时应当按照规定向著作权人支付报酬。此条款不适用于通过信息网络直接发表的作品。为什么要增加这一条款,是因为现在很多报刊在纸质上出版了作品后,往往会通过报刊社自己的网站或者授权其他信息网络进行网络发表。只要是这类经过网络发表的作品,就可以纳入默示许可的范畴,因为在此种情况下,作品作者完全知道自己的作品出版后会通过网络发表,如果作者不想自己的作品被其他网站转载,那就可以事先声明不让转载;如果作者没有事先声明不让转载,那其他的网站就可以转载。当然,对于那些直接在网络上发布的作品,是不是适用于默示许可制度,囿于我们著作权法的体系,特别是报刊转载的这一条款是在"报刊、图书出版"这一部分,对于此种情形的许可制度,即使允许采取默示许可制度,也不应在这里进行规范,否则与整个著作权法体系不相容。笔者认为,对于直接在网络上发布的作品的默示许可,可以通过《著作权法实施条例》进一步作出规定。具体的条款可以设计如下,即作品在信息网络上直接出版后,除著作权人声明不得转载,或者采取技术措施不让转载外,其他信息网络可以转载,但转载时应当按照规定向著作权人支付报酬。

总之,我国可以就报刊转载延伸到网络环境中作出默示许可制度的尝试。至于广播电台、电视台播放作品法定许可是否可以采取默示许可制度,笔者在前文已经探讨这方面内容,呼吁仍然坚持播放作品法定许可制度,这里就不再对此问题进行赘述。

第五章

配套性制度：基于媒介融合的版权集体管理组织的改进

前文探讨的无论是法定许可制度、授权许可制度还是默示许可制度，都离不开付酬机制的确立。大批量的作品许可和付酬有时在版权权利者和使用者之间很难实现，尤其是在媒介融合语境下，传统主流媒体和新型的社交媒体之间的版权交易往往是一揽子的，大批量的作品的许可和付酬必须要依靠中间力量来完成。这种中间力量往往就是要靠集体管理组织来完成。所以，媒介融合语境下的版权许可制度创新，不仅包含版权许可制度本身的创新，而且包含配套性制度的改进和完善。没有配套性制度的改进和完善，版权许可制度的创新也就成了无源之水，无本之木。本章主要谈谈媒介融合语境下我国集体管理制度如何改进和完善，才能与前面所建立的一套版权许可制度体系相匹配。

媒介融合语境下，好的音乐电视作品很容易在各大终端得到流传和播放。2018年10月12日，中国音像著作权集体管理协会（以下简称"音集协"）要求KTV终端生产管理商和卡拉OK经营者在10月31日前删除并不再向消费者提供6000多部音乐电视作品。这一通知引起了社会的广泛关注。音集协的这一行为被认为是滥用市场支配地位、干预卡拉OK经营者的自主经营权，普通公众也纷纷表示对提供歌曲数量减少的不满。对著作权集体管理合理性及有效性的探讨再次进入人们的视野中。从诞生之日起，著作权集体管理制度在我国就一直存在着一些争议，媒介融合语境下出现的新问题更是对其存在的必要性提出挑战。在以往，媒体间的界限是有一定明确性的，文字、音乐、影视作品易被辨别，但在媒介融合环境下，各种类型的作品因相互融合而变得复杂，以文字形式为特征的新闻作品中也会出现音乐、摄影作品。

另外,作品传播的方式也更具多样性,正如王国柱所述,媒介融合发展最为直接的体现就是作品在异质媒体之间的转换。① 这些变化使人们对实施著作权集体管理的意义产生了质疑。集体管理制度是否依然具有传统意义上的成本优势? 现有集体管理组织是否能代表广泛权利人? 如何发挥集体管理制度优势? 对此,本章试图在分析现行集体管理组织管理中的利弊以及建立延伸性集体管理的合理性的基础上,提出如何重构集体管理制度以适应媒介融合环境的设想。

第一节　基于媒介融合的版权集体管理组织得以存续的原因

著作权集体管理是指作品权利人授权集体管理组织以组织的名义行使作品的相关权利,是各国普遍采取的一种便于著作权人和使用人实现作品交易、维护权利人利益的制度。集体管理组织最大的优势体现在节省了著作权交易成本,在促进作品传播的同时保障了著作权人的获酬权。从1850年法国成立"词作者、作曲者和音乐出版者协会"起,北欧、英国等相继成立了自己的著作权集体管理组织。到目前为止,世界上大多数国家都建立了自己的集体管理组织制度。著作权集体管理组织在国外经历了近两百年的发展历程。我国第一个集体管理组织是成立于1992年12月17日的中国音乐著作权协会(以下简称"音著协"),是专门维护作曲者、作词者和其他音乐著作权人合法权益的非营利性机构。到目前为止,还建立了音集协、中国文字著作权协会(以下简称"文著协")、中国摄影著作权协会(以下简称"中摄权协")和中国电影著作权协会(以下简称"影著协")。著作权人与使用人的权利与义务是作品许可使用合同中需要明确的内容,作为中介机构的集体管理组织的重要职责就是订立使著作权人与使用人都满意的作品许可使用合同。虽然具体设置规则有所不同,但各国不同著作权集体管理模式的共同目的都是平衡保护著作权人和使用人的利益。

---

① 王国柱:《著作权法律制度发展的"媒介融合"之维》,《出版发行研究》,2016年第10期。

一、 集体管理组织对著作权权利者的功能

著作权是国家为保护作者的权利而创设的一种私权，始于 1709 年英国颁布的《安娜法令》。激励理论是通过著作权法保障作者权利的重要理论支撑之一，保障著作权人权利的顺利行使，可以激励其投入到更多的创作中去，生产更多的作品。洛克的劳动理论支持者认为，如果一个人拥有用自己的身体劳动的权利，那么对劳动产品也享有权利，不因是有形的或无形的而有所区别。黑格尔的人格理论强调个体的自我价值感与尊严，每个人享有人格不受侵害的自然权利，是在解释知识产权中对人格权保护的重要论据之一。黑格尔认为，精神创造(mental creations)体现了创作者在创作中蕴含的人格特征和个人意志。对于权利人来说，创作作品耗费了精力与财力，基于激励理论、劳动理论、人格理论，都应该对其权利进行保护。著作权主体往往是个人，如文字作品的作者、摄影作品的拍摄者、音乐作品的创作人等，他们为作品的创作贡献了智慧，为社会文化作品添砖加瓦，理应获得一定报酬。

互联网的发展使作品的生产、传播与再创造都变得容易了许多，传播技术的发展既为社会提供了大量的作品，也为侵权行为提供了技术手段，未经权利人授权使用作品的行为屡有发生。尽管《著作权法》对权利人享有的著作权作出了详细规定，但若没有具体的规则就不能落实到实践，不能真正保护其权利。要主张侵权救济，首先需要权利人发现侵权行为、收集并保留侵权证据、进行诉讼。在媒介融合语境下，作品的传播途径和手段、被利用的形式变得多种多样，著作权人难以从浩瀚如烟的作品中发现侵权行为的存在。在这种情况下，如果由权利人亲自发现侵权行为并请求行为人承担侵权责任是不现实的，诉讼效率低下严重影响权利人维权的积极性和获酬权，由此权利人可能得不到真正的保护。集体管理组织的出现在很大程度上解决了这一问题。在发生侵权行为时，由集体管理组织行使已获权利人授权的权利，由其对侵权人请求承担侵权责任，再将获得的赔偿金转付给权利人，在保障获酬权的同时减少了权利人的诉累。相比权利人，集体管理组织更具有著作权方面的专业知识，且其经验丰富，由其进行诉讼既能降低成本，也能增加胜诉的可能性。例如，在文著协诉中国知网侵害会员汪曾祺著作权案中，文著协利用自身的专业优势，积极维护会员的权利，对知网未经授权在其网络上

提供汪曾祺的作品——《受戒》的行为提起诉讼,法院判决其与《中国学术期刊(光盘版)》电子杂志社有限公司连带赔偿文著协经济损失与合理开支。①

集体管理组织对著作权人的积极作用还体现在节省了著作权人与使用人的洽谈成本。权利人要使自己的作品得到传播,需要与使用人就作品签订相关许可使用合同,与由个人与使用人订立合同相比,集体管理组织作为“中介机构”,为使用人申请作品使用提供了一个平台,节省了缔约成本,可以使著作权人迅速因授权而获利。由著作权集体管理组织行使相关权利,不仅可以方便著作权人从使用人处获取报酬,也有利于其集中精力继续投入创作,生产更多的作品。

二、 集体管理组织为作品使用人提供便捷申请平台

对于作品使用人来说,如何联系到权利人并与之以最小的成本签订授权使用合同以避免侵权风险,是首先需要考虑的问题。媒介融合语境下,寻找真正权利人的难度并未减少,甚至有增大的可能,因为作品通过各种渠道传播,传播过程中可能并未标明作品来源,甚至存在修改作品后上传而不表明原作者的情形。例如,同一作品同时在抖音、微博、爱奇艺、哔哩哔哩上传播,或在同一平台上由不同主体发布,当使用人想要获得作品授权时,需要一一辨明真正权利人。另外,越来越多的作品需要大量使用其他作品,受“先授权,后使用”原则的约束,使用人需要与众多权利人一一订立授权合同,这既会导致使用人的成本增高,也可能会影响传播效率。在某些情形下,作为个体的使用者相对于权利人来说,可能没有协商的优势地位,如果遭遇歧视或不能满足权利人的要求,可能不能获得作品授权。

有的学者提出,版权作品具有特殊性——不具有不可替代性,因此不存在非用不可的情形。对于这个问题,笔者认为应该客观看待。对于一般的商业使用者而言,如在只需要使用某一音乐作品作为商业伴奏、背景音乐等情况下,具体使用哪一作品确实是可以在不同作品间进行选择的;对于普通受众而言,也不存在非得使用某一作品的说法,作品间是具有可替代性的;但对于新闻作品、卡拉 OK 这种以提供相当数量的作品为基础的产业而言,获得

---

① 北京知识产权法院(2019)京 73 民终 254 号民事判决书。

授权的作品数量是其提供服务质量高低的关键因素之一，因此对于这类主体而言，如果由其自行与权利人分别签订作品授权使用合同，为了获得庞大的作品数量，需要与众多权利人谈判，这势必会给经营者带来巨大的成本压力。著作权集体管理组织的出现为使用人获取大量作品提供了便利途径，减少了使用人逐一与权利人洽谈合同的时间成本与经济成本。使用人通过与集体管理组织订立合同，就可取得作品授权，避免侵权风险。并且，集体管理组织作为客观中立的机构，有固定的许可费用标准，不会因使用人的不同制定不同的收费标准，避免了价格歧视（price discrimination），即在向不同的使用人提供相同的作品或服务时，制定不同的价格。

　　媒介融合与技术的发展是相伴而生的，作品的易传播性以及对传播效率的要求使人们不得不重视将互联网技术应用于著作权管理。我国音著协是五大集体管理组织里建设最为完善的，已开通音乐作品网上授权许可通道，使用人可在线完成对作品使用的初步申请，充分利用互联网技术降低作品交易成本，提高授权效率。现在连一些流行的视频网站也都是借用音著协的中介作用来完成音乐作品的许可交易。比如，哔哩哔哩法务处刘楠总监坦言道："对于音乐部分的话，要分开来看，如果是翻唱的话，我们是和音著协签订了协议的，因为音著协是参与到法定许可中的一个主体，我和它签了协议，付了版权费，其实是解决了用户翻唱这部分的著作权问题，因为《著作权法》规定对已经发表的音乐作品再去翻唱的话，是被允许的，但是需要支付费用，音著协的功能解决的是这部分的问题。"[①]值得一提的是，在哔哩哔哩这样的公司里，和音著协这样的集体管理组织交涉不是由法务处，而是市场部，这不同于一些传统媒介机构的部门分工。像原中央人民广播电台就是由版权资产管理处负责与音著协的交涉。

　　在华中科技大学法学院教授熊琦看来，集体管理组织不仅具有降低授权交易成本的作用，还发挥着平衡权利人与使用者利益、促进作品传播的功能。实践中，在决定是否签订作品许可使用合同时，会存在一方主体具有显著优势地位的情形。不管是哪一方，一旦拥有了对作品的支配力或者强大的议价能力，就可能在授权合同中增加不合理条款，而相对方只能被迫完全接受或者拒绝。集体管理组织作为"中介机构"，以自己的名义对授权作品行使权

---

① 2019 年 12 月 6 日，调研访谈了哔哩哔哩法务处刘楠总监。

利,可以在一定程度上避免权利人或使用人滥用自己的优势地位,考虑到实际市场定价,以合理的交易价格促进作品的流通使用。集体管理组织旨在平衡著作权人与使用人之间的利益,减少二者间的交易成本。《著作权法》的立法目的不仅在于保护著作权人利益,还有推动作品的创作和传播之意。在德国,权利人不能放弃获得报酬的权利,并且该权利必须通过集体管理组织行使①,体现了对著作权人权利,尤其是财产权的保护。这也意味着在满足一定条件后,作品的使用是无障碍的,客观上起到了促进作品传播和文化交流创新的作用。

第二节　基于媒介融合的版权集体
管理组织面临的主要问题

　　著作权集体管理组织的设立目的是维护著作权人的权利、平衡著作权人与使用人的利益。各国的实践证明,该制度确实在这方面起到了积极作用,许多权利人主动加入集体管理组织,赋予集体管理组织管理其作品的权利,大量的使用人也通过集体管理组织获取作品授权。但是,著作权集体管理一直面临着诸多争议。我国著作权集体管理组织的发展历史不长,距第一个集体管理组织——音著协的成立不到二十年时间,集体管理制度本就不成熟、不完善,加上随着媒介融合的进程加快,作品内容、传播形式、传播渠道的变化都给集体管理提出了新的挑战。反思著作权集体管理制度目前存在的制度问题以及缺陷,可以帮助我们明确未来集体管理制度改进方向。尤其是,新闻作品、音乐作品的集体管理与著作权人权利保留之间的关系处理。

　　笔者在调研哔哩哔哩法务处时就感觉这一问题的重要,刘楠总监说道:"哔哩哔哩与音著协签订了法定许可协议之后,并不意味着平台就可以使用所有音乐的版权。第一,不是我们平台使用,是用户使用,我们是帮用户解决版权问题;第二,是不是解决所有歌曲的使用问题,你可以看法律规定,法律规定说有两个例外,一个是没发表的肯定是例外里面的,另一个是人家明确

---

① 李陶:《媒介融合背景下报刊出版者权利保护——以德国报刊出版者邻接权立法为考察对象》,《法学》,2016年第4期。

说不允许使用的音乐也是属于例外。那 b 站跟音著协签的肯定也是一个范围内的音乐，限定了在它的会员作品里什么是可以使用的，什么是不可以使用的，没有框定的话那它是一个开口的，那这个开口以外的肯定也是在法律这个框架内的，我们不可能说帮你解决所有音乐版权的使用。"①在明确了这一问题基础上，再谈媒介融合语境下集体管理组织遇到的问题。

一、 著作权集体管理相关费用问题

著作权集体管理组织负有与使用人订立许可使用合同、向使用人收取许可费用后按照一定比例向著作权人转付报酬的义务。然而，这一规定在实施过程中面临着来自著作权人和使用人的诸多争议。

（一）集体管理组织抽取的管理费过高

业界普遍认为，集体管理组织收取的管理费用过高。集体管理组织从使用者处获得的作品许可收益首先需抽取其中一部分分配给集体管理组织作为服务费，再转付给著作权人。以音集协为例，音乐电视作品的授权许可费用在向音集协缴纳一定比例的管理费用后，还要向其合作单位——天合公司缴纳部分管理费用，这就使最终落入著作权人手中的报酬所剩无几。音集协官网所公布的著作权使用费分配方案只更新至 2016 年，根据该分配方案公告显示，最终分配给著作权人的报酬只占著作权授权费用的 54%。根据前文对集体管理组织作用的分析，其设立目的之一是保护著作权人的获酬权，保证著作权人的经济利益得到顺利实现。然而，集体管理组织抽取过多的管理费用，显然剥夺了著作权人的合法利益。音集协主张自身只收取 20% 左右的管理费用，其余管理费用是支付给作为第三方的被委托公司，但是应当看到，该第三方接受委托，负责授权作品的著作权收费工作，这属于集体管理组织为履行其对著作权人负担的管理义务而自行与第三方签订的委托合同，委托合同产生的费用属于集体管理组织的正常开支，不应该再由著作权人负担。集体管理组织与其委托单位各自从著作权人作品的授权使用合同中抽取管理费用的行为，实际上对著作权人构成了双重收费，严重损害了权利人的财

---

① 2019 年 12 月 6 日，调研访谈了哔哩哔哩法务处刘楠总监。

产权。另外，根据《电影作品著作权集体管理使用费转付办法》第五条，影著协对会员和非会员收取的作品管理费用是不同的，对于会员电影作品，影著协抽取使用费的 10% 作为管理费用，而对于非会员电影作品，影著协抽取使用费的 15% 作为管理费用。影著协并没有对为何对会员与非会员制定不同的管理费标准作出回应。笔者认为，即使 15% 的管理费用标准符合《著作权集体管理条例》关于收转法定许可费用的规定，也对非会员构成了实质上的不公平。

（二）作品许可费用标准不透明、不科学

对于著作权人来说，收费标准的不透明使其无法估量自己作品的经济价值，也就无法对集体管理组织的收费标准提出疑义；而收费标准的不科学问题，会导致著作权人与使用人获利减少或者成本增高。从音集协历年公布的公告中可以看出，直至 2019 年，卡拉 OK 收费标准一直沿用的是 2009 年制定的收费标准。[①] 十年来始终使用同一标准对卡拉 OK 产业进行收费，显然不能适应经济发展状况和技术、市场的变化。"十年过去了，按理说早就应该过渡到精确计次。但到现在都还是按照房间收费，不是技术上实现不了，而是没有人愿意去作出改变。"英皇娱乐香港有限公司、爱贝克斯股份有限公司、丰华唱片有限公司的版权代理公司代表王雪在接受《南方都市报》采访时表示，上述三家公司于 2017 年 5 月 10 日正式退出音集协，而退出协会的原因之一在于"版权费用分配不够公开、透明"，著作权人无法得知音集协具体的分配数据情况。[②] 由于集体管理组织往往并不会公布作品的实际使用情况，也造成权利人无法计量自己的作品实际应获益数量。媒介融合语境下，作品在不同传播渠道下发挥其最大价值，作品的传播过程变得更加复杂，但技术的发展也为追溯其传播过程提供了一定途径，利用技术记录作品的实际使用情况。这对收费标准的透明度、科学性提出了更高的要求，应顺应市场和技术的发展不断更新收费标准。

（三）著作权集体管理成本优势在新环境下存疑

在媒介融合语境下，著作权集体管理成本是否低于作者单独授权成本是

---

① 《卡拉 OK 著作权使用费收取标准》。

② 马宁宁：《音集协被质疑违规授权 KTV 曲库，陈奕迅〈十年〉竟未收到版权费》，2018 年 11 月，http://m.mp.oeeee.com/a/BAAFRD0000020181119117583.html，2019 年 11 月 9 日。

值得思考的。一方面,有的学者认为集体管理制度仍然具有成本优势,如毕琼媛认为,尽管在数字出版中面临着"去中间化"授权的挑战,但是个人授权仍具有实践、技术与谈判、维权成本方面的劣势,集体管理组织仍是目前节约成本、提高效率的最佳选择;张怀涛、秦珂认为,在媒介融合语境下,权利人维护权利所支付的交易费用增多,且数字技术使受众增多,受众范围扩大,权利人行使管理权利更加力不从心。另一方面,以熊琦为代表的观点认为,集体管理的有效性是建立在稳定的交易环境基础上,然而当前网络环境下去中心化和去阶层化的创作与传播方式使得无论是权利主体还是作品利用范围都缺乏稳定性;差异化的利用方式也导致许可条件的协商成本显著增加,进而导致集体管理组织不能以合理成本和相对确定的交易方式进行著作权授权;集体管理组织不具备促使著作权人实现作品收益最大化的经济诱因,因此缺乏减少交易成本的动力。[1] 我国的音著协已经建立了音乐作品网上许可系统,在一定程度上减少了使用人获得授权的成本。但是,互联网使得传播与作品权利公示变得容易,为使用人直接与著作权人协商授权合同提供了便利条件,因此,著作权人与使用人直接订立许可使用合同的成本整体上是否有所下降,需要进一步思考。不管怎样,音著协建立音乐作品网上许可系统,值得新闻作品的版权保护借鉴。笔者建议,倘若要发挥集体管理组织在版权许可上的功能与作用,可以由目前的中国出版协会担任集体管理组织的角色,由该协会建立新闻作品网上许可系统,并作为中介组织收取许可费用。但这种集体管理成本在媒介融合语境下究竟多高,目前还不好说。

（四）集体管理组织寻找权利人、转付报酬的积极性不高

根据《著作权集体管理条例》规定,集体管理组织负责收取相关作品的法定许可费用,继而转付给作品著作权人。中摄权协在官网首页设有认领作品专区,文著协也曾发布公告寻找权利人。然而,我们应当考虑到这种寻找方式的有效性,著作权人可能并不会关注集体管理组织官网或者公众号,也就无从得知自己的作品正在被使用且已获得报酬,寻找效果是有限的。并且,若找不到权利人,这部分费用就归集体管理组织所有;若没有监督、督促机制,会使其寻找权利人的动力与积极性降低,留置使用费。

---

[1] 熊琦：《Web2.0时代的著作权法：问题、争议与应对》,《政法论坛》,2014年第4期。

二、 垄断带来的滥用市场支配地位问题

在缺乏竞争对手的情况下,极易出现市场垄断,导致集体管理组织滥用权利,向权利人或使用人提出不合理要求。在集体管理组织条款修改中,有不少学者提出集体管理组织具有垄断地位。根据我国《著作权集体管理条例》规定,我国著作权集体管理组织的设立需要"不与已经依法登记的著作权集体管理组织的业务范围交叉、重合",这就说明在某一领域只能存在一个集体管理组织。同时,该条例第六条规定:"除依照本条例规定设立的著作权集体管理组织外,任何组织和个人不得从事著作权集体管理活动。"由此可见,我国通过法律规定了集体管理组织的垄断地位,排除了同一权利范围内的市场自由竞争。在实践中出现了一些经授权对作品行使专有使用权的"代理组织",其往往依据与著作权人的授权合同对侵权人提起诉讼,但是法院多依据上述条款驳回其诉讼请求,认为这些民间代理组织属于非法集体管理组织。例如,在深圳市声影网络科技有限公司(下称"声影公司")与南京歌城派对娱乐有限公司侵害其他著作财产权纠纷案中,再审法院认为,声影公司就涉案音乐电视作品取得了专有使用权,声影公司的行为违反了《著作权集体管理条例》关于除著作权集体管理组织外,任何组织和个人不得从事著作权集体管理活动的禁止性规定。声影公司无权就涉案音乐电视作品行使相关权利及提起诉讼。[①] 可见,事实上立法和司法中都赋予了集体管理组织的垄断地位。

具有市场支配地位本身是不受法律限制的,只有当具有市场支配地位的主体实施滥用其市场支配地位的行为时,才会受《反垄断法》的规制。国内首例涉及集体管理组织滥用市场支配地位的诉讼是 2017 年云南大明星欢乐园娱乐有限公司诉中国音像著作权集体管理协会、云南天合世纪文化传播有限公司滥用市场支配地位纠纷案,该案引起了人们的巨大关注。法院经审理认为,音集协的收费标准制定过程中考量了相关因素,且由国家版权局对外进行了公告,符合法律规定。音集协的"一揽子许可"方式节约了交易成本、提高了交易效率,不构成滥用市场支配地位实施垄断行为。[②] 2019 年 3 月 21

[①] 江苏省南京市中级人民法院(2015)宁知民终字第 87 号民事判决书。
[②] 云南省昆明市中级人民法院(2017)云 01 民初 1782 号民事判决书。

日上午，广东地区九家公司起诉音集协，要求其授予原告相关作品的使用权。音集协在诉讼中以自身不具有相关市场的支配地位、不构成垄断作为抗辩理由。本案尚未宣判，但也引起了人们对音集协等集体管理组织是否构成垄断、滥用市场支配地位的争议。

《著作权集体管理条例》第二十条规定，权利人对集体管理组织的许可只能是专属许可，意味着著作权人加入集体管理组织后，就将自己的相关权利交由集体管理组织行使，著作权人本人不能在合同约定期限内再自行行使相关权利。这一规定排除了著作权人在具有市场竞争优势的情况下直接与使用人签订授权合同的可能性，虽然使得集体管理组织作品库具有稳定性，但也忽视了著作权人的最大利益的实现。无论是传统媒介环境还是目前的媒介融合环境，集体管理组织在享有著作权专有使用权后，若缺乏市场自由竞争，将缺乏顺应市场变化、进行合理定价的积极性。

各国集体管理制度可以分为有垄断性和竞争性的集体管理，美国允许对同一作品存在多个集体管理组织，而西欧等国多是垄断性质的集体管理组织。无论是垄断还是竞争性质的集体管理组织，都应该加强外部监管，避免滥用市场支配地位的情形出现。林秀芹以日本著作权集体管理组织的发展为例，说明即使鼓励集体管理组织自由竞争，也会出现事实垄断的情形，不能完全依靠自由竞争模式摆脱滥用市场支配地位的阴影。[1]

三、 集体管理组织作品库不明晰的问题

我国集体管理组织起步较其他国家晚，相关规则制定尚不完善。集体管理中的一大问题就是作品数据库不完善，不能向使用人提供完整的作品清单。以音集协为例，早在成立之初，就承诺建立作品库，但直到 2018 年仍未建立起一个正版作品曲库。并且，有人质疑音集协官网公布的曲库系统内有多首来自同一唱片公司的歌曲被重复登记，"音集协涉嫌加大特定唱片公司作品数量，操纵版权费分配比例，挤占合法权利人应得合法收益"[2]。

我国尚无延伸性集体管理，集体管理组织就只能将自己获得授权的作品

---

[1] 林秀芹、黄钱欣：《我国著作权集体管理组织的模式选择》，《知识产权》，2016 年第 5 期。

[2] 马宁宁：《音集协被质疑违规授权 KTV 曲库，陈奕迅〈十年〉竟未收到版权费》2018 年 11 月，http://m.mp.oeeee.com/a/BAAFRD0000020181119117583.html，2019 年 11 月 9 日。

再授权给使用人使用,然而,实践中经常发生集体管理组织提供的作品库中含有非会员作品的案例。2010 年发生的盛世骄阳起诉影著协侵权案件中,盛世骄阳享有电影《越光宝盒》在中国内地的独家信息网络传播权,在未经其授权的情形下,网尚文化提供了《越光宝盒》的在线点播服务。该影片有由影著协提供的标识,而盛世骄阳实际上并未加入影著协,亦未将该电影授权给影著协管理,故对影著协与网尚文化一起提起诉讼。影著协的做法并非个例,在福州中久华飞文化传播有限公司案诉福州市仓山区我爱我歌歌舞厅中,对我爱我歌歌舞厅提出其"已向音集协缴纳许可使用费,其中包含有非会员的音像作品许可使用费,中久华飞公司应向音集协申领使用费,而并非向其主张赔偿"的主张,法院认为,中久华飞公司并不是音集协的会员,其并未将涉案作品授权给音集协管理,即使音集协有针对非会员预留分配许可使用费,也并不因此阻却中久华飞公司直接向侵权人主张损害赔偿的权利。[①] 违法代理未经授权作品的行为已经成为集体管理组织的常态,因其并未提供一个具体的作品数据库,无论是著作权权利人还是使用人,都无法轻易发现侵权作品的存在。在这种情况下,著作权人的权利得不到保障,使用人又随时面临着侵权诉讼的风险。

第三节　基于媒介融合建立延伸性集体管理组织的合理性与必要性

在版权集体管理制度中,延伸性集体管理在学术研究中争议较大,在媒介融合语境下,这一争议更加凸显,下文将围绕着这一问题来讨论。

一、延伸性集体管理制度简介

版权集体管理一般可分为委托集体管理与法定集体管理,法定集体管理又可分为强制集体管理和延伸性集体管理。委托集体管理的适用范围不应该由法律加以限制,应将对作品的控制、使用权交给权利人自行决定;强制集

---

① 福建省高级人民法院(2019)闽民终 1046 号民事判决书。

体管理是指根据法律规定，只能由著作权集体管理组织行使相关权利，如德国《著作权法》规定，作者的报酬请求权（或排他权）不能放弃且只能通过集体管理组织主张；延伸性集体管理是指虽然集体管理组织未获得部分权利人授权，但该组织具有广泛代表性，在满足一定条件时，可以行使非会员权利人的相关权利，如英国的"延伸集体许可证计划"就是关于延伸性集体管理的规定，根据该规定，经国务大臣审查批准，方可开展延伸集体许可工作。

延伸性集体管理起源于 20 世纪 60 年代的瑞典。1974 年，北欧国家成立版权联合委员会，标志着延伸性集体管理制度被法律正式承认，其实质上是假定权利人同意由集体管理组织代为行使相关权利，除非权利人作出拒绝声明。关于延伸性集体管理的性质，理论上存在着权利限制说和权利行使说两种学说。

权利限制说认为，延伸性集体管理在权利人未明确授权的情况下，使作品使用人事实上有了使用其作品的法定权利，限制了权利人著作权的行使。直接由集体管理组织制定授权条件，包括交易价格、使用方式、权利范围等，实际上限制了著作权人对自身作品的控制权与使用权。如熊琦认为，延伸性集体管理本质上是对著作权人排他性权利的限制和弱化[①]。卢海君、胡开忠也认为延伸性集体管理是一种权利限制制度，因其给权利人带来了额外的负担。[②] 首先，著作权人需要明确其作品由哪个组织进行管理或授权，再索要报酬或者作出拒绝由集体管理组织管理的声明；其次，该制度相当于强迫非会员接受组织的分配规则，而非会员权利人无从得知真实使用情况和收费情况，这对非会员权利人是不公平的；最后，有些著作权人只是希望作品得到传播，并不想获得经济报酬，一律由集体管理组织收取使用费用的制度忽视了权利人的决定权。

与之相反的权利行使说认为，延伸性集体管理是事先推定非会员与集体管理组织有协议，便于集体管理组织代为管理非会员难以行使的权利，但是非会员可以自由退出该机制，声明拒绝由集体管理组织管理其权利，只要保障了非会员权利人的知情权和获酬权即可。

延伸性集体管理制度在各国有不同的实施规则，但一般满足以下几个条

---

① 熊琦：《著作权延伸集体管理制度何为》，《知识产权》，2015 年第 6 期。
② 胡开忠：《论著作权延伸集体管理的适用范围》，《华东政法大学学报》，2015 年第 2 期。

件：第一，能实行延伸性集体管理的组织是该国范围内具有广泛代表性的组织；第二，几乎所有采取延伸性集体管理制度的国家都设置了选择退出机制，即著作权人可声明不接受集体管理组织的管理。我国也出现了建立延伸性集体管理制度的呼吁，最终反映在《著作权法》修改草案中。将集体管理组织的管理范围延及非会员作品，必定会引起有关著作权人的争议，且由于转变了使用人的申请授权模式，也会引起使用人的焦虑。

二、 我国《著作权法》修改草案对延伸性集体管理的规定及争议

在我国《著作权法》修改过程中，草案第一稿到第三稿（送审稿）都涉及延伸性集体管理制度的规定。三次修改草案都明确规定，实行延伸性集体管理制度的前提是该集体管理组织取得权利人授权并能在全国范围代表权利人利益。根据第一稿第六十条规定，任何类型的作品在任何情况下都可能受延伸性集体管理制度的控制，权利人书面声明不得集体管理的除外。该草案公布后引起了社会的强烈反对，认为这一条款无限扩大了集体管理组织的代表权利，完全忽视了权利人对作品的自主控制与使用。在第二稿中，将著作权集体管理组织可代表行使的权利范围限制在"（一）广播电台、电视台播放已经发表的文字、音乐、美术或者摄影作品；（二）自助点歌经营者通过自助点歌系统向公众传播已经发表的音乐或者视听作品"。但是这一让步仍然不能使广大著作权人满意，于是在第三稿中，草案将延伸性集体管理制度的作用范围限定在"以自助点播等方式向公众传播已经发表的文字、音乐或者视听作品"。这一规定与我国现行《著作权法》的规定不同之处就在于在自主点播领域，著作权集体管理组织从"被授权后，可以以组织的名义为著作权人主张权利"变为"即使未经权利人授权，也可以以组织的名义为未加入集体管理组织的著作权人主张权利"。

延伸性集体管理定是经过许多论证才加入到修改草案中的，获得了许多学者的支持。如洪涛认为图书馆领域也应采用延伸性集体管理，适用于复制权、信息网络传播权、表演权、播放权等权利，并且关注付酬机制问题。[①] 田晓玲认为应当采用第一稿的规定，以适应网络环境下海量作品授权使用和报酬

---

① 洪涛：《图书馆对延伸性版权集体管理的制度需求与建构》，《图书馆学刊》，2016 年第 4 期。

权、分配的需要,因为所有的权利类型和作品使用都可能需要延伸性集体管理,该制度促进了使用人获得授权,有利于作品的传播,并且帮助权利人实现其经济利益,也赋予了权利人退出权。[①] 但也存在反对的声音,卢海君等人就认为在我国现行著作权法体系下,延伸性集体管理作为一种权利限制制度,势必会对著作权人造成不利益,应该缓行延伸性集体管理。[②]

延伸性集体管理的适用前提应是能代表该领域的广泛权利人,才能在特定范围内将管理权利延及非会员权利人,然而我国的著作权集体管理组织目前拥有的会员并不能代表大多数权利人,如作为音乐巨头的英皇娱乐香港有限公司、爱贝克斯股份有限公司、丰华唱片有限公司就于 2017 年 5 月 10 日正式退出音集协。网络环境下,作品的创作与传播方式的改变使得人人都很轻松地成为著作权人,权利人数量大幅增加,然而这些权利人并非都会选择加入集体管理组织,因此,现存集体管理组织的代表性存疑,影响到能否建立延伸性集体管理。经过笔者的查询,电影公司交由影集协管理的作品通常并不包含最新、最热的影片。孙茂成称:"影著协基本上是无效的管理,这个与电影作品的特殊性质还是有关,电影作品的著作权人还是比较容易自我经纪管理电影作品的。"[③]文著协的代表性更是受到质疑,许多知名作家在文著协官网上查无此人,权利人并不会加入集体管理组织,而是自行行使相关权利。我们可以看到,网络的发展为每个人都提供了创作作品、发布作品、传播作品的通道,权利人数量激增,网络作品大量出现,这些作品权利人往往并不会加入集体管理组织,集体管理组织的代表性日益下降。可见,我国集体管理组织的代表性不高,缺乏设立延伸性集体管理的前提条件。《中国音乐著作权协会章程》第十六条规定,为集体管理的目的,对未加入协会的音乐著作权人,本协会也为其收取著作权使用费并向其分配。我国尚未设立延伸性集体管理制度,但音著协已经在实践中开展此项业务,这种未经法律确认的延伸性集体管理行为属于违法行为。

笔者赞同李陶的观点:"在新媒体时代,因过分关注受众的阅读体验,作

① 田晓玲:《著作权集体管理的适用范围和相关问题研究——以著作权法第三次修改为视角》,《知识产权》,2015 年第 10 期。
② 卢海君、洪毓吟:《著作权延伸性集体管理制度的质疑》,《知识产权》,2013 年第 2 期。
③ 孙茂成:《影视作品授权和维权律师实务大全》,2015 年 4 月,http://www.iprdaily.cn/news_7760.html,2019 年 11 月 9 日。

为内容供给方的报刊出版者之传播效率'被'互联网产业非自愿放大。"①无论是报刊出版者,还是其他著作权人、邻接权人,都应当被尊重,"先授权,后使用"是尊重权利人最直接的体现,保障财产权也是尊重权利人人格利益的重要体现。过分强调传播效率,忽视了作品对权利人的重要意义。设立延伸性集体管理,否定了权利人对作品的自主管理,不利于权利人自己根据市场情势作出授权决定。即使权利人可发出声明拒绝集体管理组织的管理行为,但是这相当于为著作权人设立了新的负担。综上所述,我国并不具备实施延伸性集体管理的前提条件,且该制度忽视了权利人的自主决定权。

第四节　基于媒介融合的集体管理组织改进以适应版权许可制度

一、 删除非法集体管理与专有许可的规定

前面我们探讨的版权授权许可制度也好,默示许可制度也罢,都并不排除著作权的专有许可制度。笔者认为,就著作权集体管理制度而言,应当删除非法集体管理的规定,尊重市场自由设立集体管理组织,并且取消加入集体管理组织意味着著作权专有许可的强制规定。很多学者主张取消著作权集体管理组织的行政准入,减少政府部门在交易过程中的参与,使之着重关注对集体管理组织的监管方面。支持独占授权模式的人认为可以保证作品库的稳定性,减少运营成本;支持非独占性授权的观点认为,可以增加著作权人与集体管理组织的竞争,探索最符合市场环境的交易条件。

熊琦认为,应放松政府管制,允许产业主体自行创设集体管理组织,允许集体管理组织业务范围的重合,以维系著作权人所需的许可效率;并要求为使用人提供多元化的许可类型选择,实现传播效率的提高。② 在政府主导模

① 李陶:《媒介融合背景下报刊出版者权利保护——以德国报刊出版者邻接权立法为考察对象》,《法学》,2016 年第 4 期。
② 熊琦:《中国著作权立法中的制度创新》,《中国社会科学》,2018 年第 7 期。

式下，集体管理组织缺乏提高许可效率的经济诱因，并且由于市场情势的不断变化，任何主体都无法完全将其集中或整合，而技术的发展使得记录作品使用频率和范围的交易成本大大降低，因此应当使各集体管理组织自由竞争、废除专有许可的限制，使集体管理组织与著作权人间的竞争成为可能。林秀芹以日本为例，说明著作权集体管理组织自由竞争可以促使各组织不断改善自身管理水平。另一方面，自由竞争也带来如许可手续复杂化、著作权集体管理组织质量参差不齐、社会资源浪费等问题，而且仍会出现事实垄断，故主张控制竞争规模，建立有限竞争、相对集中的著作权集体管理模式。[①]

充分尊重权利人自主授权的权利，尊重著作权集体管理组织的设立与活动开展。若集体管理组织缺乏竞争，有很大可能性会忽略不同作品的质量与价值而进行概括定价，对著作权人来说是不公平的。在本领域引入竞争，促使集体管理组织为了自身的存续积极适应市场的发展，结合作品市场情势作出最佳选择，平衡著作权人和使用人的利益。美国司法部曾与集体管理组织达成和解协议，要求后者根据作品使用的数量和范围差异区分制定价格标准，设立多样许可类型。直接效果是使使用人有了更多的选择权，可以根据自身的作品使用情况选择不同的许可类型。使用人不必拘泥于作品许可类型，对中小型使用人来说减少了成本压力，也就更愿意与之签订使用合同，这也同样提高了著作权人的权利实现效果。

允许集体管理组织的自由设立是符合现实环境的。媒介融合语境下有声读物是近年来兴起的一种书籍与声音的结合。2014 年成立了中国听书作品反盗版联盟组织，"杭州平治诉懒人听书"成为国内听书行业集体维权第一案，虽最后撤诉，但体现了权利人成立组织共同维权的希冀。与此同时，随着媒介融合不断加深，对新闻作品的保护也逐渐提上日程。除了呼吁对新闻作品进行著作权保护外，还提出了保护形式上的要求。在媒介融合语境下，新闻作品的表现形式因为内容的不断融合以及传播形式的交融变得复杂。为了应对新闻作品侵权，人民日报社、新华社等多家媒体成立了中国新闻媒体版权保护联盟，《中国新闻媒体版权保护联盟宣言》指出，中国新闻媒体版权保护联盟将在新闻作品版权统一管理、制定版权合作规则、组织共同议价、支持成员单位维权等方面扮演重要角色。以上宣言提出的联盟的功能实际上

[①] 林秀芹、黄钱欣：《我国著作权集体管理组织的模式选择》，《知识产权》，2016 年第 5 期。

与集体管理组织无异。在音乐领域,更是有着尊重集体管理、尊重自由设立的潜在基础。目前音乐市场大部分的数字音乐版权都集中在腾讯手中。腾讯享有环球、华纳、索尼等热门音乐作品权利人的独家版权,这种独家版权包括了独家的发行代理和转授权。在这个意义上,腾讯实际上相当于在履行集体管理组织的职能。

二、 删除延伸性集体管理制度

我国实践中已经出现了事实上的延伸性集体管理行为,前述音集协对音乐电视作品的许可和影著协对影视作品的许可中就包括了非会员作品。综观各国延伸性集体管理制度,虽具体细则有所差异,但无不规定实行延伸性集体管理的组织应当是经过国家、法律特别授权的,能在全国范围内代表大多数权利人利益,即具有广泛代表性。然而我国法律尚未规定延伸性集体管理,现存的几大集体管理组织的代表性地位也仍有争议,因此即使上述集体管理组织声明已为非会员权利人留存了分配费用,其对非会员作品的管理行为也是非法的,使用人也不能以其与集体管理组织的许可使用合同中的"发生诉讼时,由集体管理组织对非会员权利人承担责任"为由免除自己的侵权责任。

延伸性集体管理作为一种权利限制制度,应该以保障著作权权利人的经济利益和作品的传播效率为目的。换言之,只有当著作权人难以通过其他途径获得报酬或者阻碍作品传播时,延伸性集体管理才有适用的必要性。我国目前出现了越来越多的版权代理机构,和集体管理组织一样从事作品的管理,其在司法实践中多被认定为非法集体管理组织。笔者认为应当承认其"民间集体管理组织"的地位,使权利人可以自由选择由哪一集体管理组织对自己的作品进行管理。事实上,以音乐作品为例,腾讯音乐、网易云音乐、阿里音乐是音乐产业的三大巨头,很多著作权人直接将作品授权给音乐平台使用,或赋予其进行独家版权代理的地位。这就为著作权人的利益实现提供了保障渠道。对于"促进作品传播"这一支撑建立延伸性集体管理的理由,笔者认为,首先,不应为了传播效率而忽视著作权人的利益,这不利于建立长久的良好作品创作环境;其次,我国已有合理使用和法定许可制度来保障作品传播,符合条件的即可合法使用作品,并且,我国已经规定了法定许可费用由集体管理组织收取后转付给权利人,因此也不存在使用人没有途径支付使用费用的问题,即使我们前文提出的在报刊转载领域,可以删除法定许可制度改成默示许可制度,也离不开集体管理组织在许可费收取上所发挥的功能;最后,我国《反垄断法》第五十五条已经对滥用知识产权的行为进行了规制,意味着权利人利用享有的权利阻碍作品传播的行为能受到现有法律的调整。

三、　加强对集体管理组织的监督管理

集体管理组织具有垄断倾向,一定程度的市场支配地位可以保证集体管理组织进行著作权管理的优势地位,控制交易成本。从林秀芹的研究来看,即使是在实行集体管理组织自由竞争的日本,经过市场的优胜劣汰,最终也会出现权利集中于某一大型集体管理组织的情形,会出现事实垄断。从另一方面看,垄断也存在着滥用市场支配地位的可能性,对著作权人和使用人都有着弱化权利实现的危险。因此,重点应放在对集体管理组织的监管上。

无论是现有的五大集体管理组织还是版权独家代理机构,都需要接受监督,避免滥用市场支配地位损害权利人和使用人的利益。2018 年,在国家版权局积极协调推动下,网易云音乐与腾讯音乐就音乐版权合作事宜达成一致,相互授权音乐作品,二者的互授比例已达到99％,但音乐平台会在国家允许的 1％独家内容上进行差异化竞争。[①] 网络音乐独家版权是近年来常见的音乐授权模式,包括独家的发行代理和转授权,属于独家信息网络传播权代理和转授权。在网络环境下,数字音乐占据了音乐市场的绝大份额,因此获得信息网络传播权成为各大音乐平台的争夺焦点。熊琦认为应将网络服务提供者作为新的集体管理组织加以规制,并把集体管理的对象扩大到网络最终用户。笔者认为,这类版权代理机构发挥着和集体管理组织相同的功能,也应当同传统意义上的集体管理组织一样受到监管。

四、　集体管理组织的改进要紧密配合创新后的版权许可制度

著作权集体管理的目的在于加强对著作权人权利的保护和作品的传播,

---

① 侃科技频道:《为什么网易云版权合作不断　用户还是没反应?》,2018 年 8 月,https://news.qudong. com/article/508165. shtml,2019 年 11 月 9 日。

在降低作品授权中的交易成本方面发挥了不小的作用,但是在媒介融合语境下,暴露出了越来越多的缺点。因此应当结合我国现行著作权管理组织现状与互联网环境下的市场变化,值《著作权法》修改之际,特别是在本书建议要把报刊法定许可制度废除,改成默示许可制度,以及创新版权合理使用制度、版权授权许可制度的环境中,修改关于集体管理的相关规定,以维护版权市场并促进作品的顺利传播。媒介融合的发展使作品的生产与传播更加便捷与多样,侵权行为也更加多元,为了使作品的价值在传播中得到更大的体现、维护著作权权利人与使用人的权利、提高作品交易的透明度与科学性,集体管理组织的管理也应该充分利用互联网技术。我国音著协于 2018 年 9 月正式开通了"音乐作品网上许可系统",这极大程度地便利了使用人的申请,也方便了著作权人获酬权的实现。

新闻作品的默示许可,也应该交由某个集体管理组织来管理,并授权一定的许可费用,当然这里也涉及技术使用的问题。如果这样,哪一个集体管理组织来做这项工作,文著协行不行呢? 按照目前的集体管理组织规定,文著协好像并不承担此项重任。如果像上文提议的通过中国出版协会来管理的话,中国出版协会又不属于集体管理组织。另外,假设由中国出版协会授权,默示许可的费率如何? 是不是和其他法定许可类似,授权相同的费率? 当然,许可平台的建设也是问题,中国出版协会能承担此类作品的许可平台的建设任务吗? 毕竟,音集协、影著协、中摄权协、文著协对互联网平台的建设还不够,权利人和使用人能从其官方网站获取的信息有限。毕琼媛提出集体管理组织应从"版权交易者"向"版权服务者"转变,使著作权带来的利益真正回归到权利人手中,要利用先进的技术手段建设现代著作权授权、许可收费与转付、监测系统。① 另外,应当加强对著作权集体管理组织、各著作权代理机构的监督管理,促使其不断提高为著作权人与使用人服务的水平,促进作品的传播,更好地适应创新后的版权许可制度。

---

① 毕琼媛:《数字出版视野中的版权集体管理制度创新》,《出版广角》,2016 年第 17 期。

第六章

配套性制度： 基于媒介融合的
我国引入版权补偿金探讨

　　媒介融合语境下，为实现最大化与最优化的传播效果，复制成为个人使用者在浏览与传播信息中必不可少的环节。有别于纸媒时代，复制行为必须以将作品"固定"在物质载体上为构成要件。在以数字化技术为支撑的媒介融合语境下，复制行为产生巨大变迁。大批量的私人复制成为可能。

　　在内容、平台和用户融合的传播环境中，复制变得轻而易举且无所不在。① 任何普通用户"复制"的作品都可以在多平台中"传播"的同时，"传播"过程本身也是"复制"的过程。个人用户在网页浏览新闻作品后，浏览器的历史记录中会自动保存该页面的内容，并以临时性文件的形式自动保存在硬盘中，信息阅读的过程包括了复制的过程。个人用户使用社交软件时接收并浏览好友发送的图片后，手机会自动缓存图片的数字化复制件，好友发送图片既是传播行为，也是复制行为。同时，由于用户可以在一次阅览作品后利用技术自动保存作品，无限次再次阅览，或借助平台融合向其他用户传播作品，其他用户浏览作品的同时又可以进行复制并传播，复制行为产生的影响力增大，著作权人的经济利益可能会因其作品的无限次传播与复制而遭受巨大损失。因此，媒介融合语境下的个人复制行为应当得到重视。

　　面对媒介技术发展带来的困境，学界和实务界期望找到一种能够兼顾社会公众利益和版权人利益的解决方法。其中，版权补偿金制度起源于复制设备普及、私人复制导致的版权人利益损失之背景下，在欧洲大陆已有 20 年时

---

① 王迁：《网络环境中的著作权保护研究》，法律出版社 2011 年版，第 8 页。

间经验,引起我国知识产权界学者的关注。

部分学者主张我国引入版权补偿金制度,以规制数字化技术辅助下泛滥的私人复制。如张今教授提出在数字化环境下,版权补偿金制度既可以鼓励创作,又可以促进作品的传播,是私人复制领域协调权利人、技术发明者和消费者之间利益关系的最佳方案,我国可参考国外已有的立法经验,引进著作权补偿金制度。[①] 张峰鹤提出数字技术导致公众对著作权作品使用方法改变,打破了私人复制制度赖以存在的著作权人、作品传播者与社会公众之间固有的利益平衡格局,因此需要版权补偿金作为"利益平衡器"重新调整各主体的利益砝码。[②] 但也有学者持不同观点,如易建雄提出若将数字化中的私人复制也纳入版权中的复制权范畴,很可能是版权扩张的形式之一,不符合版权基本理论。[③] 吴伟光提出版权权利人可以通过数字版权技术对其作品进行管理时,再对复制该作品的媒介征收特别费用可能会造成双重收费,因此我国应谨慎看待版权补偿金制度。[④]

因此,在媒介融合语境下,版权补偿金是否可以作为缓解我国媒介传播中个人使用者与版权人之间紧张关系的对策,该问题仍在讨论之中。已有研究多集中于从数字技术的角度对版权补偿金制度价值进行探讨,鲜有学者结合媒介融合以及我国当下传播环境,对版权补偿金制度的价值以及我国引入版权补偿金制度的可行性进行探究。而版权补偿金制度的产生初始是因媒介技术的发展,其内容随媒介技术的发展变迁,对版权补偿金制度的价值讨论应结合具体的媒介语境。为此,笔者拟在借鉴国际社会中版权补偿金制度实践经验的基础上,结合我国传统媒体与新兴媒体在内容与服务、平台与渠道、终端与用户逐渐融合的过程中出现的版权问题,分析我国引入版权补偿金制度的必要性与适当性。最后,尝试结合媒介融合中的技术措施,对版权补偿金制度在我国应如何运行才能和版权许可制度配合发挥作用提出建议。

---

① 张今:《数字环境下私人复制的限制与反限制——以音乐文件复制为中心》,《法商研究》,2005年第6期。
② 冯晓青:《知识产权法前沿问题研究. 第2卷》,中国大百科全书出版社2009年版,第159页。
③ 易建雄.:《技术发展与版权扩张》,法律出版社2009年版,第193—195页。
④ 吴伟光:《数字技术环境下的版权法——危机与对策》,知识产权出版社2008年版,第221页。

第一节　基于媒介融合的版权补偿金制度的发展

虽然版权补偿金制度在我国属于法律空白，但在国外这并不是新的问题。欧洲大陆实施这项制度已经有 20 年的经验，美国也在数字年代早期将此项制度引进版权法。而版权补偿金制度自始与媒介技术息息相关，近年随着媒介技术的更新，融媒体时代来临，实践中版权补偿金制度内容被不断革新的同时，学界对版权补偿金的改革与存废产生不同观点。

一、版权补偿金制度早期发展

版权补偿金制度起源于德国，早在 1964 年，德国联邦的最高法院就在其司法判决中，认定录音机制造商应当向音乐版权人支付一定数额的补偿金，以弥补因消费者的私人录制对版权人造成的损失。后德国在 1965 年修订《著作权法》时，就首次引入了针对录音录像设备的补偿金制度。根据这项制度的规定，个人可以为欣赏目的录制音乐，但录音机制造商必须向相关集体管理组织支付补偿金，即录音设备税[①]，再通过集体管理组织在版权人之间进行分配。因此构建版权补偿金制度的目的在于弥补私人复制对版权人利益造成的损害。在媒介融合语境下，私人复制随处可见，特别是今天网友的 UGC 对他人作品的复制，但又很难归属于版权合理使用范畴，所以完全依靠版权许可制度不切实际，必须在配套性的版权补偿金制度上下功夫。

在录音、录像等复制技术尚未普及的 20 世纪 60 年代之前，私人复制行为因满足社会公众对信息获取的需要，且未对版权人利益造成明显损害而被纳入到公众合理使用的范畴。当时学界普遍认为，如果要求个人使用者使用作品时，事先应得到版权人的许可并支付版税，则会导致交易成本过高，在经济上是不可能也是不合理的；同时基于版权人与使用者利益平衡原则，私人复制作为创新的必要前提行为应在版权人容忍的范围内[②]，因此在法律上不

---

① 李青文：《论数字环境下我国著作权补偿金制度之构建》，《编辑之友》，2017 第 11 期。
② 吴伟光：《数字技术环境下的版权法——危机与对策》，知识产权出版社 2008 年版，第 91 页。

如直接认为个人使用是免费的。

　　随着复制技术的发展,在复制设备如录音机、复印机等工具的辅助下,私人复制成本降低且迅速泛滥,版权人主张自身复制权与财产利益受损,要求对私人复制进行必要的限制,版权补偿金制度因此被提出。1965年德国《著作权法》规定版权补偿金的征收对象为录音机,1985年德国修订《著作权法》将复印设备纳入到版权补偿金的征收客体。这一制度由于在保证版权人利益实现的同时,满足了个人使用者复制的需要,同时避免了对个人使用是否属于合理使用等复杂问题的讨论,成为许多国家立法的范例。[①] 美国、加拿大、日本、意大利等国家相继引入该制度。

　　进入数字版权时代后,版权补偿金的征收范围被进一步扩大。德国在2007年通过的《规范信息社会著作权的第二部法律》中将负有缴纳补偿金义务的主体扩大到"所有通常被用来制作合法复制件的机器和储存介质"。美国在引入版权补偿金制度后,版权补偿金的征收对象由复印设备的生产制造商扩展到提供影音服务的图书馆。日本、加拿大和欧洲引入版权补偿金制度的国家,也随技术发展不断扩充版权补偿金的征收对象。

　　综观版权补偿金制度的源起与发展,在因技术发展而泛滥的私人复制损害到版权人利益的背景下,版权补偿金制度被构建,后随技术更新,版权补偿金制度内容不断调整。现今随着互联网的迅猛发展,到了融媒体时代,版权补偿金制度内容在进一步变迁的同时,遭受了部分学者的质疑。

二、 媒介融合语境下版权补偿金制度的新发展与困境

　　进入网络时代后,尤其是在传统媒体与新型媒体产生交锋的媒介融合语境下,复制在信息传播中愈发普遍,版权人的利益因此再次受到冲击。版权补偿金的征收对象、征收模式被进一步调整的同时,是否有必要继续实施版权补偿金制度引发了学界的质疑。

(一) 版权补偿金的新尝试:"谷歌税"
　　前文已经述及,"谷歌税"是西班牙在修订的《知识产权法》中提出的措

---

① 王迁:《网络环境中的著作权保护研究》,法律出版社2011年版,第160页。

施,主要针对媒介融合中出现的搜索引擎网站的新闻聚合行为,该条款规定引用新闻内容的搜索引擎网站需向新闻创作者支付一定的费用。后法国、德国、意大利等国家均向议会提案,要求向微软、谷歌和雅虎等互联网企业征收商税,用以补偿音乐、视频等较为广泛的版权客体著作权人。

版权补偿金与"谷歌税"的法理类似,对传播中提供基础设施服务的企业收取一定的费用,理由是相关企业提供私了人复制途径,收取的费用用以补偿版权人。但"谷歌税"与版权补偿金存在差异,"谷歌税"征收的对象是网络服务提供商,是传播渠道的提供者,而版权补偿金的征收对象是复制设备生产商。因此,可以将"谷歌税"认定为媒介融合语境下补偿金制度的新尝试。

(二) 学界对版权补偿金制度的质疑

21世纪初随着网络时代的来临,德国立法实践中出现了版权补偿金制度是否需要改革甚至废除的声音。但德国政府认为,有经验证明可行的一次性补偿金制度可以保障版权人的合理收益,因此保留并随技术改革了补偿金制度。[①] 在学界,对版权补偿金的改革与存废也存在不同声音。

有学者提出,版权补偿金征收与分配方式会造成极大的不公平。版权补偿金制度从构建发展至今,在各国实践中征收客体的确定一般均以"提供复制功能的设备"为核心,主要原因是在模拟时代的录音、录像等设备的首要用途是录制享有版权的视听作品,如专门用于专业电影公司和音像公司使用的录音、录像设备一般不在征收补偿金的范围内。而媒介融合下多种传播渠道交融,信息传输工具包括传统的广播、计算机,以及手机、手表甚至智能眼镜等手持设备终端,几乎所有的设备均可提供复制功能。其中只有少部分设备的主要功能是复制,如录音笔等。复制功能在大部分的电子设备中已经边缘化,若仍然以"可提供复制功能"或"主要功能为复制"为标准,将诸多多用途的电子设备和媒介均纳入版权补偿金的对象,将导致大量数码设备和媒介的消费者补贴一小部分经常下载电影、音乐并将其刻录在光盘上的用户,从而造成极大的不公平。[②]

还有学者提出,数字保护技术已经能够对私人复制行为进行控制,收取

---

① 罗莉:《德国著作权法数字化第二次改革评价》,《中国版权》,2006年第1期。
② 王迁:《网络环境中的著作权保护研究》,法律出版社2011年版,第128页。

补偿金是多余的,会造成双重收费。[①] 补偿金制度的前提是数字设备使用者的复制行为无法控制,而目前防范该行为的数字保护技术已然普及,如数字指纹和追踪监测技术。数字指纹以密码或者代码技术对版权作品进行处理,使得作品在初次发表时绑定版权人的确权信息,使用者在未经授权的情况下无法进行复制、存储等操作;或使用者未经授权使用作品时,版权人可以根据作品的指纹信息与追踪监测技术及时发现侵权行为,同时可以更为高效地采集侵权证据与主张自己的权利。因此,在数字作品传播中,技术保护措施已经可以替代版权补偿金制度。而在非数字化作品的版权保护中,合理的私人复制对版权人造成的损害后果也较小,仍在版权人的容忍限度内,不合理的私人复制落入我国《著作权法》中复制权的控制范畴的规定范围内。这意味着,即使媒介融合语境下传播形式更为复杂,数字版权保护技术与我国《著作权法》也可以实现对私人复制行为的限制,没有必要另行构建版权补偿金制度。

第二节　基于媒介融合的我国引入版权补偿金的必要性

一、我国媒介融合语境下私人复制问题

技术条件是媒介融合的基础设施,而技术也为私人复制提供了更为便捷的工具。如前所述,在媒介融合语境下,复制在媒介融合语境下的信息传播中变得随处可见。而技术条件反过来塑造人的思想与行为,随着技术革新,使用者对复制的观念也随之转变。在复制行为可以轻易完成的环境下,阅览并保存已经成为用户信息获取、信息传播中的日常习惯,私人复制逐渐成为网络传播中普遍存在的、无意识的行为。

而媒介融合指的是对同一信息源,即资讯本身,以不同的呈现形态,如文

---

① 张今:《数字环境下的版权补偿金制度》,《政法论坛》,2010 年第 1 期。

字、图片、音频，或以不同的传播渠道，如报纸、网络、手持设备终端等进行传播。① 媒介融合建构的传播空间中，多个媒体呈现的信息总量虽然激增，但信息核心仍然内容同一。消费者对信息的核心需求是内容本身，大量存在的私人复制与传播行为替代了消费者对原作品的需求，对版权人利益造成冲击。但我国无论是立法还是技术保护，均未能为私人复制问题提供较为完善的解决路径。

（一）我国《著作权法》对私人复制规制不完善

私人复制是学理表述，并非我国《著作权法》中的用语。但根据法律解释方法，可从我国《著作权法》中对复制权的相关规定，以及对属于合理使用的个人复制行为的例外规定总结出我国法律对私人复制的相关规制。

首先，在我国著作权法理论中，复制权是版权人专有权利之一，属于版权人财产权，具体在我国《著作权法》第十条第（五）项规定："复制权，是指以印刷、复印、录音、录像、翻录、翻拍等方式将作品制作成一份或多份的权利。"因此，除法律规定外，所有未经许可对版权作品进行复制的行为都是侵权行为，行为人需承担相关的责任，其中包括私人复制的行为，此部分的私人复制被称为不合理的私人复制。同时，我国《著作权法》第二十二条以封闭式条款的形式，将部分的个人复制行为例外规定为合理使用，具体在我国《著作权法》第二十二条第一款第（一）项规定："为个人学习、研究或者欣赏，使用他人已经发表的作品，可以不经著作权人许可，不向其支付报酬。"其中"使用"可解释为包括"对作品的复制"行为，这种私人复制称为合理的私人复制。

因此，综观我国《著作权法》，对私人复制的规制路径主要是，对不合理的私人复制以一般的版权侵权行为进行规制，对应纳入合理使用范畴的个人使用行为进行列举式的例外规定。笔者认为，在媒介融合语境下，我国对私人复制的这种规范路径主要存在两个问题：

第一，缺少弥补因私人复制造成版权人利益受损的机制，包括合理的私人复制和不合理的私人复制。在媒介融合的传播环境中，不同平台融合发展下用户规模庞大、传播速度快且传播范围广，将直接导致：（1）不合理的私人复制侵权行为发生时，由于存在海量用户，权利人难以通过司法程序获得全部救济,而我国现行著作权法体系对此种私人复制导致的权利利益受损行为缺乏救济措施。(2)合理的私人复制行为在法律性质上应属于合理使用,但在实践中由于私人复制的广泛存在将导致版权人利益受损,对此种私人复制导致的问题我国现行立法中也未体现相关的弥补措施。

第二,立法中以使用目的为标准界定私人复制是否应纳入合理使用范畴,与媒介融合语境下,单一信息内容以多种形式表现的信息传播特点不符。根据法律解释中的字面解释可得,《著作权法》第二十二条中是以使用目的为标准,将"个人学习、研究或者欣赏"为目的的私人复制定性单列出来,作为版权人复制权的例外。而在媒介融合的背景下,个人使用者的大部分行为均可解释为"学习""研究"与"欣赏"目的,如辅导机构推出教辅资料通常由文字音频、视频甚至图片等多种形式,在手机、互联网等不同终端呈现。出版机构付出了大量的智力、财力,而个人使用者使用教辅资料多为个人学习目的,且使用者通常在一个终端上,选择其中一种形式即可满足其对作品的需求。再者,媒介融合中用户每日接触的信息量大,"个人欣赏"是部分作品的核心价值,"欣赏"过程中消费者的精神需求得到满足,此种精神体验在当下的传播语境下应被认为是接受服务的一种,欣赏者应该为文化消费行为付费。若仍将使用者的行为归属于合理的私人复制范围内,版权人的利益无法实现。而根据《伯尔尼公约》第 9 条第 2 款规定,成员国可在本国内规定合理复制行为的前提是,复制行为不致损害作品的正常使用,也不致无故危害作者的合法利益,即任何对版权限制条款实施的前提仍要以版权人利益为考量。因此,我国现行《著作权法》以使用目的为标准,界定对合理的私人复制已不合时宜。

(二)数字版权技术无法解决私人复制问题

如上文所述,部分学者主张数字版权保护技术足以遏制私人复制,无须借助版权补偿金制度再对私人复制造成的版权人损失进行弥补。但技术发展是双面的,若破解数字版权保护技术意味着更大的经济利益,技术规避措施也将被开发。如在数字文献的保护中,百度文库、道客巴巴等在线文档存储和保护的平台虽使用了数字保护技术,对平台内的文件进行了加密处理,但同时也存在可破解加密技术的软件。大部分音乐、视频网站实行版权付费的规则,非会员用户无法获得完整作品,但多人使用一个付费账号、低价获得会员身份的现象普遍存在。再如在计算软件保护中,微软即使使用了数字防盗技术，实际中盗版办公系统仍然比比皆是，以至于我国《计算机软件保护条例》中对技术本身作出了保护。而在媒介融合语境中，若版权保护技术被破解，意味着版权客体在不同平台中将以更快的速度、更广的范围被传播。较之于纸媒时代发生的复制权侵权，此种行为对版权人造成的损害更大。因此，数字版权技术绝非遏制私人复制完善之举。

同时，数字版权保护技术的保护客体为数字作品，主要针对互联网场域下的传播行为，无法运用到所有版权客体。并且，数字保护技术需要较高的实施成本和技术储备，较大的版权商更可能成为版权数字保护技术实施主体。而媒介融合语境下，虽然数字作品传播占据主流，但传统媒体的传播，如纸媒、U 盘分享等传播途径仍为社会大众信息交流主要方式之一。以"人人都可作为传播者"为口号的媒介融合语境下，版权人为个人创作者的概率更大，个人创作者很难支付起较高的技术保护成本。

最后，由于技术尚未达到智能区分法定许可与合理使用的程度，版权保护技术对所有私人复制行为施加了统一的限制，等于控制了信息的获取，不利于信息传播与文化创新。因此，在数字版权保护技术尚未达到预期作用的情况下，版权补偿金制度是作为调整信息，控制信息获取之间平衡的措施。

二、 媒介融合语境下版权归属的转移导致利益失衡加剧

在传统的版权交易中，交易主体通常包括版权人与使用者双方。即使存在出版商作为第三方，出版商的作用局限于被动的传输信息功能。图书出版发行费和销售的价格透明，使用者支付的费用、版权人获得的对价容易被衡量。而在媒介融合语境下，版权交易的主体较为复杂，媒介平台不仅为中间商，平台通过对信息的加工、整理和汇编转变为信息流通中的关键角色，在版权交易中变被动传输功能为主动选择性传播。版权交易模式转为，版权中的财产权由创作者转移至媒介平台，即网络服务提供商。媒介平台获得版权财产权后，以会员制或准入制的模式向消费者收取一定的费用，成为会员的消费者可浏览与使用平台汇集的版权作品。

媒介平台在传播过程中的地位提升，导致利益平衡的格局愈加复杂。首先，当版权归属媒介平台，媒介平台拥有众多作品的版权，而在会员制下消费付出固定的成本即可获得大量的版权作品。媒介平台同时与版权人及使用

者对接,此时提供网络信息服务平台,尤其是以版权为核心的新媒体企业,利润的主要来源是消费者收取的价格与获得版权付出的成本的差。因此为了获得更多的收益,媒介平台会不惜余力地调低版权人收益,调高使用者付费,媒体平台在版权交易中利润越大,意味着版权人获得的利益与使用者付出的对价越不对等。

媒体平台通常采取技术措施对平台内的版权作品进行保护,非用户或会员的消费者对作品的接触与使用被限制,包括合理使用与法定许可范畴内的私人复制。而在版权交易中,媒体平台的加入使得版权人实质上获得收益与其作品在社会公众中的使用情况不对等,版权人得不到足够的激励。版权利益的平衡变得更加复杂,从最初的作者与使用者之间的利益平衡,变成作者、媒体企业与使用者之间的博弈。① 因此在媒体企业掌握大部分版权的媒介融合环境中,版权利益平衡的恢复变得更加困难。

第三节　基于媒介融合的引入版权补偿金的制度价值

一、 兼顾版权私权与社会公共利益

版权是一种私权,所有私权在法律规定的同时,必定要给予一定的限制以防止垄断。而知识产品作为版权的客体具有公共商品的属性,因此对版权的限制需基于社会公共利益的考量。如何在实践中分配版权人的专有权与社会公众对知识产品的需求权,使二者达到较为平衡的状态,融媒体时代与传统媒体时代应作出不同的取舍。

在传统媒体时代,信息传播技术单一、文化创新意识较低,公众为弱势的一方,为维持著作权法中的利益平衡,版权的制度设计应倾向于使用者。在这个时期,由于技术的限制,私人复制造成的损害较小,可在版权人的容忍限度内,合理使用制度为防范版权人知识垄断对版权人复制权作出限制是合理的。但随传播技术和复制技术的高度发展,在今天媒介融合语境下,公众对

---

① 李晶晶:《数字环境下中美版权法律制度比较研究》,人民日报出版社 2015 年版,第 36—39 页。

信息需求量增大，信息获取途径与传播渠道增多，私人复制将直接导致作品的销售额降低，从而导致著作权人利益损失严重，超过可容忍的合理使用范围。在这种传播语境下，版权人处于转为弱势的地位，版权制度的设计需结合传播技术与传播语境的变化，重视版权人的利益保护，对私人复制的法律性质与合理使用制度进行再思考。

版权补偿金制度不仅实现了弥补版权人利益损失的目标，同时顺应了媒介融合语境下使用者对复制的需求，可调整版权法律关系中利益失衡的状态。结合媒介融合语境下传播技术的变革、复制概念的更新以及社会公众对精神文化和知识产品的需求与传统出版时代不同的传播实际，社会公众在知识产品获取与使用中已居于强势地位。补偿金制度使得版权人在放弃某些控制其作品的权利的同时，可通过收取费用的方式免于利益受损的担心，而不侵害社会公众利益。

同时，从信息的外部性分析，版权补偿金制度是通过法律干预以刺激版权商品生产。实施版权补偿金制度虽然是在一定范围内允许私人复制，直接结果似乎是版权人因未能设置禁用措施，损失了私人使用者应付出的费用，仅取得补偿性质的收入。但本质上私人使用的行为也预示着版权客体传播的范围与声誉的扩大，低成本甚至零成本的阅览反而是对消费者信息需求的激发，结果上版权人获取收益可能是扩大趋势的。版权人获得应有的收益，信息传播的公共利益实现，社会总体效益增加。

二、 填补数字版权保护技术的空白

数字版权保护技术虽在媒介融合中被反复提及，但如前所述，数字版权保护技术存在其局限性，无法解决媒介融合中的所有版权问题。根据各国实践经验与理论分析，版权补偿金制度与数字保护技术在版权保护中并不存在冲突，二者在版权保护中应是有所区别、优势互补的关系。

技术保护措施与版权补偿金制度存在相似性。二者的适用目的均为限制或减少私人复制造成的损害，适用技术措施的目的在于保证著作权人对自己作品能够进行有效的控制，私人复制版权补偿金在于弥补私人复制对版权人造成的损害。

版权补偿金与数字版权保护技术本质上又存在差异，主要体现在两个方面：其一，二者对私人复制的定位不同。版权补偿金制度是法律强制要求的，针对合理使用制度运用中产生的版权利益失衡问题，在肯定合理使用制度的基础上，对版权人的利益进行补偿以维护版权保护中各方的利益平衡，是法律对创设出的版权进行再次修正的措施。而数字保护技术是在法律创设的版权体系内，为实施版权保护采取的具体措施，目的在于限制私人复制行为的进行，实质是版权法适用过程中的工具。其二，二者在规制对象上存在差异，版权补偿金制度针对的是普遍存在的私人复制问题。补偿金的征收对象是所有提供私人复制渠道的主体，分配对象是所有创作者。而数字保护技术在实施范围上局限于数字作品；同时，由于数字保护技术需要一定的实施成本，运用数字保护技术的主体也存在局限性。[①] 基于版权补偿金制度与数字保护技术规制的对象、对私人复制的定性的差异，无法仅依赖其以解决媒介融合语境下的所有版权问题。

对于部分学者提出的同时实施数字版权保护技术与版权补偿金制度，是否是对使用者二次收费的观点，笔者认为此观点是将版权补偿金制度与数字版权保护技术的性质混淆，版权补偿金用以对版权人利益因私人复制行为本身而遭受的损失的补充。而无论使用者是否已对私人复制行为进行付费，私人复制行为对版权人的利益均会造成损失。因此，将版权补偿金制度与数字版权保护技术结合起来，将成为解决私人复制问题的有效策略。

三、 兼顾市场效益与法律效益

国家通过版权机制来调整利益主体之间的矛盾和冲突，而良好的版权机制应反映法律作为国家的代表，为协调社会公共利益与私权之间关系作出干预的同时，也应满足市场下的知识产权自我实施需求。

第一，版权补偿金制度可有效结合市场自我调整与法律适当干预。贝克对媒体市场的法律制度进行阐述时提出，市场交易成本降低至零时，市场自由交易可以使权利得到最佳分配，法律在此情境下不发挥作用。但如果存在交易成本，最适当的法律应当最大程度降低交易成本。其中交易成本指的是达成一笔交易所需花费的成本，包括协商谈判、制定谈判策略和履行协议所

---

① 关永红、黄佩芬：《数字复制技术环境中的版权补偿金制度》，《广东社会科学》，2016 年第 7 期。

需要的各种资源成本，如所需的谈判时间、广告费用、运输费用、合同履行成本等。若交易成本过高，交易增加的收入低于交易付出的费用与成本，交易的正常进行将存在障碍，此时交易当事人之间的谈判无法正常进行，市场本身存在障碍，法律作为公权力需要在此时介入。[①] 而在媒介融合语境下，传播主体数量众多意味着自主协商与单独议价需要更为复杂的程序与更高的成本。因此，在当代传播环境下，私人复制问题无法被市场主体自主协商解决。由于不同平台用户互通，多个用户身份可能为一个自然人，或一个用户对应多个自然人，版权人意图以协商的方式与使用者进行谈判不具有可操性。同时，版权人若通过诉讼的方式向每个使用者主张权利，诉讼成本较高且同样不具有可能性。在这种背景下，公共政策的介入具有正当性，其中版权补偿金制度作为法律干预是解决交易成本过高，版权人利益得不到补偿的有效途径。

第二，版权补偿金制度有利于知识产权自我实施的实现。莱斯格提出，将土地、汽车的控制体系套用到知识产品，以统一的标准规范版权交易，如同大家都穿同样尺码的衣服，是有害无益的，知识产权可通过法律、社会规范、市场技术等综合治理。[②] 版权补偿金在实际运用中，法律对其规定限于对补偿金的征收对象、征收主体等架构的搭建，补偿金的具体征收标准与分配标准由商业主体自主约定，满足了知识产权自我实施的需求，为知识产权的自我实施带来了新契机。

第四节　基于媒介融合的版权补偿金制度构建以适应版权许可制度

一、明确版权补偿金制度在我国的法律性质

自版权补偿金制度产生以来，学界对其理论基础即存在不同观点，主要包括法定使用报酬说、非自愿授权说与特别损失补偿说。法定使用报酬说和

---

① ［美］查尔斯·埃德温·贝克：《媒体、市场与民主》，冯建三译，上海人民出版社 2008 年版，第 62 页。

② 谢晓尧、吴楚敏：《转换的范式：反思知识产权理论》，《知识产权》，2016 年第 7 期。

非自愿授权说的本质是将版权补偿金调整的私人复制认定为法定许可的范畴。在法定使用报酬说下,复制设备附加税应被视为法定的使用者为使用作品付出的费用,在征收设备附加税后,作品使用可以无须征得版权人的同意。在该学说中,由于补偿金的费率是依据法律规定或直接明定于法律中,所以版权补偿金属于法定授权的一种形式。① 非自愿授权说与之类似,包括法定授权与强制授权,本质是一定程度上将版权补偿金作为使用者获得法律授权的对价。

笔者认为,此种将版权补偿金调整的私人复制行为定性为法定许可的范畴,与我国的著作权体系不符。我国《著作权法》及《著作权法实施条例》与大陆法系国家的立法类似,采用的是穷尽式列举"限制与例外"的体例②,版权限制有法定许可与合理使用两种形式。法定许可即在法律允许的范围内,他人可以不经著作权人的同意使用其已发表作品,但应向著作权人支付报酬。虽然在版权补偿金制度下,版权补偿金的征收同样是作为个人使用的"费用",作为对版权人的经济补偿,但在我国版权体系内,版权补偿金不可理解为法定许可。

首先,从费用的性质来看,法定许可制度中使用者支付报酬等于获得作者许可,可在一定的范围内使用作品,支付的报酬是使用版权客体所付的对价。而版权补偿金是针对性质为合理使用但结果逾越版权人容忍限度的私人复制行为提出的,征收的补偿金不等于版权客体使用者获得授权,是作为对版权人经济损失的补偿。其次,分析法定许可与合理使用的适用范围,法定许可在我国《著作权法》第二十三条、第三十三条、第三十九条、第四十二条与第四十三条限定内适用,具体为在编写教科书、报刊转载、制作录音制品等行为范围内,使用人才可未经允许但支付报酬后使用作品。若版权人发表例外声明,对上述条款内的行为作出版权约束,则法定许可将失效。而在版权补偿金制度下,版权补偿金的征收对象虽然为复制设备生产商、中间商等特定主体,但版权补偿金的约束客体是所有私人复制行为,不区分对象与范围,属于法律为平衡版权人与社会公众间的利益,强制社会公众对版权私权作出补偿。若将版权补偿金的法律性质理解为法定许可,则版权补偿金制度的约

---

① 曹世华:《后 Trips 时代知识产权前沿问题研究》,中国科学技术大学出版社 2006 年版,第 124 页。
② 王景川、胡开忠:《知识产权制度现代化问题研究》,北京大学出版社 2010 年版,第 40—43 页。

束客体限定在编写教科书、报刊转载等行为范围内的私人复制，而媒介融合环境中，私人复制多在数字化作品传播中泛滥，将版权补偿金限定在上述范围内，版权补偿金无法弥补私人复制导致版权人的利益损失。

因此，笔者认为，在我国版权理论体系中，合理的私人复制应归纳为合理使用，而非法定许可。在此基础上，版权补偿金应作为矫正合理使用造成的利益偏差的制度，即更靠近特别损失补偿说。在特别损失补偿说下，版权法基于公共利益的考量，将一定范围的私人复制规定为版权限制或者合理使用。但因录音、录像等家用复制设备平价化与普及化，版权人的利益因私人复制受到一定的损失，且这些损失已经超越传统版权法所要求的版权人可以合理忍受的范围，但基于个人使用者对复制的需要和公共利益的考量，需要版权补偿金制度来再次平衡版权人与使用者的利益。

二、完善我国著作权集体管理组织制度

在版权补偿金的已有实践中，补偿金的征收主体多为集体管理组织。我国著作权集体管理组织的发展现状，尚不足以承担补偿金征收的职责。

根据我国《著作权法》与《著作权法实施条例》，我国著作权集体管理组织由音乐著作权协会、音像著作权协会等行业协会依据自愿集体管理原则组成，集体管理组织进行法定许可使用费转付等行为需以著作权人与其签订许可合同为前提。若非集体管理组织的会员，集体组织无权利也无义务为权利人代行使许可权和报酬请求权。同时，尽管近年随着我国社会公众版权意识的增强，著作权管理组织的组成中新增加了摄影著作权协会、电影著作权协会，但表演著作权协会、美术作品著作权协会等仍属于缺失状态。而随着媒介融合的进一步深化，作品的形式多种多样，有声书等无法归属于现有著作权集体管理组织规范对象的新型作品不断出现，已有著作权集体管理组织无法管理媒介融合语境下多种形式版权作品的私人复制行为。

因此，笔者建议，为满足版权问题综合治理的需要，在加快建设不同客体的著作权管理协会，以分管不同形式作品管理工作的基础上，应增设处理总管所有版权客体管理工作的著作权集体管理机构，形成由著作权集体管理机构总部署，各部门分管的网状管理结构。同时，由于补偿金的征收对象具有普遍性，一般为某行业内所有企业，如所有录音设备的生产商，因此不能仍以

会员制对版权作品协会进行管理。笔者认为有必要在《著作权法》及其实施条例中赋予著作权集体管理组织征收补偿金的强制性权利,但征收费用的标准应在国家制定上限与下限的基础上,由市场交易主体协商。①

三、 创新版权补偿金征收模式

媒介融合语境下传播技术、传播特点以及传播内容与电视、广播与纸媒时代存在较大差异,媒介融合对数字技术的依赖与需求更强。而版权法应与技术紧密关联,笔者建议在我国引入版权补偿金制度,应充分结合我国的信息技术发展现状,结合数字时代的传播特点,利用代码化的技术标准确定版权补偿金征收模式与分配模式。

(一)征收对象:网络服务提供商

在"印刷版权"时代,版权补偿金的征收对象主要为复制设备的生产商。1965 年的德国《著作权法》中将录音设备生产商作为版权补偿金的缴纳主体,后来随着越来越多样的复制技术被研发,版权补偿金的征收对象从包括空白录音、录像设备与复印设备,扩大到所有通常被用来制作合法复制件的机器和储存介质。

但综观各国对版权补偿金的相关规定,版权补偿金征收对象判断标准局限在"可提供复制"的载体。在印刷版权时代,完成私人复制行为离不开有形复制设备。但在网络版权时代,尤其是媒介融合环境下,复制的内涵产生变化。除传统的以有型载体将版权作品内容进行固定的复制方式外,复制可接触版权作品的链接,在不同平台创设作品的获取路径等行为本质也是对复制权的侵害,且在数字作品传播中,后者对版权人利益的损害更大。仍以"提供复制功能的载体"作为确定版权补偿金征收对象的标准,不符合媒介融合语境下的信息传播特点。同时,传统印刷版权时代中录音、录像设备的核心功能仅为复制,生产商向消费者收费的主要原因是其生产的设备提供了复制功能,而电子技术较为发达的当今,几乎所有电子设备均有复制功能,但复制功

---

① 蔡远涛:《信息化资源共享的版权利益补偿机制初构》,2015 年中国知识产权论坛暨中国知识产权法学研究会年会。

能并非电子设备的核心功能,无法判断私人购买何种设备是主要用来复制的。因此,将生产具有复制功能的设备企业作为版权补偿金的征收标准已不合时宜。

媒介融合语境下,内容与平台融合使信息复制与传播更为便捷,类比于印刷版权时代提供"复制设备"的生厂商,在传播途径成为信息交流核心的媒介融合时代中,提供"传播路径"的网络信息服务商,即媒体平台,是帮助私人复制行为实现的关键。而网络服务提供商根据信息获取、浏览与下载量向用户收取流量费,将网络服务提供商作为补偿金的征收主体,网络服务提供商将此部分费用作为成本纳入流量费的计算中,符合补偿金是为个人使用作品而支付的费用的概念。同时,类比印刷时代以复制设备的销售量作为估计私人复制依据的做法,网络环境下,数字作品的浏览与下载量是估计私人复制的最优方法。而网络服务提供商掌握平台内信息浏览与下载的数据,将网络服务提供商作为征收对象符合技术发展的特性,且具有可操性。

(二) 征收与分配标准: 作品产生的流量

媒介融合语境下,信息的传播更多以数字化的形式进行,信息的浏览、下载与传播的数据可通过流量的方式被网络服务提供商监测。从单一下载行为分析,下载某一作品所耗流量的大小一般与作品的大小成正比,可能某一作品下载产生的流量大,是因为作品本身的内容较多。但综观全网流量数据,作品整体产生的流量大,表明信息被浏览和下载的次数较多,即私人复制的可能性更大,同时网络信息服务提供商向消费者收费的标准也是流量,作品产生的流量更多预示网络服务提供商将产生更多的利润,对其收取的版权补偿金更多较为合理。[①]

作品的点击量和下载量同时可作为版权补偿金的分配标准,下载量和点击量越多,意味着版权作品被私人复制对版权人造成的损失可能性越大,对版权人给予对应的补偿是合理的。但在媒介融合环境中,人人可以作为内容上传者,同一内容可能被不同主体上传至不同平台,可能存在内容上传者和真正版权人不一致,版权补偿金的分配对象难以确定的问题。在此种情形中,可暂将上传者作为版权人进行利益分配。对侵权上传行为,交由版权人

---

① 李青文:《论数字环境下我国著作权补偿金制度之构建》,《编辑之友》,2017 年第 11 期。

自主向侵权人追究著作权侵权责任。①

资源共享、平台合作与用户互通的媒介融合语境下,私人复制行为对版权人利益造成的冲击加剧,我国亟需在著作权法体系与版权理论中构建一套针对版权人因私人复制利益受损的救济制度。基于著作权公共利益的考量,此种方案应区别于禁用性的数字版权保护措施,需在认定私人复制属合理使用的基础上以弥补版权人损失。

版权补偿金制度源于私人复制行为对版权人利益造成损害,作为一种利益再平衡的方案,使得个人的私人复制行为在支付相应的费用后,仍保持在版权限制的合理使用范围内。版权补偿金的法经济学分析表明,征收补偿金是兼顾市场效益与法律效益的有效方法,它维持了作品的公共价值与版权人利益平衡。在手持智能终端、互联网等新型媒体与报纸、电视等传统媒介融合的背景下,版权补偿金制度与数字版权保护技术应形成优势互补。结合我国尚无版权补偿金制度历史实践的实际,我国引入版权补偿金制度可能存在消费者版权意识不强、著作权集体管理组织制度不完善等障碍。笔者认为,我国可尝试以数字技术为核心,结合移动通信与数据传输技术的发展现状,将网络服务提供商作为版权补偿金征收对象,以流量为版权补偿金的征收标准与分配方式,构建媒介融合语境下适应版权合理使用制度的具有可操作性的版权补偿金制度。

---

① 李青文:《论数字环境下我国著作权补偿金制度之构建》,《编辑之友》,2017 年第 11 期。

参考文献

一、著作及译著类

1. [英]詹姆斯·柯兰、[英]娜塔莉·芬顿、[英]德斯·弗里德曼著：《互联网的误读》，何道宽译，中国人民大学出版社 2014 年。

2. [美]德雷特勒：《知识产权许可（上）》，王春燕等译，清华大学出版社 2003 年版。

3. 杨红军：《版权许可制度论》，知识产权出版社 2013 年版。

4. 李明德、许超：《著作权法》，法律出版社 2003 年版。

5. [美]劳伦斯·莱斯格：《免费文化：创意产业的未来》，王师译，中信出版社 2009 年版。

6. [美]亨利·詹金斯：《融合文化：新媒体和旧媒体的冲突地带》，杜永明译，商务印书馆 2015 年版。

7. 徐瑄：《知识产权的对价理论》，法律出版社 2013 年版。

8. 陈凤兰：《版权许可基础》，中央编译出版社 2011 年版。

9. 吴汉东：《著作权合理使用制度研究》，中国人民大学出版社 2013 年版。

10. 李明德、管育鹰、唐广良：《〈著作权法〉专家建议稿说明》，法律出版社 2012 年版。

11. 吕炳斌：《网络时代版权制度的变革与创新》，中国民主法制出版社 2012 年版。

12. [英]约翰·洛克：《政府论两篇》，赵伯英译，陕西人民出版社 2004 年版。

13. [美]保罗·戈斯汀：《著作权之道：从古登堡到数字点播机》，金海军译，北京大学出版社 2008 年版。

14. [美]迈克尔·舒德森：《新闻的力量》，刘艺娉译，华夏出版社 2011 年版。

15. [加拿大]文森特·莫斯可：《传播政治经济学》，胡春阳、黄宏宇、姚建华译，上海译文出版社 2013 年版。

16. [美]查尔斯·埃德温·贝克：《媒体、市场与民主》，冯建三译，上海人民出版社 2008 年版。

17. 王迁：《网络环境中的著作权保护研究》，法律出版社 2011 年版。

18. 周学峰、李平:《网络平台治理与法律责任》,中国法制出版社 2018 年版。

19. 崔国斌:《著作权法:原理与案例》,北京大学出版社 2014 年版。

20. 刘文杰:《从责任避风港到安全保障义务:网络服务提供者的中介人责任研究》,中国社会科学出版社 2016 年版。

21. 孔祥俊:《网络著作权保护:法律理念与裁判方法》,中国法制出版社 2015 年版。

22. 李雨峰:《著作权法的宪法之维》,法律出版社 2012 年版。

23. 刘春田:《知识产权法》,中国人民大学出版社 2007 年版。

24. 王迁:《著作权法》,中国人民大学出版社 2015 年版。

25. 王迁:《知识产权法教程》,中国人民大学出版社 2011 年版。

26. 〔德〕M. 雷炳德:《著作权法》,张恩民译,法律出版社 2004 年版。

27. 张曼:《著作权法定许可制度研究》,厦门大学出版社 2013 年版。

28.《十二国著作权法》翻译组:《十二国著作权法》,清华大学出版社 2011 年版。

29. 宋慧献:《版权保护与表达自由》,知识产权出版社 2011 年版。

30. 〔美〕罗纳德·H. 科斯:《企业、市场与法律》,盛洪、陈郁校译,格致出版社、上海三联书店、上海人民出版社 2009 年版。

31. 〔澳〕彼得·德霍斯:《知识财产法哲学》,周林译,商务印书馆 2008 年版。

32. 何怀宏:《伦理学是什么?》,北京大学出版社 2011 年版。

33. 〔美〕劳伦斯·莱斯格:《代码:塑造网络空间的法律》,李旭译,中信出版社 2004 年版。

34. 刘海明:《报纸版权问题研究》,中国社会科学出版社 2013 年版。

35. 〔澳〕山姆·里基森、〔美〕简·金斯伯格:《国际版权与邻接权:伯尔尼公约及公约以外的新发展》,郭寿康、刘波林等译,中国人民大学出版社 2016 年版。

36. WIPO:《保护文学和艺术作品伯尔尼公约指南》,刘波林译,中国人民大学出版社 2002 年版。

37. 〔德〕约格·莱因伯特、〔德〕西尔克·冯·莱温斯基:《WIPO 因特网条约评注》,万勇、相靖译,中国人民大学出版社 2008 年版。

38. 王清:《著作权限制制度比较研究》,人民出版社 2007 年版。

39. 曾琳:《著作权法第三次修正下的"限制与例外"制度应用研究》,中国政法大学出版社 2016 年版。

40. 〔美〕朱莉·E. 科恩、〔美〕莉蒂亚·P. 劳伦、〔美〕罗斯·L. 欧科迪奇、〔美〕莫林·A. 奥洛克:《全球信息经济下的美国版权法》,王迁、侍孝祥、贺炯译,商务印书馆 2016 年版。

41. 郭威:《版权默示许可制度研究》,中国法制出版社 2014 年版。

42. 尹新天:《专利权的保护》,知识产权出版社 2005 年版。

43. 宋海燕:《中国版权新问题——网络侵权责任、Google 图书馆案、比赛转播权》,商务印书馆 2011 年版。

44. [美]凯斯·R. 桑斯坦:《信息乌托邦：众人如何生产知识》,毕竞悦译,法律出版社 2008 年版。

45. 冯晓青:《知识产权法前沿问题研究. 第 2 卷》,中国大百科全书出版社 2009 年版。

46. 易建雄:《技术发展与版权扩张》,法律出版社 2009 年版。

47. 吴伟光:《数字技术环境下的版权法——危机与对策》,知识产权出版社 2008 年版。

48. 李晶晶:《数字环境下中美版权法律制度比较研究》,人民日报出版社 2015 年版。

49. 曹世华:《后 Trips 时代知识产权前沿问题研究》,中国科学技术大学出版社 2006 年版。

50. 王景川、胡开忠:《知识产权制度现代化问题研究》,北京大学出版社 2010 年版。

二、编著类

1. 崔保国主编:《2018 年中国传媒产业发展报告》,社会科学文献出版社 2018 年版。

2. 吴汉东主编:《中国知识产权制度评价与立法建议》,知识产权出版社 2008 年版。

3. 唐绪军主编:《2016 年中国新媒体发展报告》,社会科学文献出版社 2016 年版。

4. 胡康生主编:《中华人民共和国著作权法释义》,法律出版社 2002 年版。

5. 杨瑞春、张捷编:《南方周末特稿手册》,南方日报出版社 2012 年版。

三、期刊类

1. 颜晶晶:《报刊出版者权作为邻接权的正当性探析——基于德国〈著作权法〉第八修正案的思考》,《比较法研究》,2015 年第 1 期。

2. 宋心蕊:《"今日头条"被确认侵权》,《青年记者》,2014 年第 27 期。

3. 蔡元臻:《新媒体时代著作权法定许可制度的完善——以"今日头条"事件为切入点》,《法律科学(西北政法大学学报)》,2015 年第 4 期；

4. 刘友华、魏远山:《聚合分发平台与传统新闻出版者的著作权冲突及解决》,《新闻与传播研究》,2018 年第 5 期。

5. 咸晨旭:《新闻聚合模式引发的著作权问题与对策——以欧盟新闻出版媒体邻接权为借鉴》,《科技与法律》,2019 年第 10 期。

6. 王迁:《"今日头条"著作权侵权问题研究》,《中国版权》,2014 年第 8 期。

7. 刘海虹:《媒介融合背景下新闻聚合的著作权法规制——以网络商业模式的创新为视角》,《新闻大学》,2015 年第 2 期。

8. 孙昊亮：《媒介融合下新闻作品的著作权保护》，《法学评论》，2018 年第 9 期。

9. 彭桂兵：《新闻聚合纠纷的司法治理：具体现状、争议问题与完善建议——兼评"现代快报案"》，载《第三届舆情治理与传播法规研讨会文集》，北京：中国劳动关系学院，2019 年 11 月。

10. 林凌：《论媒介融合发展立法模式》，《当代传播》，2015 年第 1 期。

11. 吴伟光：《版权制度与新媒体技术之间的裂痕与弥补》，《现代法学》，2011 年第 3 期。

12. 于文：《论跨媒介叙事的版权问题与对策》，《出版科学》，2016 年第 2 期。

13. 于文：《纵深融合趋势下的版权许可制度一体化建设》，《中国出版》，2019 年第 22 期。

14. 李捷：《论网络环境下的著作权默示许可制度》，《知识产权》，2015 年第 5 期。

15. 朱鸿军：《版权问题：制约媒介融合发展的瓶颈》，《出版发行研究》，2016 年第 10 期。

16. 赵锐：《开放许可：制度优势与法律构造》，《知识产权》，2017 年第 6 期。

17. 熊琦：《著作权法定许可的正当性解构与制度替代》，《知识产权》，2011 年第 6 期。

18. 马明飞、周华伟：《报刊转载法定许可的困境与出路——以著作权法第三次修改为视角》，《编辑之友》，2014 年第 2 期。

19. 华鹰：《著作权法定许可制度的反思与重构——以著作权法第三次修改为视角》，《中国版权》，2014 年第 6 期。

20. 熊琦：《互联网产业驱动下的著作权规则变革》，《中国法学》，2013 年第 6 期。

21. 王国柱、李建华：《著作权法定许可与默示许可的功能比较与立法选择》，《法学杂志》，2012 年第 10 期。

22. 邵亚萍：《网络转载中的版权保护问题及其对策》，《中国出版》，2016 年第 12 期。

23. 王青林：《论网络转载摘编作品应适用著作权法定许可制度》，《中州学刊》，2015 年第 12 期。

24. 冯晓青、邓永泽：《数字网络环境下著作权默示许可制度研究》，《南都学坛》，2014 年第 5 期。

25. 付继存：《著作权法定许可的立法论证原则》，《学术交流》，2017 年第 9 期。

26. 陶鑫良：《网上传播国内一般作品应当适用"法定许可"》，《法学》，2008 年第 8 期。

27. 陶鑫良：《网上作品传播的"法定许可"适用探讨》，《知识产权》，2000 年第 4 期。

28. 陶鑫良：《网上作品传播的"法定许可"适用探讨(续)》，《知识产权》，2000 年第 5 期。

29. 王申：《网络著作权法律保护理论研讨会综述》，《法学》，2001 年第 5 期。

30. 熊琦：《中国著作权立法中的制度创新》，《中国社会科学》，2018 年第 7 期。

31. 刘银良：《我国广播权法定许可的国际法基础暨修法路径》，《清华法学》，2019 年第 2 期。

32. 熊琦：《著作权法定许可制度溯源与移植反思》，《法学》，2015 年第 5 期。

33. 蒋一可：《数字音乐著作权许可模式探究——兼议法定许可的必要性及其制度构建》，《东方法学》，2019 年第 1 期。

34. 王国柱：《著作权法律制度发展的"媒介融合"之维》，《出版发行研究》，2016 年第 10 期。

35. 华鹰、谭玲：《数字出版环境下函待破解著作权海量授权的难题》，《编辑之友》，2015 年第 12 期。

36. 王鑫、宋伟：《数字出版的著作权授权模式研究》，《科技与出版》，2019 年第 6 期。

37. 刘俊、齐爱民：《CC 许可协议的国际化争议及中国化制度兼容性解析》，《江西财经大学学报》，2016 年第 1 期。

38. 杨惠玲、冯超：《论我国知识共享协议许可制度的构建》，《现代经济探讨》，2015 年第 8 期。

39. 贾引狮、林秀芹：《互联网环境下版权许可格式合同的兴起与应对》，《大连理工大学学报(社会科学版)》，2019 年第 6 期。

40. 马德帅、刘强：《网络著作权默示许可研究》，《中国出版》，2015 年第 17 期。

41. 王栋：《基于网络搜索服务的默示许可制度研究》，《常熟理工学院学报》，2010 年第 1 期。

42. 文杰：《数据新闻作品使用数据的著作权法规制——兼谈〈著作权法(修订草案送审稿)〉的相关规定》，《中国出版》，2019 年第 15 期。

43. 张今、陈倩婷：《论著作权默示许可使用的立法实践》，《法学杂志》，2012 年第 2 期。

44. 付继存：《网络版权授权的模式选择》，《中国出版》，2018 年第 15 期。

45. 彭桂兵：《网络转载许可制度研究：版权生态学与法哲学的视角》，《南京社会科学》，2016 年第 6 期。

46. 刘佳欣：《数字时代版权授权的法律风险》，《中国出版》，2019 年第 1 期。

47. 尹卫民：《著作权默示许可对图书馆等非营利性机构孤儿作品的适用——以〈著作权法〉第 3 次修订为视角》，《图书馆建设》，2017 年第 11 期。

48. 孙昕：《图书馆使用数字版权的默示许可制度建构分析》，《图书馆工作与研究》，2016 年第 5 期。

49. 王国柱：《著作权"选择退出"默示许可的制度解析与立法构造》，《当代法学》，2015 年第 3 期。

50. 王国柱、李建华：《著作权法定许可与默示许可的功能比较与立法选择》，《法学杂志》，2012 年第 10 期。

51. 梅术文：《信息网络传播权默示许可制度的不足与完善》，《法学》，2009 年第 6 期。

52. 吕炳斌：《数字时代版权保护理念的重构—从复制权中心到传播权中心》，《北方法学》,2007 年第 6 期。

53. 王斌:《我国数字图书馆版权强制许可制度研究》,《图书馆学研究》,2008 年第 12 期。

54. 马生军、徐曦哲:《著作权强制许可的法理分析与具体规则构建》,《出版发行研究》,2019 年第 5 期。

55. 胡通碧:《论著作权的强制许可》,《科技进步与对策》,2002 年第 4 期。

56. 黄丽萍:《论著作权强制许可的适用范围和条件》,《华南师范大学学报(社会科学版)》,2010 年第 2 期。

57. 黄丽萍:《论我国著作权强制许可制度之构建》,《广东外语外贸大学学报》,2010 年第 4 期。

58. 姚鹤徽:《著作权强制许可制度的理论分析与制度构建》,《时代法学》,2015 年第 3 期。

59. 张伟:《略论知识产权强制许可制度》,《公民与法(综合版)》,2010 年第 6 期。

60. 张曼:《著作权强制许可制度的国际法探究及当代启示》,《西北大学学报(哲学社会科学版)》,2013 年第 2 期。

61. 邵国松:《新闻聚合版权问题研究》,《南京社会科学》,2015 年第 5 期。

62. 卢海君:《著作权法中不受保护的"时事新闻"》,《政法论坛》,2014 年第 6 期。

63. 芮松艳:《与新闻报道有关的著作权问题解析》,《中国版权》,2015 年第 6 期。

64. 崔国斌:《著作权法下移动网络内容聚合服务的重新定性》,《电子知识产权》2014 年第 8 期。

65. 陈端洪:《行政许可与个人自由》,《法学研究》,2004 年第 5 期。

66. 张平、张韬略:《数字环境下版权授权方式研究》,《网络法律评论》,2005 年第 1 期。

67. 刘海贵、庹继光:《生存危机中的纸媒著作权维护路径探析》,《复旦学报(社会科学版)》,2015 年第 2 期。

68. 魏永征、王晋:《从今日头条事件看新闻媒体维权》,《新闻记者》,2014 年第 7 期。

69. 张海柱:《话语联盟、意义竞争和政策制定——以互联网"专车"论争与监管政策为例》,《公共行政评论》,2016 年第 5 期。

70. 梅术文:《"谷歌税"的著作权意蕴及其展望》,《编辑之友》,2017 年第 8 期。

71. 崔国斌:《论网络服务商版权内容过滤义务》,《中国法学》,2017 年第 2 期。

72. 张钦坤、张正:《欧盟 2016 年版权法数字化改革综述》,《中国版权》,2017 年第 2 期。

73. 赫舍里静:《欧盟版权法改革趋势述评》,《出版发行研究》,2016 年第 6 期。

74. 薛亚君:《新闻聚合行为的规制与报刊出版者邻接权》,《出版广角》,2015 年第 2 期。

75. 李陶:《媒介融合背景下报刊出版者权利保护——以德国报刊出版者邻接权立法为考察对象》,《法学》,2016 年第 4 期。

76. 刘文杰：《探析著作权法中的"时事新闻"——翻译引发的著作权法疑难问题》，《新闻与传播研究》，2016 年第 3 期。

77. 李国庆：《论新闻报道之著作权法与反不正当竞争法保护》，《知识产权》，2015 年第 6 期。

78. 於红梅：《从"We Media"到"自媒体"——对一个概念的知识考古》，《新闻记者》，2017 年第 12 期。

79. 夏德元、燕志华、尤莼洁：《洗稿：抄袭侵权还是新闻文本的创新——"甘柴劣火"侵权风波引发的对话与思考》，《传媒评论》，2019 年第 2 期。

80. 朱鸿军：《把关机制再造：自媒体"洗稿"治理的关键》，《新闻与写作》，2019 年第 2 期。

81. 赵泓、陈因：《自媒体洗稿的成因、界定及防范》，《现代传播》，2019 年第 2 期。

82. 张志安、陈子亮：《自媒体的叙事特征、社会功能及公共价值》，《新闻与写作》，2018 年第 9 期。

83. 张文德、叶娜芬：《网络信息资源著作权侵权风险分析——以微信公众平台自媒体"洗稿"事件为例》，《数字图书馆论坛》，2017 年第 2 期。

84. 卢海君：《论思想表达两分法的法律地位》，《知识产权》，2017 年第 9 期。

85. 吴汉东：《试论"实质性相似＋接触"的侵权认定规则》，《法学》，2015 年第 8 期。

86. 王志刚：《美国版权法改革及其对出版业的影响》，《出版发行研究》，2017 年第 10 期。

87. 梁志文：《版权法上的审美判断》，《法学家》，2017 年第 6 期。

88. 李东晓：《界外之地：线上新闻"作坊"的职业社会学分析》，《新闻记者》，2019 年第 4 期。

89. 李国庆：《美国新闻报道的反不正当竞争法保护及启示》，《中国版权》，2017 年第 6 期。

90. 罗彦杰：《竞争与合作，聚合服务使用新闻媒体内容的法律与实务分析》，《资讯社会研究》，2018 年第 1 期。

91. 张金平：《信息网络传播权中"向公众提供"的内涵》，《清华法学》，2018 年第 2 期。

92. 张惠彬、王欣怡：《如何判定侵害信息网络传播权的行为？——基于"服务器标准"和"用户感知标准"的比较》，《新闻界》，2018 年第 11 期。

93. 王艳芳：《论侵害信息网络传播权行为的认定标准》，《中外法学》，2017 年第 2 期。

94. 张玲玲：《手机视频聚合平台服务提供者侵犯著作权问题研究——以预备合并诉讼及服务器标准的适用为视角》，《中国知识产权法学研究会 2015 年年会论文集》。

95. 王迁：《网络环境中版权直接侵权的认定》，《东方法学》，2009 年第 4 期。

96. 范长军：《加框链接直接侵权判定的"新公众标准"》，《法学》，2018 年第 2 期。

97. 崔国斌：《网络服务商共同侵权制度之重塑》，《法学研究》，2013 年第 4 期。

98. 牛强：《变动的注意义务：视频分享网站过失评判的新范式》，《法治研究》，2010 年第

1 期。

99. 彭桂兵、陈煜帆：《取道竞争法：我国新闻聚合平台的规制路径——欧盟〈数字版权指令〉争议条款的启示》，《新闻与传播研究》，2019 年第 4 期。

100. 余晖：《〈反不正当竞争法〉第二条适用的考量因素》，《竞争政策研究》，2016 年第 7 期。

101. 林爱珺、余家辉：《美国"热点新闻挪用规则"的确立、发展与启示》，《国际新闻界》，2019 年第 7 期。

102. 王迁：《论提供"深层链接"行为的法律定性及其规制》，《法学》，2016 年第 10 期。

103. 翟真：《版权法中"时事新闻"概念探疑》，《国际新闻界》，2013 年第 4 期。

104. 王迁：《论著作权法中"时事新闻"的含义》，《中国版权》，2014 年第 1 期。

105. 陈志敏、刁飞：《新媒体环境下时事新闻报道合理使用的认定》，《中国出版》，2017 年第 2 期。

106. 蔡浩明：《论新闻传播中新闻作品的合理使用：一个比较法的视角》，《中国出版》，2017 年第 13 期。

107. 丛立先：《转载摘编法定许可制度的困境与出路》，《法学》，2010 年第 1 期。

108. 王迁：《论"制作录音制品法定许可"及在我国著作权法中的重构》，《东方法学》，2011 年第 6 期。

109. 管育鹰：《我国著作权法定许可制度的反思与重构》，《华东政法大学学报》，2015 年第 2 期。

110. 魏永征：《从〈今日头条〉争议说到新闻媒体维权》，《新闻记者》，2014 年第 7 期。

111. 戴昕：《产权话语、新闻生产和创新竞争——评"今日头条"事件》，《科技与法律》，2015 年第 2 期。

112. 徐瑄：《关于知识产权的几个深层理论问题》，《北京大学学报（哲学社会科学版）》，2003 年第 3 期。

113. 黄文艺：《法哲学解说》，《法学研究》，2000 年第 5 期。

114. 蒋志培、张辉：《依法加强对网络环境下著作权的司法保护——谈最高法院网络著作权案件适用法律的司法解释》，《人民司法》，2001 年第 2 期。

115. 胡开忠：《广播电台电视台法定许可问题研究——兼论我国〈著作权法〉的修改》，《知识产权》，2013 年第 3 期。

116. 王昆仑：《广播电视网络同步播放中的版权问题研究》，《中国广播》，2014 年第 9 期。

117. 石潇宇：《试析今日头条的版权战略》，《试听》，2019 年第 6 期。

118. 杨敏、夏翠娟：《徐华博.开放数据许可协议及其在图书馆领域的应用》，《图书馆论坛》，2016 年第 6 期。

119. 陈维超：《基于区块链的 IP 版权授权与运营机制》，《出版科学》，2018 年第 5 期。

120. 季芳芳、于文：《在线版权交易平台的创新趋势及评价——以英国"版权集成中心"（Copyright Hub）为例》，《编辑之友》，2013 年第 7 期。

121. 赵莉：《质疑网络版权中默示许可的法律地位》，《电子知识产权》，2003 年第 12 期。

122. 崔国斌：《加框链接的著作权法规制》，《政治与法律》，2014 年第 5 期。

123. 蒋志培：《论网络传输权设定》，《科技与法律》，1999 年第 3 期。

124. 赵莉：《网络环境下默示许可与版权之权利限制分析》，《网络信息安全》，2009 年第 2 期。

125. 王迁：《搜索引擎提供"快照"服务的著作权权问题研究》，《东方法学》，2010 年第 3 期。

126. 尤杰：《网络新闻转载规制的正当性边界——以〈关于规范网络转载版权秩序的通知〉为例》，《新闻记者》，2016 年第 4 期。

127. 熊琦：《Web2.0 时代的著作权法：问题、争议与应对》，《政法论坛》，2014 年第 4 期。

128. 林秀芹、黄钱欣：《我国著作权集体管理组织的模式选择》，《知识产权》，2016 年第 5 期。

129. 胡开忠：《论著作权延伸集体管理的适用范围》，《华东政法大学学报》，2015 年第 2 期。

130. 洪涛：《图书馆对延伸性版权集体管理的制度需求与建构》，《图书馆学刊》，2016 年第 4 期。

131. 田晓玲：《著作权集体管理的适用范围和相关问题研究——以著作权法第三次修改为视角》，《知识产权》，2015 年第 10 期。

132. 卢海君、洪毓吟：《著作权延伸性集体管理制度的质疑》，《知识产权》，2013 年第 2 期。

133. 熊琦：《中国著作权立法中的制度创新》，《中国社会科学》，2018 年第 7 期。

134. 张今：《数字环境下私人复制的限制与反限制——以音乐文件复制为中心》，《法商研究》，2005 年第 6 期

135. 李青文：《论数字环境下我国著作权补偿金制度之构建》，《编辑之友》，2017 第 11 期。

136. 罗莉：《德国著作权法数字化第二次改革评价》，《中国版权》，2006 年第 1 期。

137. 张今：《数字环境下的版权补偿金制度》，《政法论坛》，2010 年第 1 期。

138. 来小鹏、高淼：《媒介融合中的版权冲突及解决对策》，《中国出版》，2019 年第 15 期。

139. 关永红、黄佩芬：《数字复制技术环境中的版权补偿金制度》，《广东社会科学》，2016 年第 7 期。

140. 谢晓尧、吴楚敏：《转换的范式：反思知识产权理论》，《知识产权》，2016 年第 7 期。

141. 蔡远涛：《信息化资源共享的版权利益补偿机制初构》，2015 年中国知识产权论坛暨中国知识产权法学研究会年会。

四、报纸类

1. 李钢、胡亚平：《搬别人新闻　肥自己腰包》，《广州日报》，2014 年 6 月 7 日。

2. 聂丽娟：《楚天都市报起诉"今日头条"侵权》，《楚天都市报》，2015 年 8 月 12 日。

3. 孟根方：《"今日头条"，谁的头条？》，《安徽日报》，2014 年 6 月 10 日。

4. 《新京报》社论：《"今日头条"，是谁的"头条"》，《新京报》，2014 年 6 月 5 日。

5. 《专访张一鸣：今日头条的窘境与陷阱》，《21 世纪经济报道》，2014 年 6 月 9 日。

6. 谢鹏、刘炎迅：《"不做新闻生产者，只做新闻搬运工"今日头条"偷"来的五亿美元？》，《南方周末》，2014 年 6 月 12 日。

7. 耿学清：《第七届中国国际版权博览会今闭幕　国家版权局现场回应"现代快报诉赢今日头条"——"对规范网络转载是个好判例"》，《法制日报》，2018 年 10 月 21 日。

8. 阮开欣：《〈数字化单一市场版权指令〉将完善欧盟版权制度》，《中国知识产权报》，2016 年 9 月 30 日。

9. 田小军：《欧盟版权法数字化改革带来哪些启示》，《中国新闻出版广电报》，2018 年 7 月 26 日。

10. 胡定坤：《欧盟议会通过版权法案　争议条款引发担忧》，《科技日报》，2019 年 3 月 28 日。

11. 王子辰：《欧盟"链接税"到底是什么》，《新华每日电讯》，2018 年 9 月 18 日。

12. 蒲晓磊、李珂：《搭乘检察机关公益诉讼顺风车　全国人大代表支招整治"洗稿"侵权难题》，《法制日报》，2018 年 8 月 7 日。

13. 丁金坤：《"洗稿"：法律不保护思想，但保护表达》，《法治周末》，2019 年 1 月 15 日。

14. 袁舒婕：《媒体多维关注"洗稿"之争》，《中国新闻出版广电报》，2019 年 1 月 24 日。

15. 朱巍：《择肥而噬，自媒体洗稿面面观》，《环球时报》，2019 年 1 月 15 日。

16. 王志锋：《向"洗稿式原创"说不》，《人民日报》，2017 年 6 月 16 日。

17. 李曙明：《给"洗稿"划一个法律边界》，《检察日报》，2019 年 1 月 16 日。

19. 史竞男、王子铭：《"剑网 2019"：重点整治自媒体"洗稿"和图片市场》，《新华每日电讯》，2019 年 4 月 27 日。

20. 张洪波：《"洗稿"究竟伤害了谁》，《中国新闻出版广电报》，2019 年 1 月 17 日。

21. 桂从路：《打击"洗稿"重塑良性内容生态》，《人民日报》，2018 年 12 月 17 日。

22. 胡舒立：《"财新通"个人付费用户超 20 万　将推多种方式降低阅读门槛》，《证券时报》,2018 年 11 月 16 日。

23. 曹建峰、孙那:《界定聚合盗链侵权　该不该放弃"服务器标准"》,《中国新闻出版广电报》,2016 年 9 月 29 日。

24. 《著作权不仅仅是私权——国家版权局法制司司长王自强就著作权法修改草案热点答记者问》,《法制日报》,2012 年 5 月 3 日。

25. 杨学莹:《研究传播立法终结媒体管理两个尺度现象》,《大众日报》,2014 年 11 月 27 日。

26. 史竞男:《依法加强对新闻作品版权保护力度》,《新华每日电讯》,2015 年 12 月 5 日。

27. 郑经:《合理限制信息网络传播权》,《中国改革报》,2006 年 5 月 30 日。

28. 鞠靖等:《先分是非,再谈利益,媒体版权十年战争》,《南方周末》,2014 年 6 月 12 日。

29. 于呐洋:《探索研究建立知识产权专门法院》,《法制日报》,2012 年 12 月 26 日。

30. 张洪波:《著作权法修订应解决哪些"硬伤"》,《中国新闻出版广电报》,2018 年 3 月 1 日。

31. 李立娟:《西班牙新〈知识产权法〉明年施行》,《法制日报》,2014 年 11 月 11 日。

32. 刘小册:《国家版权局拍板:"今日头条"构成侵权》,《南方周末》,2014 年 9 月 16 日。

33. 胡钰:《纸媒维权尴尬〈新京报〉告浙江在线需起诉 7706 次》,《华夏时报》,2010 年 6 月 5 日。

34. 方圆:《技术创新呼唤有效授权机制》,《中国新闻出版报》,2014 年 7 月 16 日。

五、中文网站类

1. 环球网:《5G 时代中国网民新闻阅读习惯报告:手机阅读近 100%》,2019 年 11 月,http://baijiahao. baidu. com/s? id＝16503539610250160765&wfr＝spider&for＝pc,2019 年 12 月 24 日。

2. 王雪莹:《移动互联网背景下新闻作品版权保护探析》,2018 年 12 月,http://media. people. com. cn/n1/2018/1218/c422847-30473242. html,2019 年 12 月 24 日。

3. 华龙网:《共建新闻作品版权区块链　主流媒体版权信息云上线》,2018 年 6 月,http://k. sina. com. cn/article_1668926483_6379cc1302000fa3z. html,2019 年 12 月 24 日。

4. 人民网:《西班牙通过新版知识产权法,增加"谷歌税"》,2015 年 2 月 9 日,http://ip. people. com. cn/n/2015/0209/c136655-26531172. html,2019 年 12 月 24 日。

5. 方圆:《今日头条与广州日报和解　将向媒体购买版权》,2014 年 9 月,http://news. sina. com. cn/m/2014-06-19/113130389186. shtml,2019 年 12 月 24 日。

6. 欧宏伟:《新闻内容聚合服务平台的知识产权法规制(下)——基于"今日头条"APP

争议的实证分析》,2018 年 8 月,http://www.sohu.com/a/249540826_221481,2019 年 12 月 24 日。

7. 刘佳:《头条还是"偷"条? 今日头条或遭版权集体维权》,2014 年 6 月 9 日,https://www.yicai.com/news/2014/06/3905458.html,2020 年 2 月 21 日。

8. 陈五男:《版权印:解各类媒体版权之痛》,2015 年 8 月 18 日,http://mt.sohu.com/20150818/n419119000.shtml,2016 年 7 月 25 日。

9. 温飞:《原国家新闻出版总署署长柳斌杰:中国正研究传播立法》,2014 年 11 月 30 日,http://fj.people.com.cn/n/2014/1130/c350394-23062074.html,2020 年 2 月 21 日。

10. 姜旭:《拿什么保护你,新闻作品版权?》,2015 年 12 月 15 日,http://bj.sdzl.com/index.php/article/001101.html,2020 年 2 月 21 日。

11. 庄胜春:《今日头条获巨额融资遭版权质疑　回应:没侵权》,2014 年 6 月 6 日,http://legal.china.com.cn/2014-06/06/content_32591874.htm,2020 年 2 月 21 日。

12. 张鹏、张一鸣:《面对版权纠纷　看今日头条张一鸣怎么说》,2014 年 6 月 13 日,http://www.cyzone.cn/a/20140613/259054.html,2020 年 2 月 13 日。

13. 莫云来:《〈楚天都市报〉争赢版权又如何呢?》,2015 年 8 月 13 日,http://toutiao.com/i5354800937/,2020 年 2 月 13 日。

14. 田淑娟:《张一鸣回应版权纠纷　要和媒体做朋友》,2014 年 6 月 11 日,http://companies.caixin.com/2014-06-11/100689194.html,2020 年 2 月 13 日。

15. 王子辰:《欧洲通讯社指责互联网巨头"掠夺"新闻》,2018 年 9 月 5 日,http://m.xinhuanet.com/2018-09/05/c_1123383283.htm,2018 年 11 月 28 日。

16. 应强、李明:《财经随笔:欧洲媒体"杠上"谷歌新闻》,2012 年 10 月 30 日,http://finance.people.com.cn/n/2012/1030/c70846-19436330-1.html,2018 年 11 月 28 日。

17. 中国互联网络信息中心:《第 42 次中国互联网络发展状况统计报告》,2018 年 8 月 20 日,http://www.cnnic.net.cn/hlwfzyj/hlwxzbg/hlwtjbg/201808/t20180820_70488.htm,2018 年 11 月 28 日。

18. 《2018 微信数据报告》,2019 年 1 月,https://support.weixin.qq.com/cgi-bin/mmsupport-bin/getopendays,2020 年 2 月 13 日。

19. 中国互联网络信息中心:《第 43 次中国互联网络发展状况统计报告》,2019 年 2 月,http://www.cnnic.net.cn/hlwfzyj/hlwxzbg/hlwtjbg/201902/P020190318523029756345.pdf,2020 年 2 月 13 日。

20. 央视焦点访谈:《自媒体的这些"病",是时候该治治了》,微信公众平台"央视焦点访谈",2018 年 11 月 10 日,https://mp.weixin.qq.com/s/IwYdBJd_W9bBz0KSwn_

FOw,2020 年 2 月 13 日。

21. 黄志杰:《社会在崩塌——关于财新网记者攻击呦呦鹿鸣一事的说明》,微信公共平台"呦呦鹿鸣",2019 年 1 月 12 日,https://mp. weixin. qq. com/s/QYrwbfH-SlVmQ83fHD5DsA,2020 年 2 月 13 日。

22. 宋志标:《许多个机巧的伪装|评甘柴劣火》,微信公众平台"旧闻评论",2019 年 1 月 12 日,https://mp. weixin. qq. com/s/n5fJIZJmsS-eeFZMEB-lBQ。

23. 蔡浩爽、薛星星、唐亚华、万珮:《甘柴劣火刷屏之后》,新京报网,2019 年 1 月 13 日,http://www. bjnews. com. cn/invest/2019/01/13/539042. html,2020 年 2 月 13 日。

24. 岳怀让:《〈甘柴劣火〉撕裂的舆论场》,澎湃新闻网 2019 年 1 月 14 日,https://www. thepaper. cn/newsDetail_forward_2852625,2020 年 2 月 13 日。

25. 杜骏飞:《甘柴劣火又如何?》,搜狐网,2019 年 1 月 14 日,http://www. sohu. com/a/289000381_749480,2020 年 2 月 13 日。

26. 魏永征:《关于洗稿》,财新网,2019 年 1 月 15 日,http://opinion. caixin. com/2019-01-15/101370001. html,2020 年 2 月 13 日。

27. 中国互联网络信息中心:《第 43 次中国互联网络发展状况统计报告》,2018 年 8 月,http://www. cnnic. net. cn/hlwfzyj/hlwxzbg/hlwtjbg/201808/P020180820630889299840. pdf,2020 年 2 月 13 日。

28. 王烁:《要真相,读财新》,2020 年 2 月 4 日,https://mp. weixin. qq. com/s/G-vqf_ODGj1fEcwjNwTUcA,2020 年 2 月 13 日。

29. 腾讯研究院:《中国互联网法律政策研究报告(2014)》,2015 年 9 月,https://www. useit. com. cn/thread-10015-1-1. html,2019 年 12 月 24 日。

30. 顾元森、陶维洲、陈泓江:《违法转载〈现代快报〉4 篇稿件,今日头条判赔 10 万元》,2018 年 10 月,http://www. xdkb. net/index/article/2018-10/16/content_1119029. htm,2019 年 12 月 24 日。

31. 中国报协网:《中国报协向最高法呈送〈关于将现代快报诉今日头条一案作为指导性案例的建议〉》,2019 年 1 月,http://zgbx. people. com. cn/n1/2019/0129/c415415-30596825. html,2019 年 12 月 24 日。

32. 最高人民法院:《关于印发 2018 年中国法院 10 大知识产权案件和 50 件典型知识产权案例的通知》,2019 年 4 月,http://www. ccpit. org/contents/channel_3586/2019/0423/1156170/content_1156170. htm,2019 年 12 月 24 日。

33. 最高人民法院:《关于充分发挥知识产权审判职能作用推动社会主义文化大发展大繁荣和促进经济自主协调发展若干问题的意见》,法发〔2011〕18 号,http://zzzy. chinacourt. gov. cn/article/detail/2013/01/id/1626944. shtml,2019 年 9 月 27 日。

34. 《中华人民共和国著作权法释义》,http://www.npc.gov.cn/npc/c2200/200207/516230c1aebe4ae88c1d22d0cfaccd71.shtml,2019 年 10 月 1 日。

35. 《第 30 次中国互联网络发展状况统计报告》,2012 年 7 月,http://www.cnnic.net.cn/hlwfzyj/hlwxzbg/hlwtjbg/201207/t20120723_32497.htm,2019 年 10 月 5 日。

36. 《高晓松怒怼〈跨界歌王〉侵权节目组发致歉信补救》,2018 年 5 月,http://www.sohu.com/a/231619025_114941,2019 年 10 月 8 日。

37. 《维塔斯发律师函禁止迪玛希唱〈歌剧 2〉》,2017 年 2 月,http://ent.sina.com.cn/z/v/2017-02-01/doc-ifxzyxmu8465590.shtml,2019 年 10 月 8 日。

38. 《关于〈中华人民共和国著作权法(修改草案)〉的简要说明》,2012 年 4 月,http://news.hexun.com/2012-04-04/140069820.html,2019 年 10 月 10 日。

39. 《2018 年全国广播电视行业统计公报》,2019 年 4 月,http://www.wenming.cn/bwzx/dt/201904/t20190424_5090545.shtml,2019 年 10 月 10 日。

40. 《谷歌新闻德国版因版权问题产生微妙变化》,2013 年 6 月,http://www.tuicool.com/articles/FVba22,2019 年 10 月 13 日。

41. 《法国欲推新闻付费法案,谷歌威胁将封杀法媒》,2012 年 10 月,http://tech.qq.com/a/20121019/000105.htm,2019 年 10 月 13 日。

42. 《反侵权公告「第三号」》,2015 年 8 月 28 日,http://www.oeeee.com/nis/201508/28/383994.html,2019 年 10 月 13 日。

43. 《新京报反侵权公告(第十六期)》,2016 年 1 月,http://news.sina.com.cn/o/2016-01-11/doc-ifxnkkuv4325607.shtml,2019 年 10 月 13 日。

44. 财新网:《财新传媒反侵权公告(第 31 号)》,2016 年 1 月 18 日,http://www.caixin.com/2016-01-18/100900802.html,2019 年 10 月 13 日。

45. 张一鸣:《版权风波扩大了今日头条影响力》,2014 年 8 月,http://tech.huanqiu.com/per/2014-08/5103001.html,2019 年 10 月 13 日。

46. 孙丽雯:《新闻民工维权? 请给〈三晋都市报〉记者一个说法》,http://www.jzwcom.com/jzw/6b/9555.html,2019 年 10 月 11 日。

47. 《2015 年 1～9 月中国报纸广告市场分析报告发布》,2015 年 11 月,http://www.chinairn.com/news/20151111/143217767.shtml,2019 年 10 月 13 日。

48. 《中国数字版权唯一标识(DCI)标准联盟链正式落地》,2019 年 3 月,http://www.sohu.com/a/304905711_817267,2019 年 10 月 25 号。

49. 南都网:《学界热议:违反 robots 协议将损害互联网整体声誉》,2012 年 9 月 6 日,http://www.cena.com.cn/infocom/20120906/8520.html,2020 年 2 月 21 日。

50. 卢梦君:《网络版权遭侵权怎么办? 中国多家媒体老总齐呼加大惩罚力度》,2016 年 4

月，http://www. thepaper. cn/newsDetail_forward_1461780，2019 年 10 月 25 日。

51. 《从武钢稿看传媒生态——抄无可抄，新闻已死》，2016 年 3 月，http://blog. sina. com. cn/s/blog_14ecb7c940102w8hv. html，2019 年 10 月 25 日。

52. 蒋肖斌：《国家版权局回应自媒体人联名维权》，2016 年 4 月，http://news. sina. com. cn/c/2016-04-28/doc-ifxrtvtp1523527. shtml，2019 年 10 月 25 日。

53. 马宁宁：《音集协被质疑违规授权 KTV 曲库，陈奕迅〈十年〉竟未收到版权费》，2018 年 11 月，http://m. mp. oeeee. com/a/BAAFRD000020181119117583. html，2019 年 11 月 9 日。

54. 孙茂成：《影视作品授权和维权律师实务大全》，2015 年 4 月，http://www. iprdaily. cn/news_7760. html，2019 年 11 月 9 日。

55. 侃科技频道，《为什么网易云版权合作不断用户还是没反应?》，2018 年 8 月，https://news. qudong. com/article/508165. shtml，2019 年 11 月 9 日。

六、中文案例类

1. 江苏省高级人民法院(2018)苏民终字 588 号民事判决书。

2. 黑龙江省高级人民法院(2008)黑知终字第 4 号民事判决书。

3. 北京市海淀区人民法院(2004)海民初字第 19192 号民事判决书。

4. 广东省广州市天河区人民法院(2016)粤 0106 民初 12068 号民事判决书。

5. 北京市高级人民法院(2015)高民(知)终字第 1039 号民事判决书。

6. 杭州市余杭区人民法院(2016)浙 0110 民初 315 号民事判决书。

7. 上海市浦东新区人民法院(2015)浦刑(知)初字第 12 号民事判决书。

8. 北京市知识产权法院(2016)京 73 民终 143 号民事判决书。

9. 北京市高级人民法院(2007)高民终字第 118 号民事判决书。

10. 湖北省武汉市中级人民法院(2009)武知初字第 551 号民事判决书。

11. 上海知识产权法院(2015)沪知民终字第 730 号民事判决书。

12. 北京市第一中级人民法院(2011)一中民初字第 1321 号民事判决书。

13. 北京市西城区人民法院(2016)京 0102 民初 19770 号民事判决书。

14. 北京知识产权法院(2019)京 73 民终 254 号民事判决书。

15. 江苏省南京市中级人民法院(2015)宁知民终字第 87 号民事判决书。

16. 云南省昆明市中级人民法院(2017)云 01 民初 1782 号民事判决书。

17. 福建省高级人民法院(2019)闽民终 1046 号民事判决书。

七、外文论著类

1. Efroni，Z.，*Access-Right: The Future of Digital Copyright Law*，Oxford：Oxford University press.

2. Mittal，Raman. *Licensing Intellectual Property: Law & Management*，New Delhi：Satyam Law International，2011

3. Jessica Reyman：*The Rhetoric of Intellectual Property: Copyright Law and the Regulation of Digital Culture*，London：Routledge，2010.

4. Hajer，Maarten：*Discourse Coalitions and the Institutionalization of Practice: The Case of Acid Rain in Great Britain, In The Argumentative Turn in Policy Analysis and Planning*，By Frank Fischer and John Forester，Durham and London：Duke University Press，1993.

5. Watt，Richard（edited），*Handbook on the Economics of Copyright*，Cheltenham：Edward Elgar Publishing，2014.

6. Simon Stern，Blackstone William，*Commentaries on the Laws of England*，Clarendon Press，1769，Vol. 4.

7. Borghi M.，Stavroula K.，*Copyright and Mass Digitization*，Oxford：Oxford University Press，2013.

8. Stephen P. Ladas，*The International Protection of Literary and Artist Property, Vol. 1: International Copyright and Inter-American Copyright*，New York：The Macmillan Company.

八、外文论文类

1. Jasiewicz M. I.，"Copyright Protection in an Opt-Out World：Implied License Doctrine and News Aggregators"，*The Yale Law Journal*，122(3),2012.

2. Julie E. Cohen et al，*Copyright in a Global Information Economy（2nd ed.）*，Aspen Publishers，2006.

3. John S. Sieman，"Using the Implied License to Inject Common Sense into Digital Copyright"，*85 N.C.L. Rev.* 885（2007）.

4. Stan J. Liebowitz，*Alternative Copyright Systems: The Problems with a Compulsory License*，21 march 2016.

5. Maxwell Christiansen，*Fixing The Sample Music Industry: A Proposal For A Sample Compulsory License*，2018.

6. Jason S. Rooks，"Constitutionality of Judicially-Imposed Compulsory Licenses in

Copyright Infringement Cases", *Journal of Intellectual Property Law*, vol. 3,1995.

7. Michael Botein and Edward Samuels, "Compulsory Licenses In Peer-To-Peer File Sharing: A Workable Solution?", *Southern Illinois University Law Journal*, vol. 30, 2005.

8. L. Edwards et al. , "Discourse, justification and critique: towards a legitimate digital copyright regime?", *International Journal of Cultural Policy*, Vol. 21, No. 1,2015.

9. Joseph A. Tomain, "First Amendment, Fourth Estate, and Hot News: Misappropriation Is Not a Solution to the Journalism Crisis", *Mich. St. L. Rev.*, 769,2012, pp. 770 – 833.

10. Robert Brauneis, "The Transformation Of Originality In The Progressive-Era Debate Over Copyright In News", *Cardozo Arts&Ent. L.*, 27,2009, pp. 322 – 371.

11. Quinn D. J, "Associated Press v. Meltwater: Are Courts Being Fair to News Aggregators", *Minnesota Journal of Law, Science and Technology*, 2014, Vol. 15, Issue. 2.

12. Yeh J. , "Bright Lights, Bright-Line: Toward Separation and Reformation of the Transformative Use Analysis", *Cardozo Arts & Entertainment Law Journal*, Vol. 32, No. 3,2014.

13. Michael J. , Madison, "A Pattern-Oriented Approach to Fair Use", *William and Mary Law Review*, Vol. 45, Issue 4,2004.

14. Robert J. Blakely, *To Serve the Public Interest: Educational Broadcasting in the United States*, Syracuse Univ Pr, 1979.

15. Eric Smith, James F. Lightstone, "The New Copyright Law, Public Broadcasting, and the Public Interest: A Response to Public Broadcasting and the Compulsory License", *Comm/Ent L. S.*, 1980, Vol. 3.

16. Ray Hashem, "Barclays v. Thefly: Protecting Online News Aggregators from the Hot News Doctrine", *Northwestern Journal of Technology and Intellectual Property*, 2011, Vol. 10, No. 2.

17. Nicole Marimon, "Shutting Down the Turbine, How the News Industry and News Aggregators Can Coexist in a Post-Barclays v. Theflyonthewall. com World", *FORDHAMINTELL. PROP. MEDIA & ENT. L. J.*, Vol. 23.

18. Andrew L. Deutsch, "Protecting News in the Digital Era: The Case for a Federalized Hot News Misappropriation Tort", 2010,1003 *PRAC. L. INST.*

19. Guido Calabresi, Douglas Melamed, "Property Rules, Liability Rules, and

Inalienability: One View of the Cathedral", 2007, *Harvard Law Review*, Vol. 85.

20. Rebecca Tushnet, "I Put You There: User-Generated Content and Anticircumvention", *Vanderbilt Journal of Entertainment and Technology Law*, 2010, Vol. 4.

21. Michèle Finck, Valentina Moscon, "Copyright Law on Blockchains: Between New Forms of Rights Administration and Digital Rights Management 2. 0", *IIC-International Review of Intellectual Property and Competition Law*, January 2019, Vol. 50, Issue. 1.

22. Balazs Bodo, Daniel Gervais, Joao Pedro Quintais, "Blockchain and smart contracts: the missing link in copyright licensing?", *International Journal of Law and Information Technology*, 2018, Vol. 26.

23. Melville B. Nimmer, David Nimmer, *Nimmer on Copyright*, Matthew Bender&Company, Inc, 2003, Chapter10. 03A.

24. Afori, Orit Fischman, "Implied License: An Emerging New Standard in Copyright Law", *Santa Clara Computer & High Technology Law Journal*, 2008-2009, Vol. 25, Issue. 2.

25. Alfred C. Yen, "A Preliminary First Amendment Analysis of Legislation Treating News Aggregation as Copyright Infringement", *Vanderbilt Journal of Entertainment and Technology Law*, 2010, Vol. 12, Issue 4.

九、外文案例类

1. Associated Press v. Meltwater U. S. Holdings, Inc, 931 F. Supp. 2d 537 (S. D. N. Y. 2013).

2. Barclays Capital, Inc. v. TheFlyontheWall. com, 700 Supp. 2d 310 (S. D. N. Y 2010).

3. Newspaper Licensing Agency Ltd v. Meltwater Holdings BV 2010 EWHC 3099 (Ch).

4. Orit Fischman Afori. Implied License: An Emerging New Standard in Copyright Law, Santa Clara Computer and High Technology Law Journal, 2009, vol,25.

5. United States of America v. American Society of Composers, Authors and Publishers, Civ. Action No. 41 - 1395, Second Amended Final Judgment (June11, 2001).

6. Gordon Roy Parker v. Yahoo!, Inc. , U. S. Dist. LEXIS74512, at 18(E. D. Pa. ,

2008).

7. International News Service v. Associated Press, 248 U. S. 215 (1918).

8. Erie R. R. Co. v. Tompkins, 304 U. S. 64(1938).

9. Infopaq International v. Danske Dagblades Forening, CaseC‐5/08,2009.

10. Nils Svensson and Others v. Retriever Sverige AB, Case C‐466/12,2014.

11. Perfect10, Inc. v. Amazon. com, Inc. , 508F. 3d1146,1173 (9thCir. 2007).

12. Justin Goldman v. Breitbart News Network, LLC, etc. , 2018 CV 3144 KBF (S. D. N. Y. Feb. 15,2018).

13. GS Media BV v. Sanoma Media Netherlands BV and Others, Case C‐160/15,2016.

14. Shetland Times, Ltd. v. Jonathan Wills and Another, F. S. R. (Ct. Sess. O. H. 1996).

15. Campbell v. Acuff-Rose Music, 510 U. S. 569 (1994).

16. Kelly v. Arriba Soft Corporation, 280 F. 3d 934 (9th Cir. 2002).

17. Harper & Row, Publishers, Inc. v. Nation Enters. , 471 U. S. 539(1985).

18. Bobbs-Merrill Co. v. Straus, 210 U. S. 339(1908).

19. Effects Associates, Inc. v. Cohen, 908 F. 2d 555 (9th Cir. 1990).

20. Field v. Google Inc. , 412 F. Supp. 2d 1106, (D. Nev. 2006).

21. Agence France Presse v. Google, Inc. (D. D. C. May 19,2005).

十、外文网站类

1. Reuters Institute: "Reuters Institute Digital News Report 2019", 2019 年 6 月, https://reutersinstitute. politics. ox. ac. uk/sites/default/files/inline-files/DNR_2019_FINAL. pdf,2019 年 12 月 24 日。

2. Sarno, David, Murdoch Accuses Google of News "Theft", 2009 年 12 月 2 日, http://articles. latimes. com/2009/dec/02/business/la-fi-news-g00gle2-2009dec02, 2020 年 2 月 20 日。

3. EUR-Lex: Directive 2001/29/EC of the European Parliament and of the Council of 22 May 2001 on the harmonisation of certain aspects of copyright and related rights in the information society, 2001 年 6 月, https://eur-lex. europa. eu/LexUriServ/LexUriServ. do? uri=CELEX: 32001L0029: EN: HTML,2018 年 11 月 28 日。

4. EUR-Lex: A Digital Single Market Strategy for Europe, 2015 年 5 月 6 日,https://eur-lex. europa. eu/legal-content/EN/TXT/? uri=COM%3A2015%3A192%3AFIN, 2018 年 11 月 28 日。

5. Court of Session, Edinburgh: "Opinion of Lord Hamilton in the case of The Shetland Times Ltd Against Dr Jonathan Wills and Zetnews Ltd. ", 1996 年 10 月, http://www. linksandlaw. com/decisions-87. htm, 2020 年 1 月 1 日。

6. China Economic Net, Google ends suit with AFP, 2007 年 4 月, http://en. ce. cn/World/biz/200704/09/t20070409_10978175. shtml, 2020 年 1 月 1 日。

7. European Commission: Proposal for a DIRECTIVE OF THE EUROPEAN PARLIAMENT AND OF THE COUNCIL on copyright in the Digital Single Market, 2016 年 9 月 14 日, http://www. europarl. europa. eu/RegData/docs_autres_institutions/commission_europeenne/com/2016/0593/COM_COM(2016)0593_EN. pdf, 2018 年 11 月 28 日。

8. Andy: Pirate MEP Proposes Major Reform of EU Copyright, 2015 年 1 月 19 日 https://torrentfreak. com/pirate-mep-proposes-major-reform-of-eu-copyright-150119, 2018 年 11 月 23 日。

9. Council of the European Union: Proposal for a DIRECTIVE OF THE EUROPEAN PARLIAMENT AND OF THE COUNCIL on copyright in the Digital Single Market, 2018 年 5 月 25 日, https://www. consilium. europa. eu/media/35373/st09134-en18. pdf, 2018 年 11 月 28 日。

10. European Parliament: REPORT on the proposal for a directive of the European Parliament and of the Council on copyright in the Digital Single Market, 2018 年 6 月 29 日, http://www. europarl. europa. eu/sides/getDoc. do? type＝REPORT&mode＝XML&reference＝A8-2018-0245&language＝EN#titlc1, 2018 年 11 月 28 日。

11. European Parliament: DRAFT EUROPEAN PARLIAMENT LEGISLATIVE RESOLUTION, 2018 年 6 月 29 日, http://www. europarl. europa. eu/sides/getDoc. do? type＝REPORT&mode＝XML&reference＝A8-2018-0245&language＝EN, 2018 年 11 月 28 日。

12. European Parliament: Amendments adopted by the European Parliament on 12 September 2018 on the proposal for a directive of the European Parliament and of the Council on copyright in the Digital Single Market (COM(2016)0593－C8－0383/2016－2016/0280(COD)) (1) (Ordinary legislative procedure: first reading), 2018 年 9 月, http://www. europarl. europa. eu/sides/getDoc. do? type ＝ TA&language ＝ EN&reference＝P8-TA-2018-0337, 2018 年 11 月 28 日。

13. European Parliament: European Parliament legislative resolution of 26 March 2019 on the proposal for a directive of the European Parliament and of the Council on copyright

in the Digital Single Market，2019 年 3 月 26 日，http：//www. europarl. europa. eu/ sides/getDoc. do? type＝TA&language＝EN&reference＝P8-TA-2019-0231,2019 年 3 月 28 日。

14. Lars Brandle：David Guetta and all three major labels are among industry giants pushing for copyright reform，2018 年 6 月 29 日，https：//www. theindustryobserver. com. au/david-guetta-and-all-three-major-labels-are-among-industry-giants-pushing-for-copyright-reform/,2018 年 11 月 28 日。

15. Laurent Joffrin：L'Europe doit défendre les médias contre la loi des Gafa，2018 年 6 月 18 日，https：//www. liberation. fr/france/2018/06/18/l-europe-doit-defendre-les-medias-contre-la-loi-des-gafa_1660125,2018 年 11 月 28 日。

16. Letter by 9 news agencies，2017 年 12 月 14 日，https：//images. derstandard. at/ 2017/12/14/brief. pdf,2018 年 11 月 28 日。

17. European Parliament Multimedia Centre：Copyright directive：statement by Axel VOSS（EPP, DE），2018 年 7 月 2 日，https：//multimedia. europarl. europa. eu/en/ copyright-directive-statement-by-axel-voss-eppde-rapporteur-_ I158298-V_v，2018 年 11 月 28 日。

18. Andre Paine：'The industry is totally united on this issue'：UK Music leads copyright delegation to Brussels，2018 年 6 月 26 日，http：//www. musicweek. com/talent/read/ the-industry-is-totally-united-on-this-issue-uk-music-leads-copyright-delegation-to-brussels/072965,2018 年 11 月 28 日。

19. David Meyer：Tech Industry and Activists Still Hope to Sink New EU Copyright Rules，2019 年 2 月 14 日，http：//fortune. com/2019/02/14/eu-copyright-directive-trilogue-deal/,2019 年 4 月 9 日。

20. Kluwer Copyright Blog：Julia Reda discusses the current Proposal for a Directive on copyright in the Digital Single Market，2018 年 6 月 18 日，http：//copyrightblog. kluweriplaw. com/2018/06/18/julia-reda-discusses-current-proposal-directive-copyright-digital-single-market,2018 年 11 月 28 日。

21. BBC：'Disastrous' copyright bill vote approved，2018 年 6 月 20 日，https：//www. bbc. com/news/technology-44546620,2019 年 4 月 9 日。

22. Caroline Atkinson：European copyright：there's a better way，2016 年 9 月 14 日，https：//blog. google/outreach-initiatives/public-policy/european-copyright-theres-better-way,2018 年 11 月 28 日。

23. Julianne D'onfo：YouTube CEO urges YouTube creators to protest European

copyright law，2018 年 10 月 22 日，https：//www. cnbc. com/2018/10/22/youtube-susan-wojcicki-creators-protest-eu-article-13-copyright-law. html，2018 年 11 月 28 日。

24. Sam Forsdick：European Parliament votes against 'publisher's right' copyright law changes as Facebook warns of 'unintended consequences，2018 年 7 月 5 日，https：// www. pressgazette. co. uk/european-parliament-votes-against-publishers-right-copyright-law-changes-as-facebook-warns-of-unintended-consequences/，2018 年 11 月 28 日。

25. Andrew Orlowski：Call your MEP! Wikipedia blacks out for European YouTube vote，2018 年 7 月 3 日，https：//www. theregister. co. uk/2018/07/03/wikipedia_article13_blackout/，2018 年 11 月 28 日。

26. Statement from EU Academics on Proposed Press Publishers' Right，2018 年 4 月 24 日，https：//www. ivir. nl/academics-against-press-publishers-right，2019 年 4 月 9 日。

27. European Parliament：Strengthening the Position of Press Publishers and Authors and Performers in the Copyright Directive，2017 年 9 月，http：//www. europarl. europa. eu/RegData/etudes/STUD/2017/596810/IPOL_STU(2017)596810_EN. pdf，2019 年 4 月 9 日。

28. Council of the EU：Copyright rules for the digital environment：Council agrees its position，2018 年 5 月 25 日，https：//www. consilium. europa. eu/en/press/press-releases/2018/05/25/copyright-rules-for-the-digital-environment-council-agrees-its-position/，2019 年 4 月 9 日。

29. MÁR MÁSSON MAACK：The EU's disastrous Copyright Reform，explained by its lovers and haters，2018 年 6 月 19 日，https：//thenextweb. com/eu/2018/06/19/the-eus-disastrous-copyright-reform-explained/，2019 年 4 月 9 日。

30. Julia Reda：What's at stake in the July 5 ♯ SaveYourInternet vote：The text，explained，2018 年 6 月 29 日，https：//juliareda. eu/2018/06/article-11-13-vote/，2019 年 4 月 9 日。

31. James Vincent：After a brief rebellion，the EU link tax and upload filter will move to a final vote，2019 年 2 月 13 日，https：//www. theverge. com/2019/2/13/18223815/eu-copyright-directive-article-11-13-trilogues-finished-final-vote-parliament，2019 年 4 月 9 日。

32. Erin Carson：Robots，VR and 3D printers are served up at this high-tech library，2019 年 4 月 7 日，https：//www. cnet. com/news/robots-vr-and-3d-printers-are-served-up-at-this-high-tech-library/，2019 年 4 月 9 日。

33. Michael Staines：The European Parliament has passed controversial new copyright laws that critics have warned could threaten the nature of the internet，2019 年 3 月 26 日，https：//www. newstalk. com/news/eu-controversial-copyright-841506，2019 年 4 月 9 日。

34. WIPO-Lex：Directive No. 2000/31/EC of the European Parliament and of the Council of 8 June 2000 on certain legal aspects of information society services，in particular electronic commerce，in the Internal Market，2000 年 7 月 17 日，http：//www. wipo. int/wipolex/zh/text. jsp? file_id＝443174,2018 年 11 月 28 日。

35. Gian Volpicelli：The EU has passed Article 13，but Europe's meme war is far from over，2018 年 9 月 14 日，https：//www. wired. co. uk/article/eu-article-13-passed-meme-war,2018 年 11 月 28 日。

36. EUR-Lex：Directive on electronic commerce，2000 年 7 月 17 日，https：//eur-lex. europa. eu/legal-content/EN/TXT/? uri ＝ CELEX% 3A32000L0031，2019 年 4 月 9 日。

37. Jeremy Malcolm：Upload Filtering Mandate Would Shred European Copyright Safe Harbor，2016 年 10 月 12 日，https：//www. eff. org/deeplinks/2016/10/upload-filtering-mandate-would-shred-european-copyright-safe-harbor,2019 年 4 月 9 日。

38. Matt Reynolds：What is Article 13? The EU's divisive new copyright plan explained，2019 年 3 月 26 日，https：//www. wired. co. uk/article/what-is-article-13-article-11-european-directive-on-copyright-explained-meme-ban,2019 年 4 月 9 日。

39. Ryan Browne：European lawmakers delay controversial copyright law over concerns it could censor memes，articles，2018 年 7 月 5 日，https：//www. cnbc. com/2018/07/05/article-13-eu-lawmakers-vote-on-controversial-copyright-law. html，2019 年 4 月 9 日。

40. Josh K. Elliott：Potential 'meme killer' law moves forward with EU lawmakers，2018 年 9 月 13 日，https：//globalnews. ca/news/4446228/meme-killer-copyright-eu-article-13/,2019 年 4 月 9 日。

41. Adam Satariano：Tech Giants Win a Battle Over Copyright Rules in Europe，2018 年 7 月 5 日，https：//www. nytimes. com/2018/07/05/business/eu-parliament-copyright. html,2019 年 4 月 9 日。

42. Kaytie Hobbs, Get The Picture Framing And Embedding Images Online Does Not Automatically Constitute Copyright Infringement，University of Cincinnati Law Review，2019 年 8 月，https：//uclawreview. org/2019/05/20/get-the-picture-framing-

and-embedding-images-online-does-not-automatically-constitute-copyright-infringement/，2019 年 12 月 24 日。

43. Berne Convention(Rome Act, 1928)，Article 11bis，https：//wipolex. wipo. int/zh/text/278725，2019 年 10 月 13 日。

44. Bill Keller, All the Aggregation That's Fit To Aggregate, N. Y. TIMES MAG. (Mar. 10, 2011), 2011 年 3 月 13 日，http：//www. nytimes. com/2011/03/13/magazine/mag-13lede-t. html，2019 年 10 月 13 日。

45. Richard Posner, The Future of Newspapers, THE BECKER-POSNER BLOG，2009 年 6 月 23 日，http：//www. becker-posner-blog. com/2009/06/the-future-of-newspapers—posner. html，2019 年 10 月 20 日。

46. Lesley Chiou, Catherine E. Tucker，News，Copyright，and Online Aggregators. 2017 年 3 月 16 日，http：//arrow. hunter. ctmy. edu/media-economics-workshop/conference-papers/chiou％2oand％2otucker％2onews. pdf，2019 年 10 月 25 日。

47. Potential Policy Recommendations To Support the Reinvention of Journalism，FED. TRADE COMM，(2010)，http：//www. ftc. gov/opp/workshops/news/jun15/docs/new-stafF-disa1ssion. pdf，2019 年 10 月 25 日。

48. Field v. Google, Inc. ，https：//en. wikipedia. org/wiki/Field_v. _Google，_Inc，2019 年 10 月 29 日。

后　记

　　笔者对媒体著作权的关注源自一篇报道。依稀记得,2009年11月,那时笔者还在中国青年政治学院读研,《新京报》国际版大篇幅报道了法国著作权法修订引起社会舆论的争议,争议焦点之一就是著作权法修订可能会限缩法国公众的表达空间。当时笔者的学术兴趣点正好是公众表达权,所以就从表达权的视角研究了法国著作权法的修订,撰写论文《法国著作权法修正案争论的背后》并公开发表。这应该算是笔者对"媒体著作权"这一领域研究的起点。

　　2014年7月,笔者入职华东政法大学。2015年初,笔者就以"媒体著作权"为方向申报国家社科基金青年项目,但是具体题目究竟怎么拟,选取何种角度切入,这是笔者在申报过程中重点思考的问题。学术研究必须服务国家战略,在新闻传播领域,2014年国家提出了重要的媒介融合战略,研究媒体版权肯定要置于媒介融合的战略中思考,这是毋庸置疑的。加上2009年以后笔者在版权与表达权的关系方面的思考和沉淀,决定选取"版权许可"这一角度切入。从传播学思考版权,实际上版权是对作品传播的赋权。作品要经过传播,除非满足著作权法中的合理使用和法定许可,必须要经过作者的许可。换言之,版权许可是控制信息传播的重要方式,必然限制公众的表达权。基于媒介融合和版权许可这两大关键词,笔者当年申报国家社科基金青年项目的具体题目就是"基于媒介融合的版权许可制度创新研究"。很幸运,在笔者青年教师时期,入职仅一年,就拿到了国家社科基金项目,这其中有个人努力,也有对如何做好科研的思考与实践。本书的书名,也沿用了当时的申报题目,未作改动。

　　笔者时常在思考一个问题:作为一位新闻传播学者,笔者所研究的媒体著作权和知识产权领域的研究有何区别？经过十多年的探索，笔者得出这样一个结论：必须用扎实的法学理论来思考知识产权学者往往忽视的新闻传播领域的问题。为此，笔者持续跟踪了涉新闻传播的版权立法和版权司法领域前沿问题，特别是引起社会舆论争议的"今日头条"事件、"甘柴劣火"事件、"视觉中国"事件，短视频维权事件笔者都逐一进行了研究。这是新技术环境下媒体生态领域出现的新现象、新问题，也对新闻工作的法治化建设提出了新挑战、新要求，作为新闻传播学者，对这些事件的研究，不能也不应缺位。

对媒体著作权十多年的研究，笔者形成了以下三方面的研究体会：

一是必须坚守批判性思维。在媒介融合发展历程中，《现代快报》诉"今日头条"案是典型的案件。法院对该案判决发布后，国内一片叫好声，最高人民法院也把该案列为 2019 年指导性案例。这个案件的判决有没有问题，英美国家类似的案例是如何判的，笔者采用比较法的视角透析了这一问题。另外，《现代快报》诉"今日头条"案判决一个关键点在于提升平台版权的注意义务，法院要求平台承担事前过滤和审查义务。实际上，法院在解决传统媒体和平台媒体之间的利益纠纷的时候，并没有考虑到公众获取新闻信息的自由。当然，法官还是在规范裁判的思维框架之内讨论利益纠纷的解决，但学者必须把这一问题提出来。

二是必须坚守规范的思维方法。从事传播法的研究门槛较高，一方面，要兼顾法学的思维方法，不然在法学者看来我们的研究是外行，对法官改进未来类似的司法裁判也可能无济于事。另一方面，要兼顾新闻传播学的学科属性。完全是基于法教义学的研究方法，是得不到新闻传播学者认可的。特别是涉及新闻传播法成果的发表，太多基于法条的晦涩解释，新闻传播期刊不太接受。这样，是不是意味着就必须放弃法学的规范性思维方法？也不是，文风和研究主题的选择可能会调和法学的规范性思维在新闻传播学界不接受的现状。

三是必须回应中国本土的问题。笔者所关注的"今日头条"事件、"甘柴劣火"事件、"视觉中国"事件等，很容易被知识产权学者忽略。知识产权学者有大量的可研究的案例，体育赛事直播、游戏直播、生成式人工智能等，这些现在都是研究的热门问题，但笔者所关注的舆论热议的版权事件和相关案例判决是和媒介融合的语境紧密关联的，都是传统媒体和平台媒体利益争夺的典型案例，和国外新闻聚合平台遇到的版权侵权案例明显有很大的不同。所以,像笔者这样在新闻传播领域研究版权问题,必须回应法学学者很容易忽略的但又非常重要的本土性问题。这是建构中国新闻传播学自主知识体系的必然要求。

在笔者独立出版的第一本小书《新闻采集与法》的后记中,笔者是这样说的:"我深深感觉到自己选择研究传播法这一领域是对的。传播法的研究虽然较难,但也让我不断地挑战自己,从而取得意想不到的收获。我坚信:传播法研究博大精深,现实提供给我们太多鲜活的素材,诸多内容都有待于我们去深耕。"媒体著作权领域就是一块值得持续开垦的"沃土",这本书也算是我在这一领域努力付出的阶段性成果吧。本书未免还存有诸多不足,敬请关注这一领域的方家批评指正。

本书的出版距离笔者申获国家社科青年项目已经九年过去了。九年里,笔者从青年过渡到中年,度过了不惑之年,正经历着"上有老下有小"的人生艰难阶段。但这一人生窘态更让笔者惜时如金、加倍奋斗。感谢《新闻与传播研究》《现代传播》《新闻记者》等期刊为本书的部分章节提供发表平台,感谢陈煜帆、朱雯婕、冒乙静、曾露等硕士研究生为本书的部分章节写作提供支持,也感谢家人的后援帮助,是他们给笔者注入了在学术领域走下去的信心和决心。承蒙笔者所在的华东政法大学科研处和传播学院的各位领导、老师同事的帮助,是他们给笔者营造了一种轻松自由的工作氛围。上海三联书店的宋寅悦编辑对书稿出版进度尽职尽责,并对书稿进行了细致的编辑和校对,体现了三联出版人的专业水准和职业素养,在此一并致谢!

彭桂兵

2024 年 4 月 30 日于上海

图书在版编目(CIP)数据

基于媒介融合的版权许可制度创新研究/彭桂兵著.一上海：
上海三联书店,2024.6
ISBN 978-7-5426-7936-9

Ⅰ.①基…　Ⅱ.①彭…　Ⅲ.①版权－保护－研究－中国
Ⅳ.①D923.414

中国版本图书馆 CIP 数据核字(2022)第 216197 号

基于媒介融合的版权许可制度创新研究

著　者／彭桂兵

责任编辑／宋寅悦
装帧设计／一本好书
监　制／姚　军
责任校对／王凌霄

出版发行／上海三联书店
　　　　　(200041)中国上海市静安区威海路 755 号 30 楼
邮　箱／ sdxsanlian@sina.com
联系电话／编辑部：021-22895517
　　　　　发行部：021-22895559
印　刷／上海惠敦印务科技有限公司

版　次／2024 年 6 月第 1 版
印　次／2024 年 6 月第 1 次印刷
开　本／710mm×1000mm　1/16
字　数／280 千字
印　张／17.75
书　号／ISBN 978-7-5426-7936-9/D·558
定　价／95.00 元

敬启读者,如发现本书有印装质量问题,请与印刷厂联系 021-63779028